Landpartie

Deutschland mit dem Auto entdecken – die schönsten Wochenendtouren

Extra! Großer Straßenatlas

INHALT

01	Schleswig-Holsteins Nordseeküste	4
02	Schleswig-Holsteins Ostseeküste	9
03	Von Ahrensburg nach Boltenhagen	14
04	Vom Darß bis nach Usedom	19
05	Ostfriesland	24
06	Die Weser entlang nach Süden	29
07	Mecklenburgische Seenplatte	33
08	Ruppiner Schweiz und Uckermark	38
09	Von Lauenburg bis nach Isenhagen	43
10	Wolfsburg und Lüneburger Heide	47
11	Rund um Potsdam	52
12	Grünes Ruhrgebiet	57
13	Die Ruhr entlang nach Westen	62
14	Rund um den Nationalpark Harz	66
15	Über Weimar nach Dessau	71
16	Die Elbe entlang von Meißen nach Königstein	75
17	Hessen vom Edersee bis nach Limburg	80
18	In der Eifel zwischen Roetgen und Manderscheid	85
19	An der Mosel von Trier bis nach Koblenz	89
20	Rund um die Völklinger Hütte im Saarland	93

INHALT

21	Zwischen Worms und Herxheim am Berg	98
22	Von Heilbronn über Heidelberg bis Marbach	103
23	Franken von Heroldsberg bis nach Bayreuth	107
24	Von der Schwäbischen Alb bis nach Langenburg	112
25	Schwaben von Biberach bis nach Augsburg	117
26	Die Isar entlang bis Deggendorf	122
27	Bayerischer Wald und Passau	126
28	Von Wolnzach bis nach Straubing	131
29	Breisgau	135
30	Hegau und deutscher Bodensee	140
31	Oberschwaben	145
32	Allgäu von Memmingen bis nach Bolsterlang	150
33	Von Landsberg am Lech bis nach Mittenwald	154
34	Oberbayerische Seen	158
35	Von Wasserburg bis nach Glonn	163
36	Von Burghausen bis nach Bad Reichenhall	168

Register — 172
Impressum — 176
Bildnachweis — 176

01 Schleswig-Holsteins Nordseeküste

Ganz oben im Norden, wo Deutschland an Dänemark grenzt und das Meer mit seinen Gezeiten das Leben prägt, erstreckt sich ein Land, das Emil Nolde zu eindrucksvollen Gemälden und Theodor Storm zu dramatischen Novellen inspirierte. Vor Schleswig-Holsteins Nordseeküste liegen Wattenmeer, sieben Inseln und die weltweit einzigartigen Halligen. Dahinter lassen sich Leuchttürme besteigen (u. a. Westerhever) und bewohnen (Dagebüll), geschichtsträchtige Städte entdecken, die Pfahlbauten am 12 km langen Strand von St. Peter-Ording bestaunen, Thalasso-Anwendungen genießen und tiefe Atemzüge voll Seeluft nehmen.

■ Nordsee-Tourismus-Service, Zingel 5, 25813 Husum, Tel. 048 41/897 50, www.nordseetourismus.de

Stimmungsvoll zur blauen Stunde: Die hübschen Bürgerhäuser spiegeln sich am Husumer Hafen im Wasser.

Gesamtlänge: 192 km

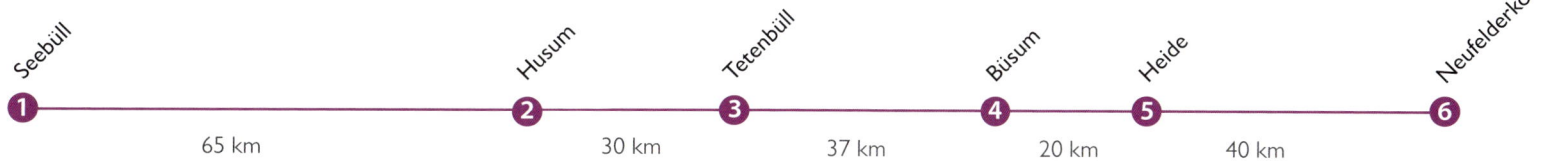

| 1 Seebüll | 2 Husum | 3 Tetenbüll | 4 Büsum | 5 Heide | 6 Neufelderkoog |
| 65 km | 30 km | 37 km | 20 km | 40 km |

1 Emil Noldes Erbe, Seebüll

Es sind v. a. die intensiven Farben, die Betrachter in den Bann von Emil Noldes Bildern ziehen. Viele Werke des berühmten Expressionisten entstanden in Seebüll, wo er 1927 mit seiner Frau Ada auf einer Warft Wohnhaus und Atelier nach eigenen Plänen errichten ließ. Nach seinem Tod 1956 wurde das eigenwillige Gebäude zur Stiftung. Im dazugehörigen Museum wird jedes Jahr ab März eine neue Ausstellung gezeigt. Schwarz gerahmt, eng gehängt und in zwei Reihen angeordnet werden Noldes Gemälde hier genau so präsentiert, wie er es als Kontrapunkt zu zarter Ästhetik schätzte. Mindestens so viel Anziehungskraft wie Kunst und Lebenswerk übt der Garten aus, der dem »Entarteten« Künstler stets Inspiration war. Mittendrin das reetgedeckte Gartenhaus Seebüllchen, in dem die Noldes mit Blick aufs Blumenmeer Tee tranken und Ada die Autobiografie ihres Mannes auf der Schreibmaschine abtippte. Bis heute folgt man im Garten den als »A« und »E« angelegten Wegen. Für das Gartengefühl zu Hause nimmt man sich Samentütchen, Kräuter oder ein kleines Apfelbäumchen der Sorte Renette von Seebüll mit. Vorbei an Niebüll mit seiner schönen Kirche geht es an der küstennahen Straße in Richtung Süden.

■ Seebüll 31, 25927 Neukirchen, Tel. 046 64/98 39 30, 1. März–30. Nov. tgl. 10–18 Uhr, www.nolde-stiftung.de

- 1 Emil Noldes Erbe, Seebüll
- 2 Storm-Stadt Husum
- 3 Friesische Schafskäserei, Tetenbüll
- 4 Krabben vom Kutter, Büsum
- 5 Heide
- 6 Salzwiesenlamm, Neufelderkoog
- 🛏 Zweite Heimat, St. Peter-Ording
- ⛺ Camping Waterkant, Westerdeichstrich

2 Storm-Stadt Husum

Wohl jeder hat irgendwann als Kind vom »Kleinen Häwelmann« erzählt bekommen; der kleine Junge pustet aus dicken Backen in das zum Segel gespannte Laken und fliegt mit seinem Kinderbettchen in den Himmel. Das für seinen ältesten Sohn Hans geschriebene Märchen gehört bis heute zu den bekanntesten Stücken Theodor Storms, der vor 200 Jahren in Husum geboren wurde. Vieles erinnert an ihn. Auch wenn die Kreisstadt von Nordfriesland heute alles andere als die von ihrem berühmten Sohn beschriebene »graue Stadt am Meer« ist. Sie ist ein lebendiges Zentrum mit einem schönen, von Bürgerhäusern aus dem 16. und 17. Jh. gesäumten Marktplatz. Eines davon ist Storms Geburtshaus (Nr. 9). Ein anderes (Nr. 1–3) die ehemalige Münze, in der der »Husumer Taler« geprägt wurde. Wer mit offenen Augen durch die Straßen geht,

kann wie in einem Buch in ihnen lesen. Mal eine Inschrift, die Storm inspirierte. Mal ein Haus, das er beschrieb. Es gibt

SCHLESWIG-HOLSTEINS NORDSEEKÜSTE

aber auch anderes zu sehen. Etwa die vier Millionen Krokusse, die den Schlossgarten jeden Frühling mit einem violetten Teppich überziehen. Es ist nicht ganz klar, ob die »Grauen Mönche« sie im 15. Jh. pflanzten, um ihre liturgischen Gewänder zu färben, oder ob es Herzogin Marie Elisabeth 200 Jahre später tat, weil sie für ihre Zuckerbäckereien Safran brauchte. In jedem Fall war es die falsche Krokusart, um das edle Gewürz zu gewinnen. Dafür erfreuen sich Passanten heute an der in Nordeuropa einzigartigen Blütenpracht. Husum ist idealer Ausgangspunkt für Bootstouren zu den Inseln und Halligen und ins Wattenmeer.

> **Tipp:** Typisch für die Halbinsel Eiderstedt sind Haubarge: gewaltige reetgedeckte Häuser, die wie Festungen auf dem flachen Land stehen. Sie gelten als größte Bauernhöfe der Welt und vereinen sämtliche Räumlichkeiten für Mensch, Tier, Werkzeug und Ernte unter einem Dach. Die ältesten Haubarge sind von 1600, als in den Marschen durch Deichbau und Entwässerung große Getreidefelder entstanden. Die Ernte, das »Gehauene«, wurde in den großen Gehöften »geborgen«. Von einst 450 Haubargen sind heute 47 im Denkmalbuch Schleswig-Holsteins verzeichnet. Einige sind zugänglich wie der Rote Haubarg in Witzwort, der Museum und Restaurant unter seinem gewaltigen Dach beherbergt (Di–So 11–22 Uhr, www.roter-haubarg.de), der Mars-Skipper-Hof in Kotzenbüll (Sa, So 11–18, 20.6.–16.9. tgl. 11–18 Uhr, www.eingartenfuerdiesinne.de) und der Peerboos in Vollerwiek, der zu den jüngsten seiner Art zählt (April–Okt. tgl. 8–20 Uhr, kostenlose Führungen nach Anmeldung, Tel. 01 78/512 51 51, www.haubarge.de). Von außen kann man den als Prunkbau konzipierten Hochdorfer Garten in Tating besichtigen (www.haubarg-hochdorfer-garten.de), der obendrein mit Lindenalleen, historischen Obstbäumen, exotischen Gehölzen und schönen Plätzen zum Verweilen einlädt.

- Tourist-Info im Historischen Rathaus, Großstr. 27, 25813 Husum, Tel. 048 41/898 70, www.husum-tourismus.de
- Storm-Museum, Theodor-Storm-Gesellschaft und -Archiv, Wasserreihe 31–35, 25813 Husum, Tel. 048 41/803 86 30, So, Mo 14–17, Di–Fr 10–17, Sa 11–17 Uhr, www.storm-gesellschaft.de

③ Friesische Schafskäserei, Tetenbüll

Etwa 120 Milchschafe und ihre Lämmer blöken rund um den 125 Jahre alten Hof von Monika und Redlef Volquardsen. Die Tiere betätigen sich in der Naturlandschaft Eiderstedt mit ihren sattgrünen Wiesen, Wassergräben und Tümpeln als Landschaftspfleger und knabbern genau so viel weg, dass sie etwa den Lebensraum von Feldlerche und Kiebitz erhalten. Die Milch, die sie zweimal am Tag geben, verarbeitet Käserin Inneke Heser in Handarbeit zu nussigem »Tetenbüller«, in Rotschmiere gereiftem, pikanten »Roten Friesen«, in Salzlake gereiftem »Friesaki« oder köstlichem Schafskäse mit Gewürzen. Alle Produkte dürfen im alten Gewölbekeller

In der Friesischen Schafskäserei Tetenbüll wird Milch der eigenen Herde verarbeitet.

in Ruhe reifen. Verkosten kann man sie bei einer Führung, im Hofladen sind sie zu kaufen. Dort gibt es auch Lammfleisch und -wurst, Wolle und Felle. Der Demonstrationsbetrieb Ökologischer Landbau liegt an der im Jahr 2000 gegründeten »Käsestraße Schleswig-Holstein«: Die 500 km lange Rundtour um Deutschlands nördlichstes Bundesland verbindet 30 handwerkliche Betriebe (www.kaesestrasse-sh.de). Die Vielfalt der Eiderstädter Küche bringt das Restaurant Baake mit seinen friesischen Tapas auf den Teller. Besondere Spezialität in der renovierten Jugendstil-Villa sind die norddeutschen Happen aus regionalen und saisonalen Produkten.

- Kirchdeich 8, 25882 Tetenbüll, Tel. 048 62/348, Mo–Fr 14–17, Sa 10–14, Führungen Mai–Okt. Di und Fr 15,

SCHLESWIG-HOLSTEINS NORDSEEKÜSTE

Tipp: Das schleswig-holsteinische Wattenmeer ist Biosphärenreservat, Weltnaturerbe, seit 1985 Nationalpark und Teil der weltweit größten zusammenhängenden Wattlandschaft, die sich zwischen Den Helder in den Niederlanden und Esbjerg in Dänemark erstreckt. Ein faszinierender Lebensraum, der sich am besten mit hochgekrempelten Hosenbeinen und nackten Füßen erkunden lässt: Seehunde beobachten, das Kitzeln der sich ringelnden Wattwürmer auf der Handfläche und das Rippenmuster auf dem Meeresboden spüren und erfahren, wie Halligen entstehen und warum es hier mehr Vogelarten gibt als irgendwo sonst in Europa. Nationalparkzentrum Multimar und Wattforum, Dithmarscher Str. 6a, 25832 Tönning, Tel. 048 61/962 00, April–Okt. tgl. 9–18, Nov.–März tgl. 10–17 Uhr, www.nationalpark-wattenmeer.de, www.wattwanderungen-halligerlebnis.de

zusätzliche Führungen an Ostern und Pfingsten sowie Juli, Aug. Do 15 Uhr, www.friesische-schafskaeserei.de
- Restaurant Baake, Martendorf 4, 25881 Tating, Tel. 048 62/104 76 51, Do–Mo 18–23 Uhr, www.restaurant-baake.de

❹ Krabben vom Kutter, Büsum

Früher waren Nordseekrabben ein Arme-Leute-Essen, heute sind sie eine Delikatesse. Im Büsumer Fischereihafen, wo jährlich 3200 Tonnen Krabben angelandet werden, kann man sich fangfrisch eine Portion kaufen. Die Menge wird übrigens in Litern gemessen. Danach ist man gestärkt für einen Spaziergang vom Hafenbecken mit den bunten Kuttern durch das schmucke Nordsee-Heilbad. Ein besonders schöner Platz zum Krabbenbrötchenessen ist ein Strandkorb am 3,5 km langen Grünstrand. Wer nicht nur genießen, sondern mehr über Historie und Zukunft des Krabbenfangs und die beste Methode, um ans köstliche Fleisch zu gelangen, erfahren möchte, kann sich im Museum am Meer mehrmals im Monat einer Führung mit Krabbenpulkurs anschließen. Das Schälen im großen Stil übernimmt seit einigen Jahren die Pulmaschine in Büsum.

- Heiligendamm 13, 25761 Büsum, Tel. 01 70/284 48 73, www.büsumer-krabbenverkauf.de
- Museumshafen Büsum, Danziger Str. 20, 25761 Büsum, Tel. 048 34/48 25, www.museumshafen-buesum.de
- Museum am Meer, Am Fischereihafen 19, 25761 Büsum, Tel. 048 34/67 34, März–Okt. und Weihnachtsferien So–Fr, Feiertage 11–17, Sa 13–17, an Vollmondabenden ab 19.30 Uhr, www.museum-am-meer.de

Tipp: Die klassische Dithmarscher Küche ist deftig und wird häufig mit einer süßen Zutat oder Beilage kombiniert. Die Köger Küstenköche, Gastronomen aus Friedrichskoog, nehmen sich traditionelle Speisen wie Dithmarscher Kohl oder den als Mehlbeutel bekannten Serviettenkloß vor und servieren sie zeitgemäß und in ihren Lieblingsvariationen.

Übernachten

Hotel Zweite Heimat
Elegantes, modernes Strandhotel direkt hinterm Deich mit 47 kleinen und großen »Stuben«, teilweise mit eigener Sauna mit Meerblick oder einem Kamin mit Wasserdampf. Hunde sind nach Anmeldung willkommen.
Am Deich 41, 25826 St. Peter-Ording, Tel. 048 63/474 89, www.hotel-zweiteheimat.de

Camping Waterkant
Nur durch den Deich vom Wattenmeer getrennter Campingplatz, der behindertengerecht ausgestattet ist.
Neuenkoog 8/9, 25761 Westerdeichstrich, Tel. 048 34/82 69, www.camping-waterkant.de

❺ Heide

Nirgendwo in Deutschland gibt es einen größeren Marktplatz. Jeden Samstag wird hier Wochenmarkt abgehalten. Früher war das 4,7 ha große Areal auch Versammlungsplatz der Dithmarscher Bauernrepublik. Weiter lässt es sich durch hübsche kleine Gassen bummeln, vorbei an einem Steinzeitgrab, dem Stammhaus der Familie des Komponisten Johannes Brahms und dem barocken Dreetörn-Huus von 1773. Einen schönen Blick von oben hat man aus dem 45,7 m hohen Wasserturm, der im Rahmen von Führungen zugänglich ist.

- Stadtmarketing, Markt 28, 25746 Heide, Tel. 04 81/212 21 61, www.heide-nordsee.de

SCHLESWIG-HOLSTEINS NORDSEEKÜSTE

Feste und Events

21. Februar
- Biikebrennen, große Feuer in vielen Gemeinden auf Inseln, Halligen und am Festland, um den Winter zu vertreiben, www.nordseetourismus.de

März
- Husum, Krokusblütenfest, Stadtfest mit Blumen- und Kunsthandwerkermarkt und verkaufsoffenem Sonntag, www.husum-tourismus.de

Mai
- bis Juli: Nordfriesische Lammtage, www.lammtage.de

Juni
- Glückstädter Matjeswochen, www.glueckstadt-tourismus.de

Letztes Juliwochenende in geraden Jahren
- Brunsbüttel, Wattolümpiade, mit Schlickschlittenrennen, Wolliball, »Aalstaffellauf« mit einem gefüllten Fahrradschlauch und weiteren, an den bei Ebbe besonderen Untergrund angepassten Disziplinen, www.wattoluempia.de

August
- Husum, Piano-Festival, www.piano-festival-husum.de

September
- 3. Woche: Dithmarscher Kohltage, www.dithmarscher-kohltage.de
- bis März: Schleswig-Holstein Gourmetfestival, www.schleswig-holstein-gourmetfestival.de

Oktober
- Husumer Krabbentage, www.husum-tourismus.de

Vom 45,7 m hohen Wasserturm in Heide hat man einen schönen Blick – unter anderem auf den riesigen Marktplatz der Stadt, aber auch auf den kleinen Teich namens Ostpool.

■ Wasserturm-Besichtigung: Österweide, 25746 Heide, Juli, Aug. Do 17 Uhr und nach Vereinbarung

6 Salzwiesenlamm, Neufelderkoog

Grasende Schafe sind ein typisches Bild und ein begehrtes Fotomotiv an der Nordseeküste. Seit gut hundert Jahren helfen die blökenden Fellknäuel unbewusst bei der Deichpflege und dem Küstenschutz, weil sie mit ihren kleinen Hufen das Marschland festtreten und durch ihr beständiges Zupfen das Gras zum Wachsen anregen. So werden die Deiche auf natürliche Weise sturmflutsicher gemacht. Gleichzeitig machen die frische Luft und würzigen Gräser das fettarme, zarte Fleisch der Tiere zu einer geschätzten Delikatesse. Bei der Schäferei Bährs beispielsweise grasen seit drei Generationen von März bis Oktober rund 1000 Texel-Suffolk-Schafe und -Lämmer auf dem nur 200 m entfernten Seedeich. Im Hofladen gibt es nicht nur Lammfleisch und -käse in allen Varianten, sondern auch Schaffelle, kuschelig-warme handgearbeitete Mützen, Schals und Wärmekissen. Jeden Samstag servieren Dorthe Bährs und Kerstin Zöllmer (geborene Bährs) ein Lammgericht mit Dithmarscher Gemüse. Wem's schmeckt, der kann sich das Rezept und die Zutaten gleich mitnehmen.

■ Schäferei Bährs, Neufelderkoog 25, 25724 Neufelderkoog, Tel. 048 56/530, Do–Sa 10–18 Uhr, www.hof-baehrs.de

Glücksburg ist eines der wichtigsten Renaissanceschlösser Nordeuropas. Der Name kommt übrigens vom Glück, das Gott geben möge.

02 Schleswig-Holsteins Ostseeküste

Fast 400 km Küste umschließen die Flensburger Förde und die Lübecker Bucht. Unzählige Strände laden hier zum Baden ein, und die schleswig-holsteinische Ostseeküste gilt nicht nur als eines der schönsten Segelreviere Europas. Zu Lande ergänzen 60 Golfplätze, 800 km befestigte Wege für Nordic Walker und Jogger und der extrem beliebte Ostseeküstenradweg mit seinem gut ausgebauten Verleihnetz das Sportangebot. In der zweiten Reihe lockt unter anderem die Holsteinische Schweiz mit mehr als 150 Seen, viel Natur und hübschen Orten.

■ Ostsee-Holstein-Tourismus, Am Bürgerhaus 2, 23683 Scharbeutz,
   Tel. 045 03/88 85 25, www.ostsee-schleswig-holstein.de

Gesamtlänge: 188 km

1. Rumhandelsstadt, Flensburg
2. Schloss Glücksburg
3. Meergold, Eckernförde
4. Pur, Lütjenburg
5. Stand-up-Paddeln, Malente
6. Blaudruck, Neustadt in Holstein
- Seehotel Töpferhaus, Alt Duvenstedt
- Stellplatz am Windebyer Noor

1 Rumhandelsstadt, Flensburg

Heute ist Flensburg die nördlichste Hafenstadt Deutschlands. Einst gehörte die schmucke Stadt zwischen hügeligen Wäldern und Flensburger Förde zum dänischen Königreich, war einer der bedeutendsten Häfen der dänischen Westindien-Flotte und Zentrum des Rumhandels. Seit 1755 pendelten Segelschiffe zur Karibikinsel St. Croix und brachten neben Baumwolle, Tabak und Hölzern viel Rum und Zucker mit. Den intensiven Jamaika-Rum verschnitten Flensburger Rumhäuser – zur Blütezeit im 18. und 19. Jh. waren es 200 – mit geschmacksneutralem Alkohol und ihrem besonders weichen Wasser auf Trinkstärke. Die Marken Pott, Balle, Hansen, Asmussen und Johannsen sind Rumtrinkern bis heute ein Begriff. Ihre Häuser liegen ebenso auf der »Flensburger Rum- & Zuckermeile« (Flyer mit Tourenverlauf und Beschreibung der Stationen bei der Tourist-Info) wie das historische Zollpackhaus, in dem die Fässer bis zur Kontrolle durch den Zoll lagerten, und der Zuckerhof. In einem der schönen Gebäude in der historischen Altstadt hat mit Braasch eines der letzten Rumhäuser seinen Sitz. Walter Braasch erlernte als einer der Letzten in Flensburg den Beruf des Destillateurs. Dem Rum widmete sich der passionierte Weinhändler, als immer mehr alteingesessene Häuser schlossen. Seit 1996 stellt er das »Chefrezept« aus Lehrlingstagen wieder her und erklärt im liebevoll zusammengetragenen Museum die Bedeutung des hochprozentigen Getränks für Flensburg.

SCHLESWIG-HOLSTEINS OSTSEEKÜSTE

Walter Braasch ist einer der letzten Rum-Destillateure Flensburgs.

- Tourist-Info, Rote Str. 15–17, 24937 Flensburg, Tel. 04 61/909 09 20, www.flensburger-foerde.de, eine Reihe von Führungen beschäftigt sich mit dem Thema Rum
- Wein- und Rumhaus Braasch mit Rum-Manufaktur-Museum, Rote Str. 26–28, 24937 Flensburg, Tel. 04 61/14 16 00, Mi 16–17 Uhr, Führung mit Verkostung nach tel. Anmeldung, www.braasch.sh
- Johannsen Rum und Hökerei, Marienstr. 8, 24937 Flensburg, Tel. 04 61/252 00, Mai–Sept. Fr 17 Uhr Führung mit Verkostung nach tel. Anmeldung, www.johannsen-rum.de
- Rum-Museum im Flensburger Schifffahrtsmuseum, Schiffbrücke 39, 24939 Flensburg, Tel. 04 61/85 29 70, Di–So 10–17 Uhr, www.flensburg.de/Kultur-Bildung/Kultureinrichtungen/Schifffahrtsmuseum

❷ Schloss Glücksburg

So stellt man sich ein Märchenschloss vor: strahlend weiß, spitze Türme, drum herum Wasser und drinnen elegante Räume, in denen die Vergangenheit spürbar ist. 1583–87 von Herzog Johann dem Jüngeren (1545–1622) über einer mittelalterlichen Klosterkirche erbaut, ist Glücksburg eine der bedeutendsten Schlossanlagen Nordeuropas. Dem herzoglichen Wahlspruch »Gott gebe Glück mit Frieden« verdankt nicht nur der Renaissancebau seinen Namen. Gern reklamieren ihn auch Hochzeitspaare und Eltern von Täuflingen in der Schlosskapelle mit dem geschnitzten Altar aus dem Dreißigjährigen Krieg für sich. Mit Edgar Wallaces »Die Bande des Schreckens« begann in den 1960er-Jahren Glücksburgs Karriere als Drehort. Man kann die A7 nehmen, eine schönere Strecke führt jedoch über Kappeln mit dem historischen, 1482 erstmals erwähnten »Ellenberger Heringszaun«, der bis heute am Schlei-Ufer an die ehemals praktizierte Methode des Fischfangs erinnert. »Landarzt«-Fans ist der gemütliche Ort mit Schleswig-Holsteins höchster Windmühle als »Deekelsen« bekannt.

- Große Str., 24960 Glücksburg, Tel. 046 31/44 23 30, Mai–Okt. tgl. 10–18, Nov.–April Sa, So 11–16 Uhr, www.schloss-gluecksburg.de

❸ Meergold, Eckernförde

Es gab Zeiten, da ragten in Eckernförde mehr als 30 Schornsteine der Fischräuchereien über die Dächer der 700 Jahre alten Stadt. Es soll entsprechend geduftet, aber auch ordentlich gequalmt haben, weil jeder seinen Ofen mit Holz befeuerte und von Filtern noch lange keine Rede war. Heute räuchert in Eckernförde nur noch einer: Rehbehn & Kruse. Abgasfrei, ver-

> **Tipp:** Sich zum Klönschnack in einem der zahlreichen Bauernhof- und Landcafés treffen, eine Tasse Kaffee und die Spezialitäten aus der Küche der Bäuerin genießen – so machen es die Einheimischen am Wochenende, und Gäste sind dabei immer gern gesehen. Die können sicher sein, dass sie die eine oder andere süße Entdeckung machen werden, denn für ihre Kuchen und Torten sind die Bauernhofcafés bekannt.
> www.bauernhof-cafe.de

🛏 Übernachten

Seehotel Töpferhaus
Skandinavisch eingerichtetes Boutiquehotel direkt am Bistensee mit Restaurant Querbeet und schönem Spa.
Am See 1, 24791 Alt Duvenstedt, Tel. 043 38/997 10, www.toepferhaus.com

Wohnmobilstellplatz am Windebyer Noor
Großzügig konzipierte Anlage, barrierefrei ausgerüstet mit geräumigem, modern ausgestattetem Servicegebäude.
Kakabellenweg, 24340 Eckernförde, Tel. 043 51/90 50, www.stellplatzamnoor.de

SCHLESWIG-HOLSTEINS OSTSEEKÜSTE

steht sich. Und wegen der geänderten Ernährungsvorlieben der Kundschaft gehen bei »Meergold«, dem 1919 gegründeten Familienbetrieb, der sich in vierter Generation dem Räucherfisch widmet, auch längst nicht mehr nur die schmackhafte, aber grätenreiche Sprotte und der traditionelle Schleibückling über den Ladentisch. Da gibt es Aale, Forellen, Heilbutt, Bismarckhering, Forellen, Schillerlocken, Lachs, Makrelen und Eckernförder Matjes. Und täglich frisch zubereitete Fischspezialitäten im angeschlossenen Bistro.

■ Jungfernstieg 19, 24340 Eckernförde, Tel. 043 51/28 14, Mo–Fr 8.30–18, Sa 9–14 Uhr, www.meergold.de

❹ Pur, Lütjenburg

Der Name ist Programm. In Bistro und Laden Pur im 800 Jahre alten Bilderbuchstädtchen Lütjenburg gibt es keinen Schnickschnack, egal ob bei der Einrichtung oder auf dem Teller. Dafür sorgfältig ausgewählte Zutaten und köstliche Mitbringsel aus der eigenen Küche – etwa raffinierte Fruchtaufstriche oder ungewöhnliche Essigkreationen. Hernach ist man gestärkt, um beispielsweise die authentisch rekonstruierte Turmhügelburg im Nienthal zu erkunden. Vom 18 m hohen Bismarckturm – einem der ersten von insgesamt 240 solcher Ehrentürme – liegen einem Lütjenburg und die Hohwachter Bucht zu Füßen.

■ Neuwerkstr. 9, 24321 Lütjenburg, Tel. 043 81/40 41 47, Di–Do 11–21, Fr–So 9–22 Uhr, www.einfachpurgeniessen.de

> **Tipp:** »In Eckernför, dor hebbt se't rut, ut Sülver Gold to maken«, heißt ein altes Sprichwort aus der Kaiserzeit. Dass es die Eckernförder raus haben, aus Silber Gold zu machen, bezieht sich auf das Haltbarmachen der silberhäutigen Sprotte als goldglänzenden Räucherfisch. Zur Blütezeit der Eckernförder Fischräucherei gingen die über einer Mischung aus Erlen- und Buchenholz geräucherten Köstlichkeiten nicht nur an Einheimische und per Eisenbahn nach Sachsen und ins Rheinland, auch in Übersee schätzte man die Delikatesse, über die der Zoologe Alfred Brehm 1884 notierte: »… werden alljährlich viele, bei Eckernförde allein durchschnittlich etwa 16 Mio. Sprotten gefangen, meist geräuchert und dann unter dem Namen ›Kieler Sprotten‹ in alle Welt versendet«. Bis heute geschieht das in flachen Holzkistchen. Ob man sie vollständig mit Gräten, Kopf und Schwanz – »mit Kopp un Steert« – oder ohne verzehrt, ist Geschmackssache. Zur Kieler Sprotte soll der Fisch aus Eckernförde geworden sein, weil er dort versandt und mit den entsprechenden Stempeln versehen wurde. Ob das stimmt, wird vor Ort bis heute heftig diskutiert. Übrigens gibt es auch Kieler Sprotten für Leute, die keinen Fisch mögen – als zartschmelzende Schokoladenfischlein.

❺ Stand-up-Paddeln, Malente

Die Einheimischen schwärmen vom Amazonas-Feeling. Gäste sind zuerst skeptisch und dann begeistert. Die Schwentine ist mit 62 km der längste Fluss

Fast 100 Jahre gibt es den Familienbetrieb Meergold, der edle Fischprodukte herstellt.

> **Tipp:** Spargel im Frühling, Kohl im Herbst, Gemüse ohne chemischen Dünger und Gentechnik sowie artgerecht gehaltene Tiere. Feinheimische Küche steht für sorgfältig und bewusst produzierte Lebensmittel von schleswig-holsteinischen Landwirten, Manufakturen, Küchenchefs und Gastronomen. Eine Liste aller beteiligten Restaurants und Produzenten findet man unter www.feinheimisch.de

Schleswig-Holsteins und durchfließt die gesamte Holsteinische Schweiz. Ihrem Lauf ein Stück im Kajak oder auf dem Stand-up-Paddelboard zu folgen, ist ein besonderes Erlebnis. Vom heilklimatischen Kurort Malente aus geht es auf dem

SCHLESWIG-HOLSTEINS OSTSEEKÜSTE

Wasser durchs Grüne. Wer den freien Blick bevorzugt, begibt sich paddelnd auf den Diek- oder Kellersee, die beide das Heilbad flankieren.

▪ Bahnhofstr. 13, 23714 Malente, Tel. 015 23/177 72 66, tgl. geöffnet, www.sup-adventures-malente.de

⑥ Blaudruck, Neustadt in Holstein

Zarte Blumen, schwungvolle Kringel, üppiges Laub oder breite Borten – das ist nur ein winziger Bruchteil dessen, was Ilka Koch und Klaus Koch-Sülzen per Hand auf edles Leinen drucken. Etwa 500 alte Modeln stehen den letzten Blaudruckern Norddeutschlands zur Verfügung, um spezielle Stoffe für einzigartige Kleidung, Hauswäsche und Dekoration herzustellen. In fünfter Generation betreiben die J. H. Koch-Werkstätten ihren Färber-Meisterbetrieb, in dem längst nicht nur in Blau gedruckt wird – auch wenn der Blaudruck etwas ganz Besonderes und diese Stoffe umso kostbarer sind, da sich kaum mehr jemand auf die Kunst versteht. Im Dezember 2016 wurde der Blaudruck von der Unesco ins Verzeichnis des immaterielles Weltkulturerbes aufgenommen. Die Kochs können auch bunt. Beim Direktdruckverfahren können sie mit Farben spielen.

▪ J. H. Koch-Werkstätten, Vor dem Kremper Tor 11, 23730 Neustadt in Holstein, Tel. 045 61/62 04, Mo–Fr 9–12, 15–18 Uhr, www.jhkoch.de

Stand-Up ist das neue Surfen: Man braucht weder Wind noch Wellen, um mit diesen Surfbrettern unterwegs zu sein. Ein Trip auf der Schwentine führt durch wilde Natur.

Feste und Events

7. Mai
- Welt-Fischbrötchentag

Himmelfahrts-Wochenende
- Flensburger Rumregatta – internationales Treffen historischer segelnder Berufsfahrzeuge, Möglichkeit, als Passagier an Bord zu gehen, www.rumregatta.de

Juni
- Kieler Woche, international bekannte Segelveranstaltung mit großem Volksfest als Rahmenprogramm, www.kieler-woche.de
- Glücksburger Rosenfest, www.seaside-garden.de

Juli
- 2. Wochenende in ungeraden Jahren: Flensburger Dampf rundum, mit Dampffahrzeugen aller Art, v. a. historischen Dampfschiffen, www.flensburger-dampfrundum.com

Juli/August
- Eutiner Festspiele auf der Seebühne, www.eutiner-festspiele.de

Oktober
- bis Februar: Schloss Glücksburg, Nachtführungen unter dem Motto »Spuk im Schloss, die Geister der Vergangenheit«, www.schloss-gluecksburg.de

27. Dezember
- Flensburger Grogtörn, mitsegeln darf jeder, der um 11 Uhr mit einer Flasche Rum am Museumshafen erscheint, www.museumshafen-flensburg.de/grogtoern.html

03 Von Ahrensburg nach Boltenhagen

Wasserreich ist die Gegend vor den Toren Hamburgs. Im dünn besiedelten Herzogtum Lauenburg gibt es allein 40 Seen. Wenn sie im weichen Abendlicht glitzern, gilt es, sich an der »Funkelstunde« zu erfreuen. Östlich schließen die ersten Mecklenburgischen Seen an, im Norden das Meer mit der Wismarer Bucht. Nicht zu vergessen die Flüsse: Einst waren sie wichtige Wasserwege, an deren Bedeutung für den Transport und den Antrieb technischer Geräte bis heute Industriedenkmäler erinnern; der Elbe-Lübeck-Kanal wurde als nasse Salzstraße bekannt. Heute dominiert hier die Entspannung, etwa beim Stand-up-Paddeln auf der Trave.

■ Herzogtum Lauenburg, Hauptstr. 150, 23879 Mölln, Tel. 045 42/85 68 60, www.herzogtum-lauenburg.detum-lauenburg.de

Die Domstadt Ratzeburg ist komplett von Wasser umgeben. Drei Dämme führen vom Festland ins Zentrum.

Gesamtlänge: 203 km

Ahrensburg — 47 km — Blunk — 55 km — Ratzeburg — 60 km — Hohen Viecheln — 18 km — Wismar — 23 km — Boltenhagen

① ② ③ ④ ⑤ ⑥

① Schloss Ahrensburg

In großen Pantoffeln – um das Parkett zu schonen – gleiten Besucher im 400 Jahre alten Renaissance-Wasserschloss Ahrensburg durch die Geschichte. Das Haus ist vornehmlich der Wohnkultur des holsteinischen Landadels gewidmet. Im Parterre sind es elegante Räume im Stil des Rokoko und Klassizismus. Die erste Etage prägen Biedermeier und Historismus, in der zweiten begeistern v. a. das Bibliothekszimmer und der Salon Louis XVI. Mal zieht ein eleganter Kachelofen die Blicke auf sich, mal feines Porzellan oder Gemälde. Und vor den hohen weißen Mauern – ganz

> **Tipp:** Eine lange, bewegte Geschichte prägte Gut Wulfsdorf, ehe es 1989 zum Demeter-Gut wurde. In einer umgebauten Treckergarage gab es den ersten Hofladen. Irgendwann begann man auf Wulfsdorf neben Tierhaltung, Gemüseanbau und Saatgutzucht auch zu backen. Heute bekommt man in der Holzofenbäckerei 15 verschiedene Brotsorten und feines Kleingebäck, das aus selbst gemahlenem Mehl auf Eifel-Tuffstein hergestellt wird und eine köstliche Wegzehrung für Reisende ist.
> Bornkampsweg 39, 22926 Ahrensburg, Tel. 0 41 02/325 87, Mo–Fr 9–18.30, Sa 8–16 Uhr, www.holzofenbaeckerei-gutwulfsdorf.de

① Schloss Ahrensburg
② Landhaus Schulze-Hamann, Blunk
③ Ratzeburg
④ Schweriner Seenland
⑤ Wismar
⑥ Fischräucherei Fischerstuw, Boltenhagen
🏨1 Hotel Der Seehof, Ratzeburg
🏨2 Hausboot Heidensee, Schwerin
▲ Campingplatz, Römnitz

ohne spezielles Schuhwerk begehbar – erstreckt sich der weitläufige Schlosspark.

■ Lübecker Str. 1, 22926 Ahrensburg, Tel. 041 02/425 10, März–Okt. Di–Do, Sa, So 11–17, Nov.–Feb. Mi, Sa, So 11–17 Uhr, jedes 2. Wochenende im Monat sind die Räume im 2. Stock geöffnet, www.schloss-ahrensburg.de

② Landhaus Schulze-Hamann, Blunk

Es ist eines der traditionsreichsten Gasthäuser Schleswig-Holsteins. Schon 1778 gab es Brief und Siegel zur Schnapsbrennerei und Bierbrauerei und eine erste Schankkonzession vom damals zuständigen dänischen Königshaus. Heute führen

VON AHRENSBURG NACH BOLTENHAGEN

> **Tipp:** »Es war einmal« hat man beim ersten Blick auf die Klein-Rönnauer Wassermühle im Kopf. Wie im Märchen wirken die stattlichen Fachwerkhäuser, die mit spitzen Dächern zwischen hohen Bäumen am Ufer des Weihers stehen. Erbaut vor dem Dreißigjährigen Krieg, war die Mühle bis 1960 in Betrieb. Heute kümmert sich ein engagierter Kreis um den Erhalt des denkmalgeschützten Ensembles und darum, dass das alte Handwerk nicht in Vergessenheit gerät. Immer wieder werden Haferquetsche, Schrotmühle und die beiden Mahlgänge für Interessierte in Bewegung gesetzt. Dabei ist die Wassermühle nur eines von zahlreichen Industriedenkmälern der Metropolregion Hamburg. Ein anderes ist die um 1705 erbaute Schleifmühle im Garten des Schweriner Schlosses, in der man zuschauen kann, wie Mineralien und Halbedelsteine mit Wasserkraft zu kleinen Schmuckstücken gesägt, geschliffen und poliert werden. Zahlreiche andere werden am Tag der Industriekultur geöffnet (www.metropolregion.hamburg.de/industriekultur).
> Wassermühle, Mühlenweg 2, 23795 Klein-Rönnau, Tel. 045 51/847 40, Sommerferien So 11–16 Uhr, sonst nach Vereinbarung, www.klein-roennau.de/index.php/wassermuehle

Angela und Stephan Schulze-Hamann das Haus in dritter Generation und mit großer Leidenschaft. Ein regionales Erzeugernetzwerk liefert, was in der Landhausküche frisch und zeitgemäß verarbeitet wird. Spannend für Gäste mit mehr Zeit sind die Workshops. Mal gibt es Wurstmachkurse, mal Brotbackseminare, mal Erntedankfest oder »Schnippeldisco« und immer wieder Kontakt zu Bauern und »Lebensmittelhandwerkern«, um die Wertschätzung für hochwertige und nachhaltig hergestellte Produkte zu steigern. Das eine oder andere kulinarische Souvenir, etwa selbst gemachtes Kräuterpesto, kann man mitnehmen.

■ Segeberger Str. 32, 23813 Blunk, Tel. 045 57/997 00, Mi–So ab 11 Uhr, www.landhaus-schulze-hamann.de

❸ Ratzeburg

Wie eine große Flunder liegt das geschichtsträchtige Ratzeburg zwischen Ratzeburger, Dom- und Küchensee. Drei lange, dicht bewachsene Dämme und Brücken verbinden die grüne Domstadt mit dem Festland. Unbedingt sehenswert sind Dom, Schloss und das Ernst Barlach gewidmete Museum, das in dem vom expressionistischen Bildhauer und Schriftsteller selbst als das »Alte Vaterhaus« beschriebenen Backsteingebäude untergebracht ist. An Heinrich den Löwen, der 1154 den imposanten, 1220 fertiggestellten Dom stiftete, erinnert ein Bronzelöwe vor dem Eingang. Es lohnt sich, hier den Blick zu senken und den stilisierten Pfotenabdrücken zu folgen. Sie führen zu allen Sehenswürdigkeiten und historisch bedeutsamen Orten in Ratzeburg. Überhaupt bietet die Stadt mit den schönen klassizistischen Häusern einige unkonventionelle Möglichkeiten, sie und ihr Umland zu entdecken: bei nächtlichen Domführungen etwa, die in den Som-

> **Tipp:** »Wels in der Brandung«, »Seemannsschmaus«, »Schäferstündchen«, »Barsch auf Wanderschaft« oder »Lütauer Ferkelei« heißen die Gerichte, mit denen sich Köche aus dem Herzogtum Lauenburg den Produkten und Rezepten aus dem Südosten Schleswig-Holsteins widmen. Seit mehr als 20 Jahren gibt es die Gerichte, deren Zutaten ausschließlich mit frischen Zutaten aus der Region gekocht werden. Serviert werden sie auf feinem Porzellan mit extra Schriftzug. Wahlweise gibt es die Kreationen als rustikale oder als Herzog-Teller.
> www.herzogtum-lauenburg.de/lauenburgscher-teller

Wer ausgiebig Städte besucht hat, kann sich beim Paddeln auf einem der Seen entspannen.

VON AHRENSBURG NACH BOLTENHAGEN

Tipp: »Nirgendwo sonst in der Welt gibt es eine Grenze, die so verschiedene Welten voneinander trennt, nirgendwo sonst spielt es eine so entscheidende Rolle, ob man 100 m weiter rechts oder links einer Trennungslinie geboren wird.« Mit diesen Worten wird die Friedenspreisträgerin und Publizistin Marion Gräfin Dönhoff (1909–2002) im Grenzhus Schlagsdorf zitiert. Auch wenn man um die Geschichte weiß, fällt es schwer, sich vorzustellen, dass das Informationszentrum direkt im historischen Grenzraum zwischen BRD und DDR liegt und ein unüberwindbarer Zaun die Menschen in Ost und West voneinander trennte. Seit 1999 ist das einstige Wohnhaus Museum und Lernort, der sich mit der knapp 1400 km langen innerdeutschen Grenze und dem Lebensalltag der Menschen in ihrem Schatten auseinandersetzt. Ein Stück folgt ihr ein 3,5 km langer Themenweg. Seine 14 Stationen geben entlang des »Grenzparcours« Auskunft über historische Ereignisse. Um einen räumlichen Eindruck der in den 1990er-Jahren komplett abgebauten, bedrohlichen Installationen am Todesstreifen zu vermitteln, wurde in der stillgelegten Kiesgrube von Schlagsdorf aus Originalteilen ein Stück Sperranlage wieder aufgebaut.
Neubauernweg 1, 19217 Schlagsdorf,
Tel. 03 88 75/203 26,
Mo–Fr 10–16.30, Sa, So März–Okt. 10–16.30, Nov.–Feb. 10–18 Uhr, »Grenzparcours« jederzeit frei zugänglich, www.grenzhus.de

mermonaten zu unregelmäßigen Zeiten angeboten werden. Oder bei einer kombinierten Tour mit Fahrrad und Schiff an einem der Seen.

- Tourist-Info, Unter den Linden 1, 23909 Ratzeburg, Tel. 045 41/800 00, Mai–Sept. Sa 10.30 Uhr Stadtführung ab Alte Wache am Markt, www.ratzeburg.de
- Ernst-Barlach-Museum, Barlachplatz 3, 23909 Ratzeburg, Tel. 045 41/37 89, Di–So 11–17 Uhr, www.ernst-barlach.de

④ Schweriner Seenland

Seen, Wälder, Wiesen und Moore prägen das Seenland. 62,9 qkm ist der Schweriner See groß und damit Deutschlands viertgrößter Binnensee hinter Bodensee, Müritz und Chiemsee. An seinen Ufern animieren Rad- und Wanderwege, ihn aktiv zu entdecken. Auf dem Wasser tummeln sich Segler, Surfer und Ruderer, die ein gut ausgebautes Netz an Wasserwanderrastplätzen vorfinden. Und dann gibt es noch die Flüsse und Kanäle, die häufig an verwunschene Landschaften erinnern. Sie im Kajak zu befahren ist ein besonderes Erlebnis. Wer dabei unterwegs ein volkstümliches Lied trällern möchte, dem sei August Heinrich Hoffmann von Fallersleben (1798–1874) ans Herz gelegt. Als Gast auf Gut Buchholz bei Dobin am See komponierte er unter anderem »Ein Männlein steht im Walde« und »Alle Vögel sind schon da«.

- Tourismusverein Schweriner Seenland, Pappelweg 16, 23996 Hohen Viecheln, Tel. 03 84 23/549 99, www.schwerinersee.de

 Übernachten

Hotel Der Seehof
Zwischen Ratzeburger See und Domsee gelegenes helles, freundliches 4-Sterne-Superior-Hotel mit direktem Seezugang und eigenem Bootssteg.
Lüneburger Damm 1–3,
23909 Ratzeburg, Tel. 045 41/ 86 01 01, www.der-seehof.de

Hausboot Heidensee
Zwei schwimmende Ferienwohnungen für je vier Gäste unterm Reetdach.
Buchenweg 19, 19055 Schwerin,
Tel. 01 71/731 68 33,
www.hausboot-mecklenburg.de

Campingplatz Zur schönen Aussicht
Kleiner, im Grünen gelegener Campingplatz direkt am Ratzeburger See mit ca. 50 Parzellen sowie Bootsliegeplätzen.
Dorfstr. 3, 23909 Römnitz am Ratzeburger See, Tel. 045 41/33 48, April–Anfang Okt., www.campingplatz-zur-schoenen-aussicht.de

⑤ Wismar

Mit Lübeck und Rostock gründete Wismar Mitte des 13. Jh. zum Schutz vor Seeräubern mit dem Wendischen Städtebund den Vorgänger der mächtigen Hanse. Ein Spaziergang durch die Welterbestadt mit der Renaissancebrunnenanlage »Wasserkunst« im Zentrum zeugt noch heute von dieser Hochblüte. Unbedingt sehenswert ist das »Baumhaus« mit den bunt bemalten Schwedenköpfen am Ein-

VON AHRENSBURG NACH BOLTENHAGEN

gang. Bei Gefahr vom Meer her wurde hier die Hafeneinfahrt mit einem Baumstamm verriegelt.

- Tourist-Info, Lübsche Str. 23 a, 23952 Wismar, Tel. 038 41/194 33, April–Sept. tgl. 9–17, Okt.–März tgl. 10–16 Uhr, www.wismar.de

6 Fischräucherei Fischerstuw, Boltenhagen

Eigentlich habe er nie Fischer werden wollen, sagt Uwe Dunkelmann, während er früh um 6 Uhr mit seinem Kutter »Uschi« hinausfährt, um die Netze einzuholen. Oft hat er bei diesen Fischzügen Gäste dabei, die ihm bei der Arbeit zuschauen und auch mal mit anpacken, das Steuer übernehmen oder vorsichtig Flundern per Hand aus den Netzen lösen. Etwa drei Stunden dauert so eine Tour, nach der viele verstehen können, warum es den Sohn einer alteingesessenen Küstenfischerfamilie nach der Facharbeiterlehre in einer Thüringischen Kleinstadt am Ende doch wieder ans Meer zog. Was Uwe Dunkelmann von seinen Fahrten heimbringt, kommt in den Hofladen oder im Fischrestaurant auf den Teller; selbst geräuchert in der Fischerstuw oder frisch zubereitet. Den Fischereihof Kamerun an der Weißen Wiek in Tarnewitz erkennt man schon von Weitem am Dach, das einem umgestülpten Kahn nachempfunden ist. Den Fang des Tages ergänzen Spezialitäten mit Zutaten aus der Region, deren Qualität Uwe Dunkelmann ebenso am Herzen liegt wie die Fischerei, die er längst nicht mehr missen möchte.

- Fischräucherei Fischerstuw, Strandpromenade 47 a, 23946 Ostseeheilbad Boltenhagen/Tarnewitz, Tel. 03 88 25/290 68, April–Okt. tgl. ab 11 Uhr
- Fischereihof Kamerun, Zum Hafen 1a, 23946 Ostseeheilbad Boltenhagen/Tarnewitz, Tel. 03 88 25/26 72 31, Restaurant tgl. 10–22, warme Küche 11.30–21, www.kamerunweb.de

Auffällig in der Backsteinstadt Wismar: das bunte Fachwerkhaus über der »Grube«.

Feste und Events

Juni
- Tage der Industriekultur am Wasser, u. a. im Phantechnikum Wismar, www.tagederindustriekultur-hamburg.de

Juli
- Boltenhagen, Sommerserenade, Kleinkunst im Kurpark
- Mölln, Kurparkspektakel, zwei Tage Straßenkunst und Artistik im Kurpark, www.moelln-tourismus.de
- Kultursommer am Kanal, einen Monat lang ca. 90 unterschiedliche Veranstaltungen (Konzerte, Theater, Ausstellungen) im Herzogtum Lauenburg, www.kultursommer-am-kanal.de

September
- Mölln, Spektakulum Mullne, Festival, das an Till Eulenspiegels Zeiten erinnert, www.moelln-tourismus.de/e-spektakulum-mullne

Tipp: Bis Ende des Zweiten Weltkriegs lebte Uwe Johnson (1934–1984) in Anklam. Später schrieb er aus dem Exil Briefe an alte Freunde und fragte, ob es zu Hause dieses und jenes noch gäbe. Auf diese Weise prüfte er, der nicht in die DDR einreisen durfte, ob seine Erinnerung noch den Tatsachen entsprach. In Klütz hat man dem »Dichter beider Deutschland« ein Literaturhaus errichtet. Das Städtchen zwischen Lübeck und Wismar soll ihm als Vorlage für sein Jerichow aus den »Jahrestagen« gedient haben. Ob er je dort war, wird diskutiert. Einen Abstecher lohnt der Klützer Winkel mit seinen Alleen, der waldigen Steilküste und romantischen Stränden (www.kluetzer-winkel.m-vp.de). Vielleicht mit dem Klützer Kaffeebrenner, einer historischen Schmalspurbahn (www.stiftung-deutsche-kleinbahnen.de). Literaturhaus Uwe Johnson, Im Thurow 14, 23948 Klütz, April–Okt. Di–So 10–17, sonst Mi–Sa 10–16 Uhr, www.literaturhaus-uwe-johnson.de

04 Vom Darß bis nach Usedom

Deutschlands Ostseeküste zieht sie alle an: Badende, Strandläufer, Ornithologen und Kulturreisende. Und immer schon Literaten und Künstler, die das rollende Meer, das klare Licht und das besondere Flair inspirieren. Zwischen mondänen Seebädern, archaischen Fischerdörfern und geschichtsträchtigen Hansestädten kann man manche Entdeckung machen: etwa die Obstbaumblüte, die Landschaft und Lichtverhältnisse bei Ahrenshoop. Alte Buchenwälder und die mehr als 100 m hohe Steilwand der Kreidefelsen, die Caspar David Friedrich im Jahr 1818 auf Deutschlands größter Insel Rügen in Öl verewigte, und das benachbarte Usedom, wo es mehr Sonnenstunden gibt, als anderswo im Land.

- Tourismusverband Mecklenburg-Vorpommern, Konrad-Zuse-Str. 2, 18057 Rostock , Tel. 03 81/403 05 50, www.auf-nach-mv.de,
- Tourismuszentrale Rügen, Tel. 038 38/80 77 80, www.ruegen.de
- Usedom Tourismus, Tel. 03 83 75/24 41 44, www.usedom.de

Ob sie ums Futter streiten? Fischland-Darß-Zingst ist einer der größten Rastplätze von Graukranichen in Europa.

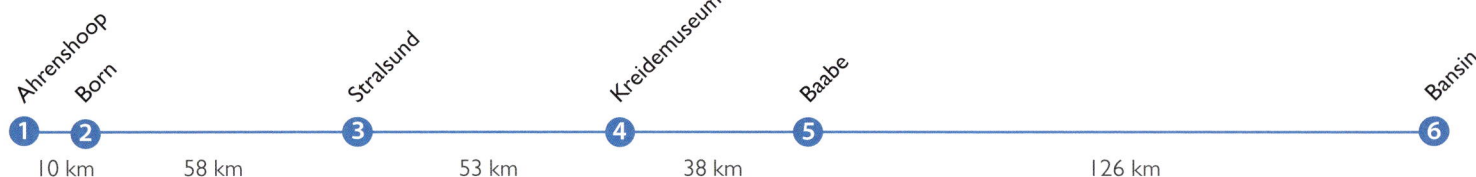

1 Alte Boote, Ahrenshoop

Mit modernen Kunststoffbooten kann Jens Lochmann nicht viel anfangen. Er mag lieber die alten Schiffe, von denen keines dem anderen gleicht und an deren Baustil er schon sehen kann, aus welcher Werft in welchem Hafen sie stammen. Die alten Darßer Boote aus glänzend poliertem Eichenholz und mit rotbraunen Segeln sind für den versierten Bootsbauer aus Ahrenshoop ein jahrhundertealtes Kulturgut, das es zu erhalten gilt. Er repariert, restauriert, bietet im Darß-Museum Prerow Bootsbaukurse an und freut sich darüber, wenn er für Gäste eines seiner Zeestboote auftakelt und diese anschließend in die Bodden auslaufen. Wahlweise kann man auch ein Ruderboot leihen und mit Muskelkraft auf Fahrt gehen. Auch im Winter hält Jens Lochmann eine alte Tradition am Leben und baut Fischländer Segelschlitten und Peikschlitten nach historischem Vorbild nach. Früher fuhren die Fischer mit den Schlitten über den zugefrorenen Saaler Bodden zur Arbeit. Heute dienen sie ausschließlich dem Freizeitvergnügen. Und davon hat man bei den alljährlichen Peikschlitten-Wettfahrten jede Menge.

■ Althänger Str. 40, 18347 Ahrenshoop-Althagen, Tel. 03 82 20/806 19, April–Nov. selbstständige oder geführte Segeltouren mit traditionellen Lüttfischerbooten, www.alteboote.de

2 Walfischhaus, Born

Das schmucke Haus mit den Sprossenfenstern und dem roten, holzverkleideten Wintergarten hat eine lange Geschichte. 1880 ließ es Kapitän Otto Busch im Seefahrerort Born erbauen. Ein Seemann durch und durch, der mit seiner »L. Hagen« drei Mal die Welt umsegelt hatte und von den Fidschi-Inseln zwei mächtige Walfisch-Backenknochen mit nach Hause brachte. Die standen bis Mitte der 1920er-Jahre als Torbogen vor seinem Haus, das fortan das »Walfischhaus« genannt wurde. Nach Buschs Tod war es Königlich Preußisches Standesamt, privates Wohnhaus, Jugendherberge, Gemeindeamt und bis zur Wiedervereinigung Kindergarten. Heute ist das direkt am Hafen gelegene Kapitänshaus restauriert, rekonstruiert und um ein Gästehaus erweitert. Man schaut auf die Inselgruppe der Borner Bülten, beobachtet die vorbeiziehenden Vogelschwärme und genießt Kaffee und Kuchen, frischen Fisch aus den Bodden oder saftiges Rindfleisch vom Darß.

■ Chausseestr. 74, 18375 Born/Darß, Tel. 03 82 34/557 86, Do–Di ab 12 Uhr, www.walfischhaus.de

3 Stralsund

Schon Wilhelm von Humboldt (1767 bis 1835) war angetan von Stralsund, der

Tipp: Was sind opportunistische Fresser? Auf Fischland-Darß-Zingst kann man sie hautnah miterleben. Die Halbinsel ist einer der größten Rastplätze von Graukranichen in Europa. Zu Zehntausenden sammeln sich die majestätischen »Vögel des Glücks« hier jedes Jahr im Oktober auf dem Weg in den Süden, picken zur Stärkung Getreidereste aus den abgeernteten Feldern und schlafen nachts auf ihren langen Beinen stehend im seichten Wasser. Im März machen sie auf dem Rückweg erneut in der Vorpommerschen Boddenlandschaft Station. An einigen Orten werden geführte Beobachtungstouren angeboten. Ein guter Platz, um Kraniche zu beobachten, ohne sie zu stören, und mehr über sie zu erfahren, ist das 2015 eröffnete »Kranorama« am Günzer See. Hier kann man die stattlichen Vögel, die jedes Jahr denselben Weg und dieselben Rastpunkte wählen, via Liveübertragung auch am großen Monitor aus der Nähe betrachten. Als opportunistische Fresser werden die Kraniche übrigens bezeichnet, weil sie ihre Ernährungsgewohnheiten dem saisonalen Angebot anpassen.
»Kranorama«, nahe Landstr. 213 in Nordvorpommern, Öffnungszeiten im Kranich-Informationszentrum, erreichbar nur zu Fuß; Kranich-Informationszentrum, Lindenstr. 27, 18445 Groß Mohrdorf, Tel. 03 83 23/805 40, www.kraniche.de

VOM DARSS BIS NACH USEDOM

- 1 Alte Boote, Ahrenshoop
- 2 Walfischhaus, Born
- 3 Stralsund
- 4 Kreidemuseum, Rügen
- 5 Zum Fischer, Baabe
- 6 Die Kaiserbäder auf Usedom
- Hotel Haferland, Wieck/Darß
- Naturcamp Pruchten

hinter Lübeck zweitmächtigsten Stadt der Hanse. Vor allem »die hohen und gotischen Türme« am Rathaus begeisterten den Gelehrten und tun es bis heute. »Hoch hinaus un nix dorhinner« lästerten die Lübecker angesichts der prachtvollen Fenster und Rosetten und spielten darauf an, dass der obere Teil des Backsteinbaus aus dem 13. Jh. nur eine Schmuckfassade ist. Unbedingt sehenswert sind die eleganten Giebelhäuser in Pastell, die im Zentrum zum Unesco-Weltkulturerbe gehören.

■ Tourist-Info, Alter Markt 9, 18439 Stralsund, Tel. 038 31/246 90, www.stralsundtourismus.de

4 Kreidemuseum, Rügen

Es braucht die Schalen von 50 000 Einzellern, bis ein Gramm Kreide entsteht. Und wie viel Gramm wiegt ein übliches Stück Tafelkreide? Im Museum in der restaurierten Werkshalle in Gummanz erfährt man erstaunliche Dinge über einen

Übernachten

Hotel Haferland
Gemütlich-rustikale Zimmer, Gesundheitsscheune und Schwimmbad mit Blick in den Garten unter reetgedeckten Dächern am Bodstedter Bodden am Südostufer der Halbinsel Darß. Zum Haus gehören 2 ha Garten mit Platz für Yoga und viele Bioland-zertifizierte Zutaten für die Hotelküche.
Bauernreihe 5a, 18375 Wieck/Darß,
Tel. 03 82 33/680,
www.hotelhaferland.de

Naturcamp Pruchten
Idyllische Anlage zwischen Heideland und Feldern in der Vorpommerschen Boddenlandschaft. Es gibt Ferienwohnungen, Mobilheime, Holzblockhütten sowie Zelt-, Wohnwagen- und Wohnmobilstellplätze. Während des Vogelzugs campt man hier direkt am Futterplatz der Kraniche.
Am Campingplatz 2, 18356 Pruchten,
Tel. 03 82 31/20 45, März–Okt.,
www.naturcamp.de

Stoff, über den man sich normalerweise nicht allzu viele Gedanken macht. Bis 1962 wurde in dem von einem schlanken Schlot überragten Backsteingebäude noch gearbeitet. Heute wird hier das Wissen um die Kreide von ihrer Entstehung bis zur Verwendung zu dekorativen Zwecken oder als Rügener Heilkreide für Bäder, Cremes, Zahnpasta und Seifen dargestellt. Im Freigelände mit dem 126 m hohen Kleinen Königsstuhl kann man sehen, mit welchem Gerät Kreide abgebaut wurde. Wer den Aufstieg nicht scheut, der wird oben mit einem Blick bis Hiddensee und Stralsund belohnt.

■ Gummanz 3a, 18551 Sagard, Tel. 03 83 02/562 29, Ostern–Okt tgl. 10–17, Nov. bis Ostern Di–So 10–16 Uhr, ab Mai Fossilienexkursionen, www.kreidemuseum.de

5 Zum Fischer, Baabe

Als Roberto Brandt ein junger Mann war, konnte er im heimischen Baabe das Fischerhandwerk nicht erlernen. Zu viele junge Kollegen gab es damals im Ostseebad, als dass man noch einen hätte ausbilden wollen. Heute sind sie nur noch zu dritt am Ort. Kollege Heuer, Roberto Brandt, der nach dem Umweg über die Hochseefischerei Mitte der 1980er-Jahre wieder zurück nach Baabe kam, und sein Sohn Jan. Sie halten eine lange Tradition am Leben, die vor fast 300 Jahren mit den Fischerbauern begründet wurde. Die hatten mit Landwirtschaft und Fischfang zwei Standbeine und versorgten nicht nur ihre Familien, sondern verkauften den eingesalzenen Fang bis nach Greifswald und Stralsund. Heute fährt Roberto Brandt im Morgengrauen hinaus. Die erste Tour geht mit dem Holzboot zu den Aalreusen. Per Hand wird sortiert, was groß genug ist, und was wieder ins Meer muss. An Land landet ein Gutteil der Aale in der eigenen Räucherkammer. Für die zweite Tour geht's mit dem Kutter weiter hinaus, um

Pastell trifft auf Backsteingotik: Die Giebelhäuser am prachtvollen Alten Markt in Stralsund gehören seit dem Jahr 2002 zum Unesco-Weltkulturerbe.

die Netze zu tauschen. Nicht selten werden die Männer danach schon am Ufer erwartet, denn der Dorsch direkt vom Schiff schmeckt Kennern noch ein bisschen besser. Ansonsten wandert der Fang direkt bei Brandts in die Kühltheke oder ins eigene Restaurant, wo unter anderem Rollmops nach Omas Rezept, Aal in Gelee oder Heringsvariationen serviert werden. Was genau auf der Speisekarte steht, richtet sich nach dem Fang des Tages. Der übliche Weg zurück von Rügen aufs Festland führt über Stralsund, man kann aber gut 20 km sparen, indem man die kleine Fähre zwischen Glewitz und Stahlbrode nimmt. Die Fähre der Weißen Flotte pendelt zwischen 6 und 20 Uhr (zwischen Mai und Aug. bis 21.40 Uhr) im 20- oder 30-Minuten-Takt (www.mobil.weisse-flotte.de). Ohne Sondergenehmigung zugelassen sind Fahrzeuge bis max. 5 t, der Fahrpreis errechnet sich aus der Fahrzeuglänge.

■ Bollwerkstr. 6, 18586 Ostseebad Baabe, Tel. 03 83 03/864 28, Di–Do ab 10, Fr–Mo ab 9 Uhr, www.zumfischer.de

⓺ Die Kaiserbäder auf Usedom

Die Villen in Ahlbeck, Bansin und Heringsdorf erinnern an Zuckerbäckerei. Frisch herausgeputzt stehen die eleganten Sommerdomizile der Berliner High Society des ausgehenden 19. und beginnenden 20. Jh. in oft parkartigen Gärten und verströmen noch heute besonderen Reiz. Vor allem in Ahlbeck, das man nicht zuletzt aus dem Showdown in Loriots Klassiker »Pappa ante Portas« (1991) kennt. Wahrzeichen des Kaiserbads ist die elegante Seebrücke. Sie ist die älteste in Deutschland, das wohl am meisten fotografierte Bauwerk der Insel und ragt seit 1898 mit ihrem 280 m langen Seesteg ins Meer. Noch ein gutes Stück länger ist die 508 m lange Seebrücke von Heringsdorf, das seit der Kaiserzeit als Badewanne Berlins bekannt ist. Namhafte Literaten verbrachten hier ihre Sommerfrische. Lyonel Feininger etwa, Theodor Fontane, Tolstoi, Thomas Mann und Maxim Gorki, dessen Wohn- und Arbeitszimmer in der Villa Irmgard den Rahmen für Ausstellungen, Lesungen und Konzerte gibt. Bansin, das jüngste der drei, erhielt 1923 als erstes deutsches Seebad die Freibadeerlaubnis. Somit durfte man direkt vom Strand ins Wasser laufen, ohne sich in einer abgetrennten Badeanstalt schicklich mit einem Wägelchen in die Ostsee ziehen zu lassen. Neben der Konzertmuschel erinnern noch einige Badekarren an vergangene Zeiten. In Bansin gibt es außergewöhnlich viele erhaltene Villen in Bäderarchitektur und selbst die in der zweiten Reihe haben hier Blick aufs Meer.

■ Tourist-Info, Hauptstr. 42, 17459 Seebad Koserow, Tel. 03 83 75/ 24 41 44, www.usedom.de

---

Tipp: Obwohl noch jung, hat sich das nordöstlichste Literaturfestival Deutschlands einen Namen gemacht. Selbst aus den USA kommen inzwischen Stammgäste, wenn sich alljährlich im April hochkarätige Autoren aus unterschiedlichen Perspektiven literarisch der deutschen Geschichte und dem östlichen Europa annähern. Themen sind Flucht oder Vertreibung, um mit dem Wissen über die Vergangenheit die Gegenwart zu verstehen, ungekannte Sichtweisen zu entdecken und Vorurteile zu überwinden. Beeindruckend ist die Liste derer, die schon lasen: Hans Magnus Enzensberger, Christoph Hein, Reiner Kunze, Donna Leon und Martin Walser. Doch das Festival setzt auf die Mischung aus lebenserfahrenen Literaten und jungen Autoren. Einer von diesen wird mit dem mit 5000 Euro dotierten Usedomer Literaturpreis ausgezeichnet und darf vier Wochen im Ahlbecker Hof verbringen. So tragen die Preisträger auch dazu bei, die literarische Tradition an der Ostsee lebendig zu halten. Manch einen inspiriert diese Zeit des ungestörten Arbeitens besonders. So Jaroslav Rudiš, der im Jahr 2014 auf der Sonneninsel den Stoff für ein neues Buch fand.
Festivalbüro, Maxim-Gorki-Str. 13, 17424 Seebad Heringsdorf, Tel. 03 83 78/ 346 47, www.usedomerliteraturtage.de

---

Feste und Events

Pfingsten
- Baabe, Reusenfest an der Kurbühne, mit Bühnenprogramm und gastronomischen Angeboten, www.baabe.de

Mitte Juni
- Zingst, Hafenfest mit Zeesboot- und Netzbootregatta, www.zingst.de

September/Oktober
- Usedomer Musikfestival, Musik eines jährlich wechselnden Gastlandes gespielt an interessanten Orten, www.usedomer-musikfestival.de

05 Ostfriesland

Im äußersten Nordwesten Deutschlands liegt das dünn besiedelte, mit Windmühlen gesprenkelte und von Fehnkanälen und Mooren durchzogene Ostfriesland. Hier trifft man auf die Weltmeister im Teetrinken, kann am Zweistrom von Leda und Jümme mit Europas ältester, per Hand gezogener Fähre übersetzen, findet in Varel die mit 4,5 qm kleinste Kneipe Deutschlands und in Suurhusen den schiefsten Turm der Welt. Mit dem 82 ha großen Ewigen Meer hat man den größten Moorsee der Republik und erfreut sich in Wiesmoor am üppig blühenden »Blumenbeet Niedersachsens«.

◼ Ostfriesland Tourismus, Ledastr. 10, 26789 Leer, Tel. 04 91/91 96 96 60, www.ostfriesland.de

Im über 600 Jahre alten Fischerhafen von Greetsiel liegt die größte Kutterflotte der Region Ostfriesland.

Gesamtlänge: 220 km

① Emden	② Greetsiel		③ Dangast	④ Bagband	⑤ Leer	⑥ Papenburg
25 km		100 km		48 km	20 km	27 km

① Grachtenrundfahrt, Emden

Achtung, Kopf einziehen! Wer die Seehafenstadt Emden von den Grachten aus erkundet, sollte sich nicht zu neugierig aus dem Sitz erheben. Dafür wird man auf dieser etwas anderen Rundfahrt durch Ostfrieslands kulturelle Metropole mit besonderen Perspektiven belohnt. Das »Venedig des Nordens« besitzt etliche Wasserwege: Der größte ist der Ems-Jade-Kanal zwischen Emden und Jadebusen bei Wilhelmshaven, der nur noch touristisch genutzt wird. Seine Kesselschleuse ist ein Höhepunkt auf einer Grachtenfahrt. Sternförmig kreuzen sich Kanal, Emder Stadtgraben sowie das Fehntjer Tief. Die Schleuse gleicht 2 m Differenz im Wasserspiegel aus. Neben diesem technischen Highlight begeistert vor allem das viele Grün. Es geht vorbei an überhängenden Weiden, gepflegten Gärten und Parks mit alten Baumbestand. Mal duftet es nach frischem Kaffee, mal muss man den Kopf in den Nacken legen, weil ein Kirchturm aus dieser Perspektive noch höher scheint. Dazu gibt es Geschichten und Geschichte, bis sich das flache Boot wieder dem Treiben im Hafen nähert.

■ Am Ratsdelft, 26721 Emden, Tel. 049 21/974 00, Di, Do, Sa 12 und 14 Uhr ab Ratsdelft, Fr, So 12 Uhr ab Ratsdelft, 14 Uhr ab Kunsthalle, www.emden-touristik.de

- ① Grachtenrundfahrt, Emden
- ② Fischerdorf, Greetsiel
- ③ Schlafstrandkorb, Dangast
- ④ Ostfriesen-Bräu, Bagband
- ⑤ Tatort Taraxacum, Leer
- ⑥ Papenburg
- 🛏 Hotel Fährhaus, Neßmersiel
- ⛺ Campingpark Ottermeer, Wiesmoor

② Fischerdorf, Greetsiel

Wer ostfriesische Idylle sucht, findet sie in Greetsiel. Von Weitem schon sichtbar sind die »Greetsieler Zwillinge«, zwei stattliche, denkmalgeschützte Galerieholländer – Windmühlen, die eine engagierte Müllersfamilie und ein rühriger Mühlenverein hegen und pflegen. Interessierten gewähren sie einen Blick hinter die Kulissen und den Ausblick von der Galerie über das Sieltief. In der Roten Mühle wird heute noch gemahlen und frisches Mühlenbrot verkauft. Greetsiel selbst erinnert an eine Puppenstube: Im Hafen liegen die 27 Boote von Ostfrieslands größter Kutterflotte,

25

OSTFRIESLAND

die unabhängig von den Gezeiten über eine Schifffahrtsrinne ins offene Meer gelangen, dahinter steht die Reihe historischer Fischerhäuser. Viele haben glockenförmige Giebel, die sich die Urahnen in den Niederlanden abgeschaut hatten. Es lohnt sich auch, den Blick nach oben zu wenden, denn häufig zieren Sinnsprüche oder Malereien die Fassaden. Eine Idee, wie es früher in den Häusern aussah, bekommt man in Poppinga's Alter Bäckerei. Im denkmalgeschützten Backsteinhaus aus dem 17. Jh. kann man seinen Friesentee im musealen Umfeld zwischen Tante-Emma-Laden, Guter Stube und den typischen Alkoven oder Butzen genannten Schrankbetten trinken. In Greetsiel legen nicht nur Krabbenkutter an. Für Ausflüge zu den Inseln Juist, Borkum und Norderney kann man hier auch ablegen. Vorbei am rotgelbgestreiften Pilsumer Leuchtturm, der Cineasten aus dem Film »Otto der Außerfriesische« bekannt ist, geht es via Norden mit Blick auf Wattenmeer und Ostfriesische Inseln an der Küste entlang.

- Tourist-Info, Zur Hauener Hooge 11, 26736 Greetsiel, Tel. 049 26/918 80, www.greetsiel.de
- Café in der Grünen Mühle, Mühlenstr. 2 A, 26736 Greetsiel, Tel. 049 26/927 84 64, Do–Di 10–20 Uhr, www.facebook.com/gruenemuehlegreetsiel
- Schoof's Mühle (Rote Mühle), Mühlenstr. 2, 26736 Greetsiel, Tel. 049 26/92 65 30, Mühlenführungen April–Anfang Nov. Mi, Sa 14 Uhr, zusätzlich Vorführungen beim Nachtmahlen, Mühlencafé April–Okt. tgl. 11–18.30, Nov.–März Sa, So 13–18 Uhr, www.muehle-schoof.de

Erst Kluntjes, dann Tee, dann Sahne – und auf keinen Fall umrühren! Im Ostfriesischen Teemuseum wird die traditionelle Zeremonie rund um das Kultgetränk vermittelt.

Tipp: Tee ist in Ostfriesland mehr als ein aromatisches Heißgetränk. Seitdem ihn die Niederländische Ostindien-Kompanie im frühen 17. Jh. mitbrachte, ist die »Teetied« Ausdruck ostfriesischer Geselligkeit. Seit 2016 ist die Teezeremonie sogar immaterielles Kulturerbe. Man trinkt Tee, um Gäste zu begrüßen oder als Pausenritual zu jeder Tageszeit. Ein Ostfriese bringt es jährlich auf rund 300 l, damit ist er weltweit Spitzenreiter und hat den zwölffachen Verbrauch seiner Landsleute. Die Zubereitung der Friesenmischung, ein kräftiger, überwiegend aus Assam zusammengestellter Schwarztee aus bis zu zehn Sorten, folgt festen Regeln. Dabei wird loser Tee in einer vorgewärmten Kanne aufgegossen und in feinen Porzellantassen serviert. In der Tasse liegt bereits ein »Kluntje«, ein Stück Würfelkandis. Hat man Tee eingegossen, kommt mit einem schöpfkellenähnlichen Löffelchen – entgegen dem Uhrzeigersinn, damit beim Teetrinken die Zeit stehen bleibt – etwas Sahne hinzu. Mit dem Teelöffel wird auf keinen Fall umgerührt, um die sahnige, die teeige und die zuckrige Schicht nicht zu vermischen. Er kommt erst zum Einsatz, wenn man ihn in die Tasse legt und damit signalisiert, dass es genug ist. Das sollte beim Gast nicht vor der dritten Tasse passieren. Gar nicht unhöflich ist es, dass sich der Gastgeber zuerst eingießt. So kann er prüfen, ob der Tee die perfekte Farbe hat. Ostfriesisches Teemuseum, Am Markt 36, 26506 Norden, Tel. 049 31/121 00, tgl. 10–17, Ostfriesische Teezeremonie Di, Mi, Sa 14, Fr 11 Uhr, Anmeldung empfohlen, www.teemuseum.de

OSTFRIESLAND

■ Poppinga's Alte Bäckerei, Sielstr. 21, 26736 Greetsiel, Tel. 049 26/13 93, Saison tgl. 11–19 Uhr, Wintermonate laut Aushang, 27. Dez.–2. Jan. traditionelles Neujahrskuchenbacken, www.poppingas-alte-backerei-greetsiel.de

Feste und Events

1. Januar
- Anbaden in der Nordsee

Mai
- Greetsiel, Krummhörner Orgelfrühling, Konzerte in verschiedenen Krummhörner Kirchen, www.greetsiel.de/veranstaltungen/krummhoerner-orgelfruehling.html
- Emder Matjestage mit Traditionsschiffen, Livemusik und vielen Matjesgerichten, www.matjestage.de

Juni
- Internationales Filmfest Emden-Norderney, www.filmfest-emden.de
- bis August: Gezeitenkonzerte, Klassik, Jazz und Literatur internationaler Künstler an atmosphärischen Orten zwischen Dollart und Jadebusen, www.ostfriesischelandschaft.de

Juli
- bis September: Emden, jeden Do Summer-in-the-City-Konzerte an der Wester-Ems-Tonne

September
- erstes Wochenende: Wiesmoor, Blütenfest mit Blumenkorso

Oktober/November
- Ostfriesische Krimitage, www.krimitage.de

❸ Schlafstrandkorb, Dangast

Unterm Sternenhimmel zu schlafen ist für viele ein Traum. In Dangast wird bei entsprechender Witterung ab Mitte April ein Schlafstrandkorb aufgestellt. Man macht sich's darin gemütlich und denkt längst nicht an Aufbruch, wenn sich der Strand am Abend leert. Dann kann man in den Sonnenuntergang blinzeln, die dazugehörenden Lichter in den Sand stellen, die Ruhe und das Rauschen des Meeres genießen. Und sich irgendwann in den kuschelig-warmen Schlafsack verkriechen, wer mag, mit aufgespanntem Zeltdach.

■ Strandcampingplatz Dangast, Auf der Gast 40, 26316 Varel-Dangast, Tel. 044 51/91 14 22, www.dangast.de/strandcampingplatz-dangast.html

> **Tipp:** Ostfriesland ist Orgelland. An keinem anderen Ort in Europa gibt es so viele historische Exemplare wie hier. Elf stammen von Arp Schnittger (1648 bis 1719), dem berühmtesten Orgelbauer seiner Zeit. Dazu gehört das Prunkstück in St. Georg in Weener. Allein die kunstvoll gestalteten Instrumente zu betrachten, ist ein Vergnügen: barockopulent die einen, zierlich elegant die anderen. Goldene Sterne, Sonne und Mond zieren etwa den taubenblauen Korpus der ältesten spielbaren Orgel Nordeuropas (1475) in Rysum. An Zuckerwerk erinnert jene in Amdorf. Hören kann man die Orgeln u. a. beim Krummhörner Orgelfrühling (siehe Kasten Feste und Events).

❹ Ostfriesen-Bräu, Bagband

Bisweilen lassen auch Ostfriesen die Teetassen stehen und greifen zu gehaltvolleren Getränken. In der ehemaligen Bagbander Molkerei wird seit 1999 gebraut: ein kräftiges Landbier, das schon mehrfach hohe Auszeichnungen erhielt. Die mehr als hundert Jahre alte historische Anlage, auf der Braumeister Rene Krischer begann, gehört heute zu einem Museum – zusammen mit anderem sorgfältig zusammengetragenen Inventar, das einen Besuch beim Ostfriesen-Bräu auch zu einem Ausflug in die Biergeschichte werden lässt.

■ Voerstad 8, 26629 Großefehn/Bagband, Tel. 049 46/203, April–Okt. tgl. 11–22, Nov.–März Mo–Do 16–22, Fr, So 11–22, Küche jeweils bis 21.30 Uhr, Brauereimuseum tgl. bis 19 Uhr, geführte Besichtigung nach Anmeldung, www.ostfriesenbraeu.de

❺ Tatort Taraxacum, Leer

Der Name lässt ahnen, dass der Laden in der historischen Altstadt von Leer etwas mit Krimis zu tun hat. Dabei stapeln sich in dieser Buchhandlung nicht nur Kriminalromane und allerlei schräge Geschenkartikel vom blutverschmierten Duschvorhang bis zur Vase in Pistolenoptik – Hausherr Peter Gerdes ist selbst Krimiautor, hat unzählige Male seinen Kommissar Stahnke in Ostfriesland ermitteln lassen und mit seiner Frau Heike den auf Krimis spezialisierten Leda-Verlag gegründet. Im Tatort Taraxacum kombiniert er Literatur, Kaffee und gutes Essen. Mit

OSTFRIESLAND

Übernachten

Hotel Restaurant Fährhaus
Auf halber Strecke zwischen Emden und Wilhelmshaven an der Küste gelegenes, kleines Familienhotel mit 19 Zimmern sowie Inselblick zwischen Norddeich und Neuharlingersiel.
Dorfstr. 42, 26553 Neßmersiel, Tel. 049 33/303, www.faehrhaus-nessmersiel.de

Camping- und Bungalowpark Ottermeer
Großzügig angelegte, gepflegte Anlage mit 280 Plätzen auf 80 ha Fläche mit allen Annehmlichkeiten.
Am Ottermeer 52, 26639 Wiesmoor, Tel. 049 44/94 98 93, Ende März–Okt., www.ottermeer-wiesmoor.de

Führungen durch Leer, Krimi-Bustouren und Krimi-Törns auf der Ems und durch den Hafen bringt Peter Gerdes Gästen seine Heimat garantiert spannend nahe. Der Ems folgend geht es nun weiter nach Papenburg.

- Rathausstr. 23, 26789 Leer, Tel. 04 91/ 91 22 62 86, Buchhandlung Di–Sa 10–18, So 14–18, Café Di–Sa 11–23, So 11–19 Uhr, www.tatort-taraxacum.de

6 Papenburg

Schiffbau hat Tradition in Papenburg, der ältesten deutschen Moorkolonie. Mehr als 40 km Fehnkanäle, die ursprünglich zur Entwässerung der Moore und zum Abtransport des Torfs angelegt wurden, durchziehen die Stadt, die heute vor allem wegen ihrer auf der Meyerwerft gebauten Kreuzfahrtschiffe bekannt ist. Das interaktive Museum »Zeitspeicher« in den ehemaligen Werfthallen bringt Besuchern die Stadtgeschichte nahe. In den Kanälen liegen sechs schmucke Schiffe des schwimmenden Schifffahrtsmuseums von Papenburg.

- Tourist-Info, Ölmühlenweg 21, 26871 Papenburg, Tel. 049 61/839 60, April–Okt. Mo–Sa 9–17, So 9–14, Nov.–März Mo–Sa 9–17 Uhr, www.papenburg-marketing.de
- Besucherzentrum Meyerwerft, Industriegebiet Süd 1, 26871 Papenburg, Tel. 049 61/839 60, April–Okt. tgl. 10.30, 14.30 und bei Bedarf, Nov.–März Mi, Fr, Sa 14 Uhr, www.meyerwerft.de

> **Tipp:** Was im deutschen Fußball der FC Bayern, ist im Boßeln das Dorf Reepsholt. Die Herrenmannschaft ist Serienmeister in Ostfrieslands Volkssport Nummer eins. Auf der Heimstrecke sind sie nahezu unschlagbar, und der Nachwuchs übt eifrig, um es den Großen in der auf der Straße ausgetragenen und entfernt an Boccia erinnernden Wurfdisziplin gleichzutun. Ums zielsichere Treffen geht es beim Spiel mit den 10–12 cm Durchmesser großen Kugeln aus Pockholz, die Drechsler Heinrich-Jürgen Eden (www.drechslerei-eden.de) als Letzter noch per Hand herstellt. Noch mehr geht es aber um die Freundschaft, beteuern die Athleten. Beim Klootschießen, einem anderen typisch ostfriesischen Volkssport, werden auf zugefrorenen Feldern mit Blei ausgegossene, 475 g schwere Holzkugeln von einem Absprungbrett aus möglichst weit geschleudert. Traditionell traten Ostfriesland und Oldenburg zu diesem »Feldkampf« an. Heute spielen Dörfer gegeneinander und tragen dabei deutlich mehr als traditionell nur »up't Ünnerst«, lange Unterhose und Unterhemd. Außerdem gibt es noch das Paddstockspringen – es entstand, als die Menschen lange Stöcke nutzten, um trockenen Fußes über die Gräben zu gelangen. Böse Zungen behaupten, dies seien die ersten Verkehrsmittel Ostfrieslands gewesen. Sogenannte Schlickschlitten nutzten anno dazumal die Fischer auf dem Weg zu ihren Reusen. Heute werden damit schlammtriefende Rennen ausgetragen.

Hier wird groß gedacht und gebaut: Schiffsschraube in der Meyerwerft in Papenburg.

Da bleiben die Füße garantiert trocken: In Cuxhaven kann man sich per Kutsche übers Watt fahren lassen.

06 Die Weser entlang nach Süden

Die Weser ist der einzige Fluss in Deutschland, der sein Einzugsgebiet ausschließlich im Land hat. Gespeist von Werra und Fulda, strömt sie in nördliche Richtung, um am Alten Leuchtturm von Bremerhaven in die Nordsee zu münden. Die Außenweser fließt noch ein Stück weiter bis zur Wurster Küste bei Nordholz, um dort das Wattenmeer zu speisen. Dieses umfasst auf einer Küstenlänge von insgesamt rund 400 km zwischen den Niederlanden und Dänemark ein Gebiet von fast 10 000 qkm. Hier leben mehr als 10 000 Tier- und Pflanzenarten. Bis zu zwölf Millionen Zugvögel legen auf der Durchreise zwischen Brutgebieten und Winterquartier eine Rast ein, um sich für den weiten Flug satt zu fressen. Ebbe und Flut wechseln alle sechs Stunden und bestimmen so nicht nur das Aussehen der Landschaft, sondern auch den Lebensrhythmus seiner Bewohner. Weser aufwärts prägt zunehmend der typische Baustil der Weserrenaissance das Aussehen der Städte.

- Kurverwaltung Wurster Nordseeküste, Am Kutterhafen 3, 27639 Wurster Nordseeküste, Tel. 047 41/96 00, www.wursternordseekueste.de
- Samtgemeinde Grafschaft Hoya, Schlossplatz 2, 27318 Hoya/Weser, Tel. 042 51/81 50, www.grafschaft-hoya.de

Gesamtlänge: 213 km

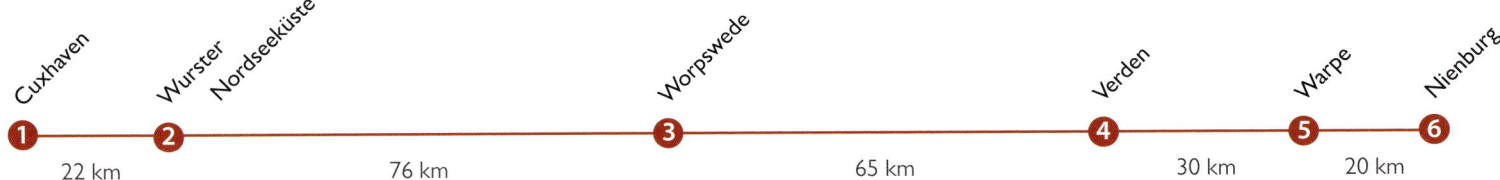

1 Cuxhaven

Von der »Alten Liebe«, die ihren Namen einem von drei versenkten Schiffen verdankt, die im Jahr 1733 als Grundlage für die Landungsbrücken dienten, fällt der Blick über die Elbmündung. Über Lautsprecher erfährt man Größe und Herkunft vorbeifahrender Schiffe und kann nebenbei den Windseemaphor bestaunen, eine kranhohe Anlage, mit der die Schiffe vor Zeiten moderner Kommunikation Hinweise über Windgeschwindigkeit und -richtung bekamen. Sie ist die letzte ihrer Art in Europa und heute Industriedenkmal. Zwischen Heide und Watt liegt das Wattenmeer-Besucherzentrum, das auf drei Etagen diesen besonderen Lebensraum anschaulich erklärt. Noch anschaulicher erlebbar wird er bei einer Fahrt in einem der hohen, von Pferden gezogenen Wattwagen. Vier Stunden dauert die Ausfahrt zu der im Nationalpark Hamburgisches Wattenmeer gelegenen Insel Neuwerk. 40 Einwohner hat die Insel, ein Bernsteinmuseum und einen mächtigen, denkmalgeschützten Leuchtturm, der bis heute bei Winterstürmen als Signalfeuer genutzt wird. Man kann ihn in 138 Stufen besteigen, die Aussicht über die Elbmündung genießen und sogar ein kuscheliges Pensionszimmer beziehen, wenn einem der Sinn nach Inseleinsamkeit steht. Richtung Süden führt die A27, eine nettere Route windet sich westlich davon durch die Samtgemeinde Land Wursten.

- Tourist-Info, Cuxhavener Str. 92, 27476 Cuxhaven, Tel. 047 21/40 42 00, Mo–Sa 9.30–16, Juli Mo–Sa 9.30–17, So 9.30–13, Nov.–Ende Mai Sa nur bis 13 Uhr, www.tourismus.cuxhaven.de
- Wattenmeer-Besucherzentrum, Nordheimstr. 200, 27476 Cuxhaven-Sahlenburg, Tel. 047 21/70 07 04 00, April–Okt. Mo–Fr 14–18, Sa, So 12–18, Nov.–März Mo–Fr 10–16, So 12–16 Uhr, www.wattbz.cuxhaven.de

2 Zur Börse, Wurster Nordseeküste

»Exklusive Küche« hat bei Inge und Björn Wolters im Gasthaus Zur Börse eine besondere Bedeutung. Nicht Wasser von den Fidji-Inseln oder Rind aus Südamerika gibt es im schmucken geschichtsträchtigen Backsteinhaus, das seinen Namen einem alten Viehhandelsplatz verdankt, sondern Köstlichkeiten aus der Region, die anderswo oftmals von den Tellern verschwunden sind. Das exklusivste Gericht ist Röhrkohl. Der wächst an den Salzwiesen im Außendeich der Wurster Nordseeküste, steht unter Schutz und darf nur für kurze Zeit von Einheimischen gestochen werden. Als zertifizierter Nationalparkpartner ist die Börse das einzige Lokal, das die als Strand- oder Salz-Dreizack bekannte Delikatesse verkaufen darf. Von Mai bis Anfang Juli wird die Spezialität serviert, die optisch an Schnittlauch erinnert und meist wie Kohl verarbeitet wird. Hobbygärtner, die Geschmack am Röhrkohl finden, können ihn im Topf zu Hause pflanzen (erhältlich unter www.kraeuter-und-duftpflanzen.de). Weniger exklusiv, aber nicht minder köstlich, sind die regionaltypische Limande, deren mageres weißes Fleisch an Seezunge erinnert, die als Dwarsloeper bekannte heimische Strandkrabbe oder Salzwiesen-Kräuter. Wer sich bei all den Köstlichkeiten übernommen hat, kann seinen Verdauungsspaziergang gleich am Deich machen. Vielleicht steht dort auch gerade

> **Tipp:** Am südlichen Rand des Teufelsmoors lohnt sich ein Blick ins Heimathaus Irmintraud in Fischerhude. Schuldirektor Heinrich Schloem baute den mehr als 400 Jahre alten, stattlichen Tietjenhof sorgfältig aus und benannte ihn nach seiner früh verstorbenen Tochter. Seit 1934 gibt ein Museum hier Einblick in den einstigen Alltag der Gegend. Vom Flett, dem zentralen Raum des bäuerlichen Lebens gelangt man in original möblierte Räume für Mensch, Tier und landwirtschaftliches Gerät.
> Heimathaus Irmintraud, Kirchstr. 2, 28870 Ottersberg/Fischerhude, Tel. 042 93/71 86, März–Okt. Mi, Fr–So 11–13, 15–17, Nov.–Feb. Sa, So 11–13, 15–17 Uhr, www.landkreis-verden.de > Bildung, Kultur und Sport > Museen im Landkreis > Heimathaus Irmintraud

DIE WESER ENTLANG NACH SÜDEN

1. Cuxhaven
2. Zur Börse, Wremen
3. Teufelsmoor & Worpswede
4. Pferdeäpfel, Verden
5. Wasserbüffelhof, Warpe
6. Nienburg
- Hotel Buchenhof, Worpswede
- Campingplatz Hammehafen, Worpswede

der »Offene Bücherschrank«, ein umgebauter Viehwagen, in dem man Bücher abgeben oder mitnehmen kann. Spannende Lektüre für ein Stündchen im Strandkorb ist sicher dabei – oder für die Weiterfahrt, sofern man Beifahrer sein darf. Als alternative Strecke zur A27 bietet sich die Tour über Beverstedt und Hambergen an.

■ In der Lange Str. 22, 27639 Wurster Nordseeküste, Tel. 047 05/12 77, Do–Mo 11.30–14.30, 17.30–23 Uhr, www.zur-boerse.de

3 Teufelsmoor & Worpswede

»Den Eersten sien Dood, den Tweeten sien Noot, den Drüdden sien Broot.« Oft wird dieser plattdeutsche Spruch zitiert, der die ärmlichen Lebensverhältnisse der Menschen beschreibt, die seit dem 17. und 18. Jh. versuchten, einem der größten zusammenhängenden Moore Nordwestdeutschlands eine bescheidene Existenzgrundlage abzuringen. Den Mägden und Knechten hatte man hier eigenes Land und ein selbstbestimmtes Leben versprochen. Doch im »duven«, im tauben Moor war der Boden unfruchtbar und die Lebenserwartung niedrig. Bei einer Fahrt im originalgetreu nachgebauten Torfkahn kann man etwas vom schweren Alltag im sagenumwobenen Teufelsmoor erahnen. Die flachen Eichenholzboote mit den braunen Segeln waren bis ins beginnende 20. Jh. die einzigen Verkehrsmittel im sumpfigen Land. Mit ihnen brachten die Moorbauern den als Brennmaterial begehrten Torf in mehrtägigen Reisen mit Wind- und notfalls Muskelkraft bis an die Unterweser und nach Bremen. Mitten im Teufelsmoor liegt mit der 1889 gegründeten Künstlerkolonie Worpswede ein besonderer Ort voller Kreativität. Hier fanden bedeutende Künstler des Jugendstils, Impressionismus und Expressionismus in einer Lebens- und Arbeitsgemeinschaft

 ## Übernachten

Hotel Buchenhof
In der einstigen Villa des Worpswede-Künstlers Hans am Ende (1864–1918) begeben sich Nostalgiker auf Zeitreise.
Ostendorfer Str. 16, 27726 Worpswede, Tel. 047 92/933 90,
www.hotel-buchendorf.de

Campingplatz Hammehafen Worpswede
Einfacher, aber schön gelegener Platz mit 16 Wohnmobilstellplätzen, Kanuverleih und Bistro.
Hammeweg 10, 27726 Worpswede, Tel. 047 92/509,
www.camping-worpswede.de

DIE WESER ENTLANG NACH SÜDEN

> **Feste und Events**
>
> **Ende Juni**
> - Nienburger Pellkartoffelessen an einer 300 m langen, fein gedeckten Tafel im Zentrum, www.nienburg.de
>
> **September**
> - Wurster Nordseeküste, »Dwarsloeper«, zweiwöchiges kulinarisches Festival im Zeichen der seitwärts laufenden Strandkrabbe, www.dwarsloeper-festival.de

zusammen. Bis heute sind die schönen Fachwerkhäuser ein Ort der Inspiration.

■ Kulturland Teufelsmoor, Bergstr. 13, 27726 Worpswede, Tel. 047 91/93 04 80, Torfkahnfahrten Mai–Okt., www.kulturland-teufelsmoor.de

■ Künstlerdorf Worpswede, Bergstr. 13, 277626 Worpswede, Tel. 047 92/93 58 20, www.worpswede-tourismus.de

④ »Pferdeäpfel«, Verden

Das Weserland ist Pferdeland, und Verden seine Hochburg. Wo es Pferde gibt, gibt es auch Pferdeäpfel, die normalerweise bei Gärtnern sehr geschätzt sind. Darüber hinaus existiert noch eine Variante, für die man weder tierlieb sein noch einen grünen Daumen haben muss. Die Pferdeäpfel von Sibylle Jackl zergehen auf der Zunge. Nach einem patentierten Rezept ihres Vorgängers Hans-Georg Schulz (der sie anlässlich einer Weltmeisterschaft für junge Dressurpferde in Verden kreierte) fertigt die Chefin des traditionsreichen Café Erasmie die auf den ersten Blick ihrem äußerlichen Vorbild täuschend ähnlichen Kugeln aus Baiser, Champagnercanache, Eierlikör, Zartbitter- und einem Hauch Limettenschokolade. Optisch unverfänglicher sind Klassiker wie der »Verdener Domschatz« – eine Auswahl von köstlichen Pralinen.

■ Konditorei & Café Erasmie, Große Str. 102, 27283 Verden, Tel. 042 31/824 13, Di–Sa 9–18, So 10–18 Uhr, www.cafe-erasmie.de

⑤ Wasserbüffelhof, Warpe

Nein, man muss nicht an seinem Verstand zweifeln, wenn man in der Nähe von Warpe jemanden auf einem Wasserbüffel reiten sieht. Dann sind Enrico und Helena unterwegs und sorgen für Asia-Flair an der Mittelweser. Die beiden sind die Reittiere

> **Tipp:** Wenn die Tage kurz und grau werden und einem der Frost in die Glieder kriecht, zieht es Familien, Freunde oder Kollegen warm bekleidet und mit einem Bollerwagen voll (hochprozentiger) Getränke und diverser Spielutensilien hinaus. Von November bis Februar ist die Hochzeit der Kohl-und-Pinkel-Touren oder Kohlfahrten. Man macht sich auf zum Kohlessen in einem Gasthaus. Doch mehr als um das traditionelle Gericht aus Grünkohl, Grützwurst (Pinkel) und dem ein oder anderen Fleischstück geht es um den vergnüglich-geselligen Weg, möglichst zu Fuß und mit einer Reihe von traditionellen Spielen kurzweilig gestaltet.

auf dem idyllisch gelegenen Hof von Mia Fiedler und Heinrich Meyer. Die Wasserbüffel geben die Milch für besonders feine Käse und Joghurts. Der »Warper Büffelweiße« nach Art eines Camemberts wurde 2015 als »Kulinarischer Botschafter Niedersachsen« ausgezeichnet. Büffelfleisch hat kaum Fett, wenig Cholesterin, aber viel Geschmack, den der Warper Hausmetzger unter anderem in Salami, Bockwurst und Nagelholzschinken zur Geltung bringt.

■ Haus 9, 27333 Warpe, Tel. 050 22/643, Hofladen Mo–Sa 8–12, 15–18 Uhr, So nach Vereinbarung, 1. So im Monat 9–12 Uhr »Büffelfrühstück«, April–Okt. Fr 15–18 Uhr Kaffee, Kuchen und »Büffelteller« mit verschiedenen Spezialitäten, www.wasserbüffelhof-warpe.de

⑥ Nienburg

Einst diente eine Festung am heutigen Nienburg der Bewachung eines der wichtigsten Übergänge über die Weser. Heute kreuzen sich in der Stadt mit den zahlreichen Fachwerkhäusern und Hofanlagen, die bis ins Mittelalter zurückreichen, eine Vielzahl von touristischen Themenrouten. Die 31 000-Einwohner-Stadt an der Mittelweser liegt u. a. an der Niedersächsischen Spargelstraße, den Wegen der Romantik, der Straße der Weserrenaissance, der Deutschen Fachwerkstraße, der Deutschen Märchenstraße und der Mühlenstraße.

■ Tourist-Info, Lange Str. 18, 31582 Nienburg, Tel. 050 21/91 76 30, Mo–Fr 9–17 Uhr, www.mittelweser-tourismus.de, www.nienburg.de

Außen hui, innen Pappmaché: Schloss Ludwigslust wurde so teuer, dass beim Interieur geschummelt werden musste.

07 Mecklenburgische Seenplatte

»Land der tausend Seen« sagt man über die Mecklenburgische Seenplatte. Mitteleuropas größte zusammenhängende Seenlandschaft bezaubert mit viel Grün, viel unberührter Natur. Aber auch mit hübschem Fachwerk, zahlreichen Schlössern und Landgütern sowie dem opulenten Barockjuwel Ludwigslust, das einst repräsentativer Sitz der Herzöge Mecklenburg-Schwerins war. Die Wege führen durch sanfte Hügellandschaft und nette Orte, alte Buchenwälder und den Müritz-Nationalpark, der Tieren einen attraktiven Lebensraum und Menschen zahlreiche Gelegenheiten für Entdeckungen bietet.

■ Tourismusverband Mecklenburgische Seenplatte, Turnplatz 2, 17207 Röbel/Müritz, Tel. 03 99 31/53 80, www.mecklenburgische-seenplatte.de

Gesamtlänge: 223 km

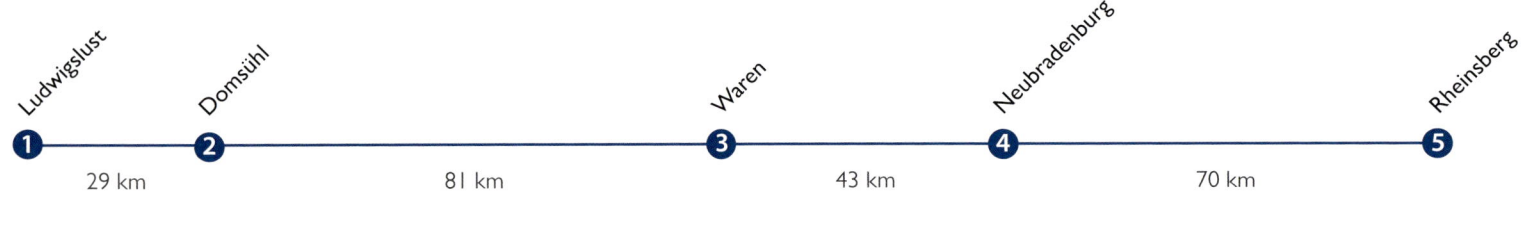

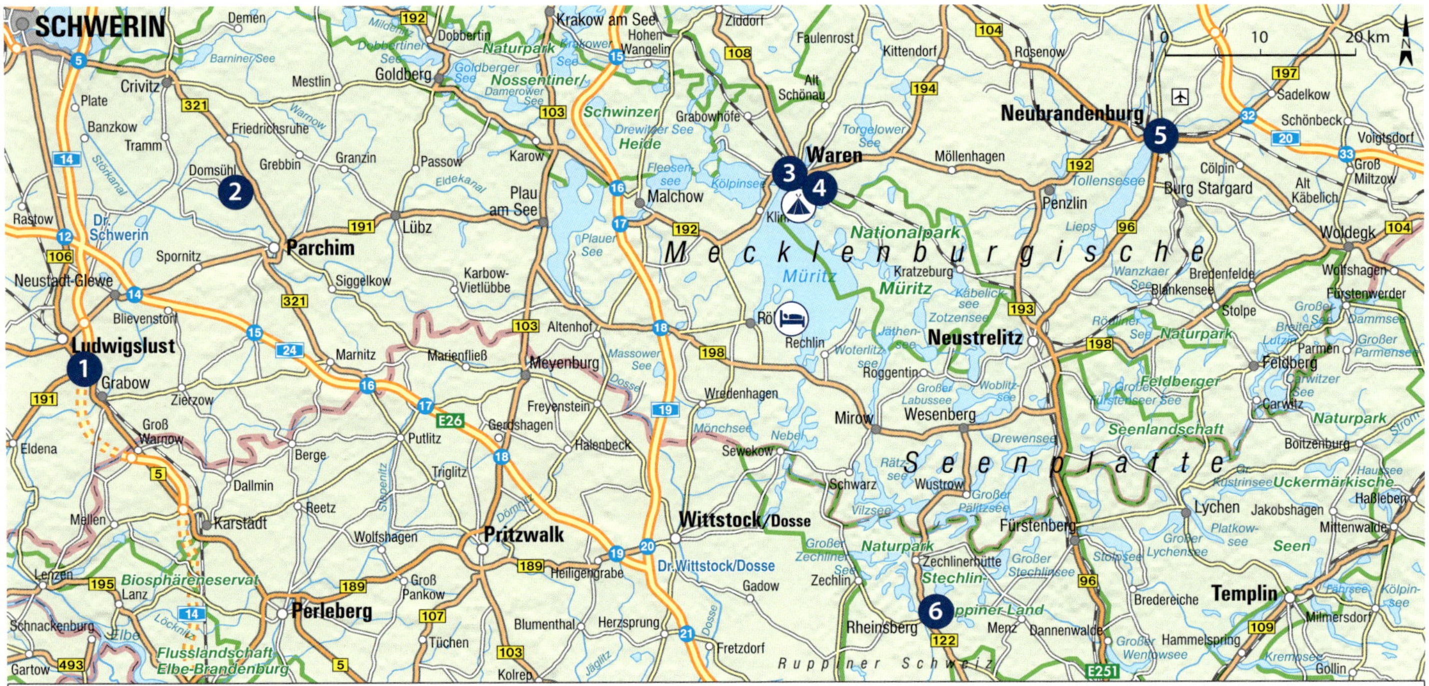

1 Ludwigslust	2 Domsühl	3 Waren	4 Neubradenburg	5 Rheinsberg
29 km	81 km	43 km	70 km	

1. Schloss Ludwigslust
2. Lewitz-Tüffel, Domsühl
3. Müritz-Wild, Waren
4. Müritzeum, Müritz-Nationalpark
5. Das Bootshaus, Neubrandenburg
6. Marmelo, Rheinsberg
- Romantik Hotel Gutshaus Ludorf
- Camping- & Wohnmobilpark Kamerun, Waren/Müritz

1 Schloss Ludwigslust

Versailles hatte Herzog Friedrich II. (1717 bis 1785) vor Augen, als er in der »Griesen Gegend« seine Residenz plante. In einem 127 ha großen Park, den Peter Joseph Lenné (1789–1866) anlegte und der als einer der schönsten Landschaftsgärten Deutschlands gilt, thront das mächtige Schloss mit seinen schier unzähligen Fenstern, seinen meterhohen Säulen und prunkvollen Gemächern. Hinter der Fassade ist manches Schein. Weil der repräsentative Bau mehr Geld verschlang als die Staatskasse hergab, wurde ein Großteil der Innenausstattung aus Pappmaché hergestellt. Wo heute das Rasthaus ist, gab es einst eine Pappmanufaktur. Seinem tiefen Glauben verdankte Friedrich II. den Beinamen »der Fromme« und seine Schlossanlage eine gewaltige Kirche, in der er seine letzte Ruhe fand. Im Mittelgang steht sein Sarkophag. Auch hier ist längst nicht alles massiv.

■ Schloßstr. 36, 19288 Ludwigslust, Tel. 038 74/52 62 51, Mitte April–Mitte Okt. Di–So 10–18, sonst 10–17 Uhr, Schlossführungen Mitte April–Mitte Okt. Di–Fr 14, Sa, So, feiertags 11, 14, 15, sonst Sa, So, feiertags 14 Uhr, www.stadtludwigslust.de

MECKLENBURGISCHE SEENPLATTE

❷ Lewitz-Tüffel

Die Lewitz im Südosten Schwerins ist Deutschlands größte zusammenhängende Wiesenlandschaft. Auf den sandigen Böden gedeihen Kartoffeln besonders gut, die hier Tüffel heißen. Ist Ende September in Kartoffeldörfern wie Plate, Banzkow, Mirow und Jamel die Ernte eingefahren, bieten zahlreiche Bauern die Erdäpfel zum Verkauf. Auf den Speisekarten stehen traditionelle Gerichte wie Kartoffelbrot, »Erdäppelkaas«, Kartoffel-Schinken-Schnecken oder die Spezialität »Maustüffeln mit Boddermelk und Bradspeck« (Stampfkartoffeln mit Buttermilch und Speck). Und es ist Zeit für die Lewitzer Tüffelwochen, die im Museumshof Pingelhof beginnen. Das mehr als 400 Jahre alte Anwesen mit dem markanten reetgedeckten Haus wurde von neun Generationen der Familie Pingel bewirtschaftet. Heute ist Mecklenburgs ältester Bauernhof ein agrarhistorisches Museum und der Rahmen für Festivitäten rund um Brauchtum und Landwirtschaft.

■ Museumshof Pingelhof, Ringstr. 6, 19374 Domsühl, Tel. 01 52/59 17 90 89, April bis Okt. Di–So 10–17 Uhr, www.pingelhof-museum.de, www.die-lewitz.de

❸ Müritz-Wild, Waren

Wildreich sind Mecklenburgs Wälder, und Wild ist eine der Delikatessen der Region. Auch für Axel Holst. Seit 30 Jahren ist er Jäger, seit mehr als 20 Jahren verarbeitet und verkauft er Reh-, Dam-, Rot- und Schwarzwild. Große Küchenchefs kaufen bei ihm ebenso wie qualitätsbewusste Hobbyköche, die sich von Ina Holst im Hofladen beraten lassen. Stadtforst, Kirchenforst und private Jäger versorgen Müritz-Wild mit hochwertigem Fleisch aus den Wäldern der Umgebung. Da gibt es im Buchenholz geräucherte Schinken, Würste und Pasteten. Stammkunden schätzen das vom Chef gekochte Wildschweingulasch. Direkt in Waren kann man sich heimisches Wild in den Restaurants Kleines Meer und Restaurant Moritz schmecken lassen, die regelmäßig Wildbret auf der Karte haben.

> **Tipp:** Für diese Spezialität sollte man nicht sein bestes helles Hemd tragen: Tief violett, fast schwarz ist die Holundersuppe, die man klassisch mit Grießklößchen und Apfelspalten isst. Zubereitet aus den Beeren des Schwarzen Holunders stärkt sie das Immunsystem, aktiviert die Selbstheilungskräfte und schmeckt köstlich. Eine neue Wertschätzung erlebt auch der Sanddorn, die »Zitrone des Nordens«. Auf dem kalkhaltigen, losen Sandboden Mecklenburg-Vorpommerns wächst er besonders gut. Als zu DDR-Zeiten Südfrüchte Mangelware waren, stellte Sanddorn eine wichtige Vitaminquelle dar. Beiden ist im Café Plawe eine extra Karte gewidmet. Da gibt es Holunder und Sanddorn in unterschiedlichsten Varianten von Sekt über Kuchen und Suppe bis zu fruchtigem Chutney oder Kichererbsenpuffern. Große Burgstr. 1, 19395 Plau am See, Tel. 03 87/354 68 79, Feb.–April Fr–Di 11–18, Mai–Mitte Sept. 11.30–21, Mitte Sept.–Okt. Fr–Di 11.30–19, Nov. Sa–Di 12–18 Uhr, www.plawe.de

■ Specker Str. 9a, 17192 Waren/Müritz, Tel. 039 91/66 27 87, Do, Fr 9–18 Uhr, www.mueritz-wild.de
■ Kleines Meer, Alter Markt 7, 17192 Waren, Tel. 039 91/64 80, Mo–Do Fr 18–22, Fr–So 12–22 Uhr, www.kleinesmeer.de
■ Restaurant Moritz im Seehotel Ecktannen, Fontanestr. 51, 17192 Waren, Tel. 039 91/62 90, So–Do 12–21, Fr, Sa 12–22 Uhr, www.ecktannen.de

❹ Müritzeum, Müritz-Nationalpark

Mit mehr als 300 qkm ist der Müritz-Nationalpark deutsche Spitze, was die Fläche

Übernachten

Romantik Hotel Gutshaus Ludorf
Historisches Gutshaus am Westufer der Müritz mit 23 Zimmern, ein »Romantik Hotel«, das seinen Namen verdient.
Rondell 7, 17207 Ludorf/Müritz, Tel. 03 99 31/84 00, www.gutshaus-ludorf.de

Camping- und Wohnmobilpark Kamerun
Vielseitige Anlage am Nordufer der Müritz. Für Abenteuerlustige gibt es Seecamper, floßähnliche Boote, auf denen man sein Wohnmobil parkt und so zum Hausboot umfunktioniert, mit dem man lauschige Müritz-Buchten anfahren kann.
Zur Stillen Bucht 3, 17192 Waren/Müritz, Tel. 039 91/12 24 06, www.campingtour.mv.de

MECKLENBURGISCHE SEENPLATTE

Den Großen Fürstenseer See im Osten des Müritz-Nationalparks dürfen keine Motorboote befahren. Ruhesuchende Ausflügler steuern die sandigen Badestellen an.

auf dem Festland angeht. An der Müritz sind es die Kiefernwälder und Moorlandschaften, die den Park prägen. Begründet durch ein herrschaftliches Jagdrevier konnte sich die Natur über Jahrhunderte weitgehend ungestört entfalten. Entsprechend attraktiv ist sie auch für Tiere. Was sich draußen in der Natur versteckt, kann man im ufo- bzw. schiffförmigen (je nach persönlicher Ansicht) Müritzeum aus nächster Nähe beobachten. Hier begibt man sich in eine Flussmündung und bestaunt 300 silberglänzende Maränen im zweistöckigen, 100 000 l Wasser fassenden Aquarium. Oder man watet durch dschungelartige Waldmoore.

■ Zur Steinmole 1, 17192 Waren, Tel. 039 91/63 36 80, tgl. 10–19 Uhr, www.mueritzeum.de

⑤ Das Bootshaus, Neubrandenburg

Mit seiner leuchtend blauen Farbe ist das Bootshaus nicht zu übersehen. Die ehemalige Anglerhütte am Rande der Fischerhütten, die den Oberbach an der Nordspitze des Tollensesees säumen, erinnert an ein französisches Bistro. Hier gibt es Köstlichkeiten wie Räucheraal, Karpfen oder Zander aus dem fischreichen und sechstgrößten See Mecklenburg-Vorpommerns. Man kann aus der Karte wählen oder sich seinen Lieblingsfisch an der Theke aussuchen und dann nach Wunsch zubereiten lassen. Eine besondere Spezialität sind die Tollensesee-Maränen, eine kleine Forellenart mit einer Fettflosse wie Lachse, die vor allem geräuchert eine echte Delikatesse ist. Abgesehen vom Fleisch schätzen Fischkenner ihren apricotfarbenen, sehr schmackhaften Kaviar. Am liebsten pur auf einem dünn gebutterten Brötchen. Gestärkt sollte man auf jeden Fall einen Spaziergang in die Altstadt Neubrandenburgs unternehmen. Nur ein paar Minuten sind es zu Fuß in die »Stadt der vier Tore«, mit der zudem nahezu vollständig erhaltenen mittelalterlichen Stadtmauer. 2,3 km lang umschließt sie den historischen Kern mit einem Doppelwall und drei Gräben, die ursprünglich mit Wasser

Feste und Events

Mai
- Kartoffelblütenfest in der Lewitz, mit Livemusik, www.dielewitz.de > Tüffelwochen in der Lewitz
- Rheinsberger Hafenfest an der Uferpromenade mit Ruderregatta, www.heimatverein-rheinsberg.de

Juni
- Mittsommerremise – Nacht der Guts- und Herrenhäuser, ein Wochenende um den Johannistag öffnen Schlösser und Gutshäuser ihre Tore, in einigen gibt es Konzerte und kulturelles Programm, in einigen kann man übernachten, www.mittsommer-remise.de

Oktober
- Rheinsberger Töpfermarkt, erinnert an die 250-jährige Tradition der Rheinsberger Keramik
- Tüffelwochen im Mecklenburger Wiesenland, www.dielewitz.de > Tüffelwochen in der Lewitz

MECKLENBURGISCHE SEENPLATTE

gefüllt waren. Besondere Hingucker sind die Wiekhäuser, winzige Fachwerkhäuschen, die auf der Mauer thronen und als sozialer Wohnungsbau fungierten. 25 dieser kleinen Bauwerke waren mit ihren Schießscharten in den Außenwänden einst Teil der Befestigungsanlage. 23 wurden originalgetreu rekonstruiert. Einige davon sind heute ein besonderer Rahmen für künstlerische Werkstätten, Läden und Restaurants.

- Schillerstr. 21, 17033 Neubrandenburg, Tel. 03 95/57 08 10 50, Di–Sa 11–22, So 11–16 Uhr, www.das-bootshaus-neubrandenburg.m-vp.de
- Tourist-Info, Marktplatz 1, 17033 Neubrandenburg, Tel. 03 95/194 33, Mo–Fr 10–19, Sa 10–16 Uhr, www.neubrandenburg-touristinfo.de

6 Marmelo Marmeladen-Manufaktur, Rheinsberg

Ein Pflichtstopp für Süßschnäbel, die sich ein bisschen Brandenburg mit nach Hause nehmen möchten, ist Rheinsberg am Grienericksee. Hier rührt Katrin Wagner mit großer Leidenschaft und nach den Grundsätzen der »Slow Food«-Bewegung Fruchtcremes, Aufstriche, Marmeladen, Curds und Confits wie »Brombeer & Fenchelsaat«, »Pfirsich-Jasminblüte« oder »Feige-Walnuss-Creme«. Aus der Patisserie kommend inspirierten sie die verlassenen Obstbaumalleen und Streuobstwiesen ihrer Wahlheimat zu kreativen Mischungen, die nicht nur auf dem Frühstücksbrot schmecken. Obst, Gewürze, Blumen, Nüsse – was ihren strengen Vorstellungen von biologisch, regional, saisonal und nachhaltig entspricht, hat gute Chancen, raffiniert kombiniert im Glas zu landen; ohne Gelierzucker, künstliche Aromen, Farb- und Konservierungsstoffe. Was und wie viel das ist, hängt vom Ertrag ab. Direkt neben der Produktionsküche gibt es einen Laden samt Kaffeebar. Bei schönem Wetter kann man hinter dem Haus im Garten sitzen.

- Mühlenstr. 12, 16831 Rheinsberg, Tel. 01 63/80 86 12, Mi–Sa 10–16 Uhr sowie laut Aushang und nach Vereinbarung, www.marmelo-manufaktur.de

Ein Stück Brandenburg zum Mitnehmen: Katrin Wagners Marmelo-Kreationen entstehen aus heimischen, saisonal verfügbaren Früchten und Nüssen – »slow food« aus Rheinsberg.

> **Tipp:** Der Klassiker ist bauchig, braun und hat honiggelbe Streifen; ein kugeliger Knopf ziert den Deckel und die Tülle ist tief angesetzt, damit der Tee mit dem besten Aroma als Erstes ausgegossen wird. Kenner schwören auf die Rheinsberger Teekanne von Carstens-Keramik, einer der ältesten, noch produzierenden Keramik-Manufakturen Europas. Zu DDR-Zeiten durfte sie in keinem Haushalt fehlen, nach der Wende kam sie überwiegend dunkelblau mit weißen Tupfen daher. Aktuell nehmen sich Keramiker aus aller Welt ihrer Optik an. Seit 2012, als die Manufaktur ihr 250. Jubiläum feierte, gestalten sie unter dem Motto »Der Kanne neue Kleider« den Klassiker auf ihre Art. Irgendwann soll es 250 dieser Unikate geben.
> Keramikhaus (Gebrauchskeramik, Galerien und Ausstellungen), Rhinstr. 1, 16831 Rheinsberg, Tel. 03 39 31/341 56, tgl. 10–18 Uhr, www.keramik-haus-rheinsberg.de

08 Ruppiner Schweiz und Uckermark

Schon Theodor Fontane pries die Reize seiner Heimat. Heute fällt vielen spontan Entschleunigung ein, wenn von Ruppiner Schweiz und Uckermark die Rede ist. In wenig besiedeltem Land schmiegen sich Seen in sanftes, weites Hügelland. Uralte Wälder begeistern Betrachter wie Spaziergänger und bieten Tieren einen Lebensraum, wie sie ihn kaum mehr finden. Insbesondere im Bereich der zwischen Zehdenick, Templin und Joachimsthal gelegenen Schorfheide. Wo von Kaiser Wilhelm II. über NS-Größen bis zu Erich Honecker die Mächtigen ihre Jagdleidenschaft pflegten, liegt ein Teil des Biosphärenreservats Schorfheide-Chorin.

■ Tourismusmarketing Uckermark, Stettiner Str. 19, 17291 Prenzlau, Tel. 039 84/83 58 83, www.tourismus-uckermark.de

Sonnenuntergang über der Havel bei Zehdenick: Wo früher im Akkord Ziegel gebrannt wurden, herrscht heute Idylle.

Gesamtlänge: 253 km

1 Fontanestadt Neuruppin

Als einen zu groß geratenen Anzug, in den der Träger wohl nie hineinwachsen werde, beschrieb Theodor Fontane (1819–1898) seine Heimatstadt. Damit spielte der große Dichter des Realismus v. a. auf die breiten, schnurgeraden Straßen und die drei Plätze an, die zu den größten in ganz Europa zählen. Entstanden nach dem verheerenden Stadtbrand 1787 sind sie optischer Ausdruck der militärischen Bedeutung Neuruppins. Friedrich der Große (1712 bis 1786) baute Neuruppin zur Beamten- und Garnisonsstadt mit Raum zum Exerzieren aus. Um den Neuen Markt, im See- und Wallviertel gibt es noch Häuser aus dem Mittelalter. Ansonsten ist die historische Altstadt klassizistisch geprägt. Auch Fontanes Geburtshaus in der Karl-Marx-Str. 84 ist typisch dafür. Die Löwen-Apotheke seines Vaters gibt es noch. Die Schaufenster informieren über den berühmten Bewohner, der im ersten Band seiner »Wanderungen durch die Mark Brandenburg« Orte aus dem Umland beschrieb, die heute zur Stadt gehören. Zweiter berühmter Sohn ist der Architekt, Baumeister, Stadtplaner und Maler Karl Friedrich Schinkel (1781–1841). Als Preußens Oberbaurat und Professor an der Bauakademie prägte er das optische Bild des Klassizismus in Deutschland vom Rheinland bis Königsberg. U. a. entwarf er das Schauspielhaus am Berliner Gendarmenmarkt. In seinem Geburtsort gibt es kein Schinkel-Bauwerk.

- 1 Fontanestadt Neuruppin
- 2 Ziegeleipark, Zehdenick
- 3 Uckermärker Picknickkorb, Boitzenburger Land
- 4 Seerestaurant Am Kap, Prenzlau
- 5 Schiffshebewerk Niederfinow, Eberswalde
- 6 Wildpark Schorfheide, Groß Schönebeck
- 🛏 Hotel Gut Suckow, Flieth-Stegelitz
- ⛺ Camp Solaris, Prenzlau

Dafür eine klassizistische Pfarrkirche in der Virchowstraße, über deren Proportionen sich Schinkel als Wegbereiter einer modernen Architektur alles andere als positiv äußerte. Mehrere Wege führen nach Zehdenick. Wer über Rheinsberg fährt, kann zwei Tipps aus Tour 7 mitnehmen: die Marmelo Marmeladen-Manufaktur und das Keramikhaus (s. S. 37).

- Tourist-Info, Karl-Marx-Str. 1, 16816 Neuruppin, Tel. 033 91/454 60, Mai–Sept. Mo–Fr 8–18, Sa 8–16, So 10–17 Uhr, sonst kürzer, www.tourismus-neuruppin.de
- Museum Neuruppin, August-Bebel-Str. 15, 16816 Neuruppin, Tel. 033 91/45 80 60, April–Sept. Di–So 10–17, Okt.–März Di–Fr 11–16, Sa, So 10–16 Uhr, www.museum-neuruppin.de

RUPPINER SCHWEIZ UND UCKERMARK

> **Tipp:** Literaturbegeisterte kennen Theodor Fontane vor allem von seinen realistischen Gesellschaftsromanen über Adel und Bürgertum. Seit einigen Jahren begeistern sich auch Krimifans für ihn. Der Rostocker Autor Frank Goyke lässt Fontane in seinen Kriminalromanen als Privatgelehrten in dem Umfeld ermitteln, das er einst so trefflich skizzierte. Seit 2011 sind die vier Bände »Altweibersommer«, »Schneegestöber«, »Nachsaison« und »Hundstage« erschienen.

❷ Ziegeleipark, Zehdenick

Berlin, so sagt man, sei auf dem Kahn erbaut. In der Gründerzeit, als die Stadt boomte, brauchte man viele Ziegel zum Bau von Industriegebäuden und Wohnhäusern. Die kamen per Schiff nach Preußens Metropole. Zumeist aus Zehdenick, wo 1887 beim Eisenbahnbau große Tonvorkommen entdeckt wurden und Europas größtes Ziegelrevier entstand. Mehr als hundert Jahre dampfte und fauchte es und feiner Tonstaub lag in der Luft. Im Jahr 1910 gab es etwa 30 Betriebe, in denen 6000 Ziegler in 63 speziell entwickelten Ringöfen 625 Millionen Ziegel herstellten. Fontane beschrieb es als »frondiensthafte Tätigkeit«, wie ganze Familien arbeiteten. Die Männer hielten das Feuer auf exakt 1016 Grad und schleuderten den geraspelten und eingeweichten Ton möglichst kraftvoll in hölzerne Streichkästen. Die Frauen (und bis zum Verbot 1888 auch Kinder) schleppten die Steine zuerst zum Trocknen, dann zum Brennen und zuletzt in den Hafen, wo sie verschifft wurden. 5000 Ziegel schaffte ein guter Mann am Tag. Wie das geht, kann man im 1997 eröffneten Ziegeleipark ausprobieren und erfährt dabei vieles über Produktion und Bedeutung des kantigen Baustoffs.

■ Ziegelei 10, 16792 Zehdenick OT Mildenberg, Tel. 033 07/31 04 10, April–Nov. tgl. 10–18, Führungen 12.30, 14.30 Uhr, www.ziegeleipark.de

❸ Uckermärker Picknickkorb, Boitzenburger Land

Schöner kann man sich eine Landpartie kaum vorstellen. Man steuert einen netten Ort an, sucht sich ein lauschiges Plätzchen und packt seinen Picknickkorb aus. Noch schöner, wenn einem dieser frisch befüllt gebracht wird. Den »Uckermärker Picknickkorb« liefert Daisy Gräfin von Arnim direkt zum vereinbarten Ort. Vorschläge, wo diese sein könnten, sind unter anderem der Aussichtspunkt am Weinberg, Luthereiche, Feldsteinkirche oder die Feld-Wald-und-Wiesen-Schule. Abenteuerlustige können für ein paar Stunden auch auf eine Draisine umsteigen und unterwegs aus ihrem mit regionalen Köstlichkeiten gut gefüllten Körbchen naschen. Zwischen Fürstenberg, Hohenlychen und Templin kann man auf ehemaligen Gleisinspektionsfahrzeugen strampeln. Es gibt Überhol- und Haltepunkte für Pausen, Besichtigungen oder ein Bad im See. Einzige Vorgabe sind Zeitfenster, innerhalb derer alle Schienenfahrzeuge in dieselbe Richtung fahren. Die Picknickkörbe gibt es wahlweise für Süßschnäbel mit frisch

Einst fuhren die Draisinen als Gleisinspektionsfahrzeuge, heute kann man zwischen Fürstenberg, Hohenlychen und Templin zum Vergnügen strampeln.

gebackenem Kuchen, Gelee und Obst oder als salzige Variante mit Pesto, Würsten, Schinken und Gemüse. Wer flexibler sein möchte, holt seinen Picknickkorb in Lichtenhain ab. Im Gutshaus der Familie von Arnim – ja, die mit den berühmten Romantik-Dichtern Bettina und Achim – betreibt Daisy Gräfin von Arnim Mosterei und Apfel-Café und verarbeitet vorzugsweise alte Sorten von Streuobstwiesen und Apfelalleen zu Essig, Chutneys, Tee und anderen Köstlichkeiten.

- Lichtenhain 25, 17268 Boitzenburger Land, Tel. 03 98 89/82 50, Apfel-Café und Hofladen, April–Nov. Mo–Sa 13–17 Uhr, Picknickkörbe zwei Tage im Voraus reservieren, www.die-apfelgraefin.de
- Draisinenfahrt Erlebnisbahn, Zehdenicker Str. 30, 17268 Templin, Tel. 033 77/330 08 50, www.erlebnisbahn.de

④ Seerestaurant Am Kap, Prenzlau

»Ihr« Kap ist für die Prenzlauer seit gut 100 Jahren gern besuchtes Ausflugsziel. Das Wäldchen mit altem Baumbestand liegt am Ostufer des Unteruckersees. Über allem thront ein 1911 errichtetes Haus mit wechselvoller Geschichte. Heute ist dort ein himmelblaues, gastfreundliches Seerestaurant mit den großen Fenstern ins Grüne. Nur ein paar Stufen sind es bis ans Ufer mit dem Bootsanleger und den Strandkörben für eine gemütliche Siesta am See. 3 km sind es in die Altstadt von Prenzlau, die als »Schatzkästlein der Backsteingotik in der Uckermark« gilt. Teile der ursprünglich 2,6 km langen Stadtmauer aus dem 13. und 14. Jh. sind noch erhalten. Drei von einst 66 Wiekhäusern lassen das System der Verteidigung direkt aus der Mauer noch erahnen. Tore und Türme sind noch weitgehend erhalten und teilweise in den Sommermonaten begehbar. Imposant ist das Dominikanerkloster, das viel Raum für Kultur bietet. Zwingend ins Handgepäck gehört die Badehose. Vor allem die letzte Eiszeit fräste mehr als 400 Seen in die Umgebung Prenzlaus. Dazu gehört der als Landschaftsschutzgebiet ausgewiesene Unteruckersee mit einer Reihe schöner Badeplätze. Etwa im Seebad Prenzlau, das organisiertes Badevergnügen mit Sprungturm, Beachvolleyball und Schachanlage bietet, oder direkt auf den weitläufigen Wiesenflächen am Kap. Der kürzeste Weg nach Eberswalde führt über die Autobahn, der schönere über den Ort Angermünde.

- Uckerpromenade 84, 17291 Prenzlau, Tel. 039 84/718 03 05, tgl. 11.30–22 Uhr, im Winter geändert, www.kap-prenzlau.com
- Seebad Prenzlau, Uckerpromenade 46, 17291 Prenzlau, Tel. 039 84/83 48 64, Mitte Mai–Juni, Anf. Sept.–Mitte Sept. 10–18, Juli, Aug. 10–19 Uhr, www.prenzlau.eu
- Dominikanerkloster, 17291 Prenzlau, Tel. 039 84/75 22 41, Mai–Sept. Di–So 10–18, Okt.–April Di–So 10–17 Uhr, www.dominikanerkloster-prenzlau.de

⑤ Schiffshebewerk Niederfinow, Eberswalde

Wie fühlt es sich an, wenn ein Schiff Aufzug fährt? In Eberswalde lässt sich das

Übernachten

Hotel Gut Suckow
Das gepflegte Hotel verteilt sich auf mehrere Gebäude einer historischen Gutsanlage. Japanisches Badehaus. Fernseher im Zimmer wird man vergeblich suchen.
Suckow Nr. 5, 17268 Flieth-Stegelitz, Tel. 03 98 87/692 84, www.gut-suckow.de

Camp Solaris
Am Unteruckersee liegt die Anlage, die sportlichen Gästen auch Rad- und Kanustation bietet. Der Platz offeriert eine Reihe von unkonventionellen Mietobjekten.
Neustädter Damm 17, 17291 Prenzlau, Tel. 01 62/390 92 50, www.solaris-prenzlau.de

leicht nachvollziehen. Auch Ausflugsschiffe werden im ältesten noch arbeitenden Schiffshebewerk Deutschlands wahlweise emporgehoben oder abgesenkt. Am östlichen Ende des Oder-Havel-Kanals macht Europas größter Schiffsfahrstuhl mächtig Eindruck. Seit 21. März 1934 gleicht der stählerne Riese den Höhenunterschied zwischen Kanal und Fluss aus. Dabei braucht es fünf Minuten, um die 36 Meter Differenz zu überwinden. Neben der denkmalgeschützten Industrieanlage ist ein neues Schiffshebewerk im Bau, das lang und tief genug ist für die langen Schubverbände, wie sie heute auf den Wasserstraßen üblich sind. Es soll das alte Hebewerk ergänzen, das mindestens bis 2025 in Betrieb bleiben soll. Parallel

RUPPINER SCHWEIZ UND UCKERMARK

zum Oder-Havel-Kanal verläuft mit dem Finowkanal die älteste künstliche Wasserstraße Deutschlands. Erstmals wurde sie 1605 angelegt und ist heute ein schönes Revier zum Kanufahren, das von Rad- und Wanderwegen auf den einstigen Treidelpfaden gesäumt wird.

■ Hebewerkstr. 52, 16248 Niederfinow, Tel. 033 38/76 80 97, Mitte Feb.–März tgl. 10–16, April–Okt. tgl. 9.30–17.30, Nov.–Dez. tgl. 10–16 Uhr, www.schiffshebewerk-niederfinow.info
■ Bootsfahrten ab Unter- oder Oberhafen, Hebewerkstr./Anlegestelle 3, An der Schleusentreppe/Anlegestelle 2, 216248 Niederfinow, Ende März–Okt. tgl. 11, 13, 15 Uhr, die Fahrten dauern zwischen 60 und 90 Min.

❻ Wildpark Schorfheide, Groß Schönebeck

Jeder weiß das: Der Wolf ist böse, frisst Geißlein und Großmütter mit Haut und Haar. So steht's im Märchenbuch. Doch wie verhält sich Meister Isegrim wirklich? Seit er immer häufiger auftaucht, sorgt er für Verunsicherung, heftige Diskussionen und Polemik. Imke Heyter beschäftigt sich seit 1998 intensiv mit den ausgesprochen sozialen Tieren, in deren Körpersprache sie genau lesen kann. Was, das erfahren Gäste z. B. bei einer »Vollmondwolfsnacht«. Gestärkt aus der Wild- und Kräuterküche geht es mit Fackeln zum 10 000 qm großen Wolfsgehege; vorbei an Wild und Wildschweinen bis zur Aussichtsplattform. Man hört das Heulen, bekommt Gänsehaut und erfährt, dass Wölfe nicht den Mond anschmachten, sondern auf diese Art kommunizieren. Eines von zwei Rudeln im Park ist zahm und den Umgang mit Menschen von klein auf gewöhnt. Während sich die Tiere Futter holen und aufmerksam die Gäste beobachten, gibt es jede Menge Informationen und damit ein differenzierteres Bild über das Tier. Ein Besuch im 105 ha großen Wildpark lohnt aber auch bei Tageslicht. In weitgehend natürlicher Landschaft leben mittlerweile 25 Arten europäischer Wildtiere in der von Imke Heyters Vater Frank 1996 gegründeten Anlage. Neben den Przewalski-Pferden, mit denen alles begann, sind dies u. a. Wisente, Elche, Muffelwild und Wollschweine. Seit 2017 ist der Wildpark Schorfheide auch Wolfs- und Herdenschutzinfozentrum.

■ Prenzlauer Str. 16, 16244 Groß Schönebeck/Schorfheide, Tel. 03 33 93/658 55, tgl. 9–19 Uhr, www.wildpark-schorfheide.de

---

Feste und Events

April
- Prenzlau, Blaueierschwimmen zur Eröffnung der Badesaison am Uckersee, www.prenzlau.de

Mai
- erstes Wochenende: Mai- und Hafenfest Neuruppin
- Fontane-Festspiele Neuruppin mit Musik, Theater, Literatur und Film, www.fontane-festspiele.com

Mai/Juni
- Uckermärker Orgelfrühling
- bis September: Kultursommer Prenzlau

Aufzug für Wasserfahrzeuge aller Art: Das Schiffshebewerk Niederfinow bei Eberswalde ist das älteste seiner Art in Deutschland und seit über 80 Jahren in Betrieb.

09 Von Lauenburg bis nach Isenhagen

Die Tour beginnt in der südlichsten Stadt Schleswig-Holsteins – im Dreiländereck mit Niedersachsen und Mecklenburg-Vorpommern. Die Elbe und ihre Kanäle prägten und prägen die Region als bedeutende Wasserwege, auf denen unter anderem Salz transportiert wurde. An den Ufern entwickelten sich lebhafte Städte, die noch heute von der Tradition erzählen, ohne sich der Gegenwart zu verschließen. Nah liegen sie beieinander und haben doch dies- und jenseits des Eisernen Vorhangs die jüngste Vergangenheit ganz unterschiedlich erlebt. Salz und Zucker spielen eine Hauptrolle für die Entwicklung des auf einem Salzstock erbauten Lüneburg und der Zuckerstadt Uelzen.

■ Herzogtum Lauenburg, Hauptstr. 150, 23879 Mölln, Tel. 045 42/85 68 60, www.herzogtum-lauenburg.de
■ Lüneburger Heide, Wallstr. 4, 21335 Lüneburg, Tel. 07 00/20 99 30 99, www.lueneburger-heide.de

Alter Hafen in Lüneburg: Hier wurden schon vor Jahrhunderten Salz und andere Waren auf Schiffe verladen.

Gesamtlänge: 160 km

Lauenburg	Lüneburg	Uelzen	Salzwedel	Isenhagen
1	2	3	4	5
26 km	37 km	48 km	49 km	

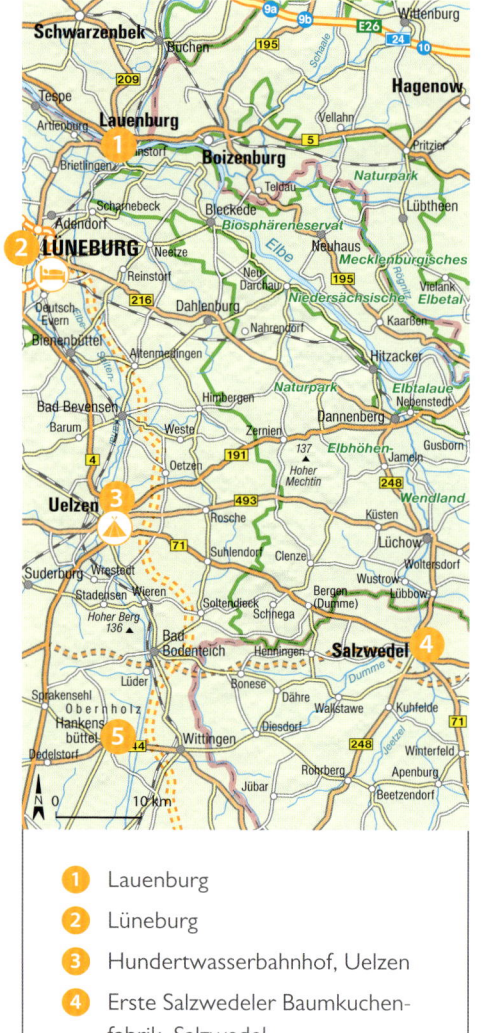

- 1 Lauenburg
- 2 Lüneburg
- 3 Hundertwasserbahnhof, Uelzen
- 4 Erste Salzwedeler Baumkuchenfabrik, Salzwedel
- 5 Klostergarten, Isenhagen
- Hotel Einzigartig, Lüneburg
- Wohnmobilstellplatz am Yachthafen, Uelzen

1 Lauenburg

Unverkennbar ist Lauenburg eine Schifferstadt. An einem bewaldeten Steilufer liegt das Elbstädtchen, in dessen alter Unterstadt sich die hübschen Fachwerkhäuser aus dem 16. und 17. Jh. aneinanderreihen. In der Oberstadt ist der runde Uhrturm letztes Relikt eines Schlosses der Herzöge von Sachsen-Lauenburg. Die Elbe liegt einem zu Füßen. Dabei ist der Fluss, der die Nordsee mit Städten wie Berlin, Dresden und Prag verbindet, nicht die einzige Wasserstraße. Direkt in der Stadt zweigt der Elbe-Lübeck-Kanal in Richtung Ostsee ab. Ein Stück elbabwärts beginnt der Elbe-Seitenkanal, der nach Berlin und zu den westdeutschen Kanälen führt. Hier gibt es Schleusen, Dämme und ein eindrucksvolles Museum, das Entwicklung und Bedeutung der Wasserwege anschaulich darstellt. Unspektakulär sieht es aus und ist doch ein besonderes Industriedenkmal: Direkt neben dem Elbe-Lübeck-Kanal liegt mit der Palmschleuse die letzte von ursprünglich 17 Schleusen des Stecknitz-Delvenau-Kanals. 1390–98 auf Initiative Lübecks erbaut, war er der weltweit erste Wasserscheide-Kanal und eine echte Sensation.

■ Tourist-Info, Amtsplatz 6, 21481 Lauenburg/Elbe, Tel. 041 53/590 90, www.lauenburg.de

■ Elbschifffahrtsmuseum, Elbstr. 59, 21481 Lauenburg/Elbe, Tel. 041 53/590 92 19, März–Okt. Mo–Fr 10–18, Sa, So, Feiertage 10–17, Nov.–Feb. tgl. 10–16 Uhr, www.elbschifffahrtsmuseum.de

Tipp: Von Weitem schon wird »Kaiser Wilhelm« von einer dunklen Wolke angekündigt. Der letzte noch fahrende, mit Kohle betriebene Schaufelraddampfer der Welt verbreitet nostalgisches Flair. 70 Jahre pendelte das Schiff auf der Weser, ehe es 1970 außer Dienst gestellt wurde. Seitdem kümmert sich der Verein zur Förderung des Lauenburger Elbschifffahrtsmuseums um das museale Stück. Von Mai bis September dampft die »Kaiser Wilhelm« zwischen Lauenburg und Hitzacker. 150 kg Kohle müssen die Heizer dafür jede Stunde nachlegen: leidenschaftliche Idealisten wie alle, die sich um Schiff und Passagiere kümmern. So erfährt man bei Erbsensuppe und Würstchen von den abenteuerlichen Überführungen von der Werft auf die Weser in Zeiten vor dem Mittellandkanal. Mit 10 t Süßwasser für die Dampfkessel und speziellen Sicherungen gegen eindringendes Salzwasser sei es ein Stück durch die Nordsee gegangen. 1910 wurde das nochmals wiederholt, weil der Dampfer in der Werft um 10 m verlängert wurde.
Uferpromenade, 21481 Lauenburg/Elbe, Tel. 041 53/510 86, www.raddampfer-kaiser-wilhelm.de

VON LAUENBURG BIS NACH ISENHAGEN

❷ Lüneburg

Die Universitätsstadt Lüneburg soll Europas zweithöchste Kneipendichte haben – gleich nach Madrid. Das merkt man v. a. an lauen Sommertagen, wenn sich das Leben draußen abspielt, etwa im historischen Wasserviertel rund um den Stintmarkt (der seinen Namen einem kleinen silbrigen Fisch verdankt, der zum Laichen in die Elbe kommt und hier gehandelt wurde) oder in der Schröderstraße. Lüneburg ist lebendig und schön, der Salzhandel brachte über 1000 Jahre Wohlstand. Das prägt die Optik der zum Teil auf einem Salzstock stehenden Stadt mit dem fast vollständig erhaltenen mittelalterlichen Zentrum. Insbesondere das Rathaus mit seiner barocken Schaufront, dem Glockenspiel aus Meißner Porzellan und den opulent ausgeschmückten Sälen zeugt von Macht und Reichtum. Staunend steht man in der Gerichtslaube von 1330. Im ältesten Raum des Rathauses sind Wände und Decken bemalt, die Fenster farbig mosaiziert. Selbst der unter einer Glasdecke geschützte Fußboden aus glasierten Fliesen ist dekoriert. Dabei sieht der Boden nicht nur schön aus: Durch Schlitze strömte an kalten Tagen warme Luft von den Öfen in Parterre zu den Ratsherren. Typische Backsteingotik findet man am alten Handelsplatz »Am Sande«. Die 1980 geschlossene Saline wurde Ausstellungsraum, das deutsche Salzmuseum gilt als Vorreiter moderner Museumskonzepte, bei denen man nicht nur ehrfürchtig Schautafeln und wertvolle Exponate betrachten darf. Im Gradierwerk kann man tiefe Atemzüge der gesunden Sole nehmen.

> **Tipp:** Sie sind festkochend oder vorwiegend festkochend, gelbfleischig mit weicher Schale, mindestens 30 mm im Durchmesser und stammen aus den Landkreisen Celle, Gifhorn, Lüchow-Dannenberg, Lüneburg, Soltau-Fallingbostel, Uelzen und Visselhövede im Landkreis Rotenburg/Wümme. Seit 2010 gehört die »Lüneburger Heidekartoffel« zu den geschützten geografischen Nahrungsmitteln. Auch davor genoss die Knolle aus Deutschlands größtem Kartoffelanbaugebiet schon einen guten Ruf. Wer eine passende, regional produzierte Beilage mit EU-Herkunftsschutz sucht, kann zu Ammerländer Katenschinken, Ammerländer Knochenschinken, Diepholzer Moorschnucke und Lüneburger Heidschnucke greifen. In Bad Bevesen, wo jedes Jahr die Kartoffelkönigin gekrönt wird, gibt es eine gastronomische Kooperation, die jeden Monat eine Kartoffelsorte wählt und aus dieser besondere Gerichte kocht. Die gehen weit über die typische Kartoffelsuppe hinaus.

- Tourist-Info, Am Markt, 21335 Lüneburg, Tel. 08 00/220 50 05 (kostenlos), www.lueneburg.info
- Führungen im historischen Rathaus, Am Ochsenmarkt 1, 21335 Lüneburg, Jan.–März Di–So 11 und 14, April–Dez. Di–Sa 10, 12 und 15, So und Feiertag (ausgenommen Ostern und Weihnachten) 11 und 14 Uhr
- Deutsches Salzmuseum, Sülfmeisterstr. 1, 21335 Lüneburg, Tel. 041 31/720 65 13, tgl. 10–17 Uhr (geschl. an Weihnachten und Silvester/Neujahr), www.salzmuseum.de

❸ Hundertwasserbahnhof, Uelzen

Ab dem Jahr 1887 hatte Uelzen einen schmucken, von Hubert Stier entworfenen Inselbahnhof. Gut 100 Jahre später war von dem wilhelminischen Gebäude nur noch ein heruntergekommener Rest geblieben. Auftritt Friedensreich Hundertwasser: Zur Expo 2000 in Hannover gestaltete er die Bahnstation zu einem Umwelt- und Kulturbahnhof um, für den die Hansestadt an der Ilmenau weltweit berühmt geworden ist. Mit geschwungenen Formen, unterschiedlichsten Säulen, bunten Mosaiken und Kugeln zieht er Blicke auf sich. Was zunächst oft verwundert, erschließt sich bei einer Führung. Danach spürt man auf dem nicht ganz ebenen Boden »Melodien für die Füße« und streicht mit den Fingern über den »Faltenwurf der Wände«. Neben dem Bahnhof prägen gut erhaltene Fachwerkhäuser die Optik der Stadt.

Übernachten

Hotel Einzigartig
Modernes, sorgfältig renoviertes Haus mit heller, klarer Einrichtung und knallbunten Farbtupfen in altem Gemäuer von 1579.
Lünertorstr. 3, 21335 Lüneburg, Tel. 041 31/40 06 00 00, www.hoteleinzigartig.de

Wohnmobilstellplatz am Yachthafen
Kleiner Platz am Ostufer des Elbe-Seitenkanals mit Sanitäranlage und Restaurant am Yachthafen.
Riedweg 7, 29525 Uelzen, Tel. 01 78/936 77 44, www.uelzen.de

VON LAUENBURG BIS NACH ISENHAGEN

Feste und Events

Januar
- Lauenburg, Schipperhöge, Wochenende mit großen Festbällen und Umzug mit der »Lustigen Person«, die den Kindern Süßigkeiten gibt, www.schifferbruederschaft.de

April
- Lauenburg und Hohnstorf (Niederlande): »Kurs Elbe«-Tag zur Eröffnung der Schifffahrtsaison mit Veranstaltungen zu beiden Seiten der Elbe und großem Schiffskorso, www.kurs-elbe.de

September
- bis Anfang Oktober: Lüneburg, Sülfmeistertage, Stadtfest rund um das Salz, das 1472 erstmals gefeiert und seit 2003 wiederbelebt wurde, www.suelfmeistertage.de

■ Friedensreich-Hundertwasser-Platz 1, 29525 Uelzen, Tel. 05 81/389 04 89, Führungen tgl. 11 Uhr, Gruppen nach Vereinbarung, Nov.–März nach Anmeldung, www.hundertwasserbahnhof.de

④ Erste Salzwedeler Baumkuchenfabrik, Salzwedel

Baumkuchen hat in Salzwedel Tradition. So begibt man sich in der Ersten Salzwedeler Baumkuchenfabrik auf eine lange kulinarische und gesellschaftspolitische Reise. Die beginnt 1807, als der Konditormeister Johann Christian D. Andreas Schernikow ein Rezept mit nach Hause bringt und in seinem »Conditorei Buch« notiert. Er gründet eine erste Baumkuchenfabrik und begeistert seine Kunden mit der Delikatesse, die auf langen Holzwalzen über dem offenen Feuer gedreht und gebacken wird. So entstehen die Schichten, die beim fertigen Kuchen an die Jahresringe eines Baumes erinnern. Salzwedel wird in der zweiten Hälfte des 19. Jh. zu einer Hochburg der Baumkuchenherstellung. 1865 ernennt Kaiser Wilhelm I. Schernikow zum »kaiserlich-königlichen Hoflieferanten«. Bis heute ging das »Conditorei Buch« durch die Hände vieler Generationen und die Geschichten dazu. So wurde während des Zweiten Weltkriegs nur gebacken, wenn die Kunden die Zutaten brachten. Zu DDR-Zeiten verwendete Familie Kruse ein Notrezept, weil das Original nicht in die Hände des Staates gelangen sollte. Erst nach der Wiedervereinigung buk Oskar Hennig wieder den Klassiker, dessen Anleitung ihm seine kinderlose Chefin vererbte. Sogar ins Gefängnis brachte der Baumkuchen eine Konditorin, weil sie 1958 Kunden in der BRD belieferte und »dadurch der DDR-Bevölkerung wertvolle Rohstoffe entzogen« hatte. Heute zeigt man von all der Prominenz, die schon im Haus war, besonders stolz das Foto mit Angela Merkel, wie sie sorgsam den Kuchen dreht. Eindeutig einfacher ist der Transport geworden. Früher mussten Boten die zerbrechliche Fracht mit Holzschachteln auf dem Rücken befördern.

■ St.-Georg-Str. 87, 29410 Salzwedel, Tel. 039 01/323 06, Laden: Mo–Fr 9–17, Sa 10–13, Besichtigung: tgl. 9–13 Uhr, Gruppen nach Vereinbarung, auch kombinierte Pakete mit Besichtigung, Stadtführung und Ausflug in die Region, www.baumkuchen-salzwedel.de

⑤ Klostergarten, Isenhagen

»Porta patet cor magis – weit offen die Tür, noch weiter das Herz«, so begrüßt einen das Kloster Isenhagen. Das ehemalige Zisterzienserkloster von 1243 ist eines der sechs Heideklöster, die in der Reformation evangelische Damenstifte wurden. Alleinstehende, verwitwete oder geschiedene Frauen im Rentenalter leben hier in christlicher Lebensgemeinschaft. Die kostbaren Teppiche und Stickereien, die frühere Generationen fertigten, sind in Lüne, Isenhagen und Wienhausen zu bewundern. Heutzutage führen die Konventualinnen durch die Klöster und Museen. In Isenhagen bewirtschaftet jede ein Stück Garten – keinen gewöhnlichen, sondern ein barockes Schmuckstück: Rosen und Clematis ranken am Fachwerk des alten Wasch- und Backhauses, Salat und Gemüse stehen in langen Reihen und Bienen summen von einem blühenden Blumenteppich zum nächsten. Die Anlage wurde nach Plänen aus dem 18. Jh. in ihrer historischen Form als Obst-, Nutz- und Staudengarten gestaltet. Mit kleinen Parzellen für Äbtissin, Altäbtissin und Stiftsdamen und einer großen, gemeinschaftlich genutzten Fläche. Ein duftender Kräutergarten mit Erklärungen zum Nutzen der jeweiligen Pflanzen liegt beim Klosterhofmuseum.

■ Klosterstr. 2, 29386 Hankensbüttel, Tel. 058 32/313, Klosterbesichtigung nur im Rahmen einer Führung, April–Mitte Okt. Di–So 14.30–17, www.kloster-isenhagen.de

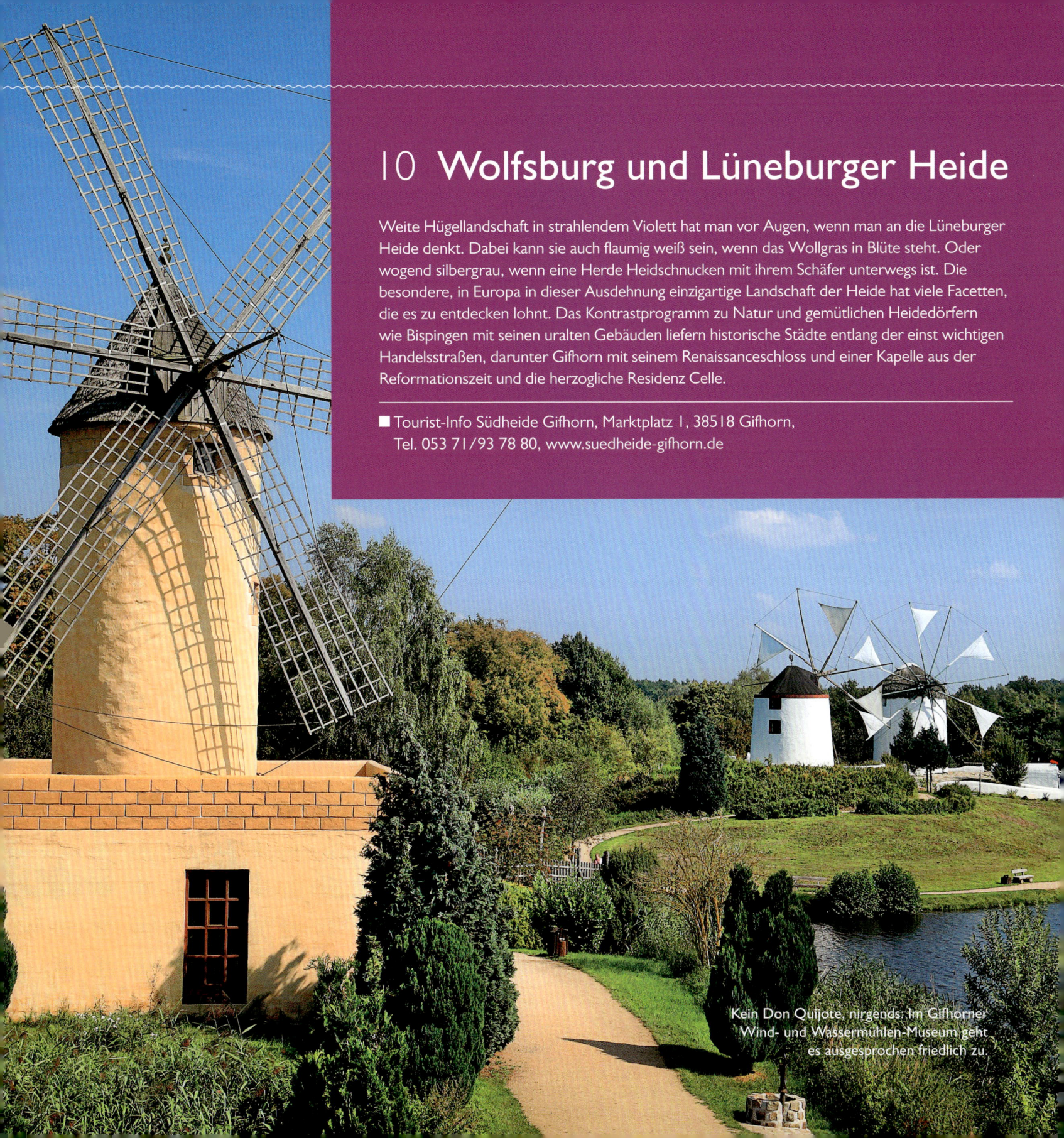

10 Wolfsburg und Lüneburger Heide

Weite Hügellandschaft in strahlendem Violett hat man vor Augen, wenn man an die Lüneburger Heide denkt. Dabei kann sie auch flaumig weiß sein, wenn das Wollgras in Blüte steht. Oder wogend silbergrau, wenn eine Herde Heidschnucken mit ihrem Schäfer unterwegs ist. Die besondere, in Europa in dieser Ausdehnung einzigartige Landschaft der Heide hat viele Facetten, die es zu entdecken lohnt. Das Kontrastprogramm zu Natur und gemütlichen Heidedörfern wie Bispingen mit seinen uralten Gebäuden liefern historische Städte entlang der einst wichtigen Handelsstraßen, darunter Gifhorn mit seinem Renaissanceschloss und einer Kapelle aus der Reformationszeit und die herzogliche Residenz Celle.

■ Tourist-Info Südheide Gifhorn, Marktplatz 1, 38518 Gifhorn, Tel. 053 71/93 78 80, www.suedheide-gifhorn.de

Kein Don Quijote, nirgends: Im Gifhorner Wind- und Wassermühlen-Museum geht es ausgesprochen friedlich zu.

Gesamtlänge: 202 km

1. Wolfsburg — 23 km
2. (via B188) Gifhorn — 43 km
3. (via B188) Celle — 47 km
4. Niederohe — 43 km
5. Bispingen — 46 km
6. (via Ehrhorn durch die Lüneburger Heide) Lauenbrück

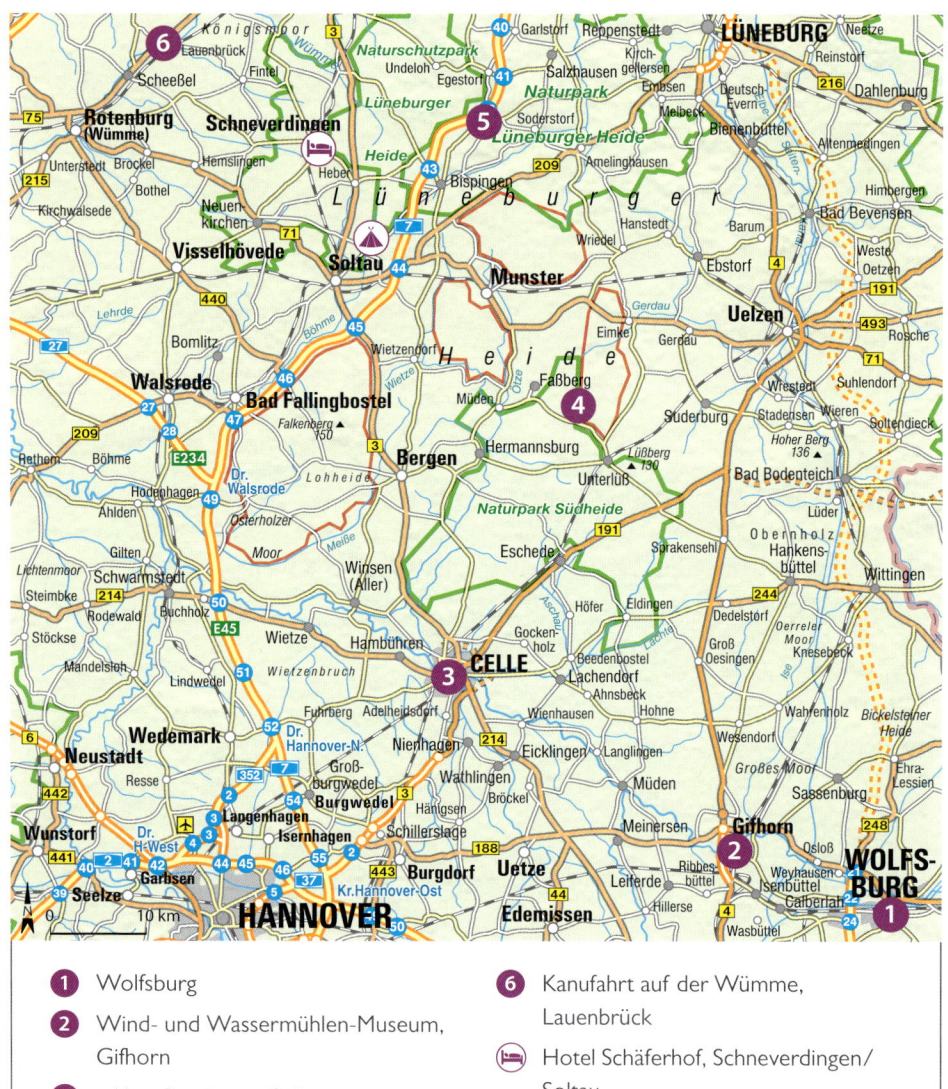

1. Wolfsburg
2. Wind- und Wassermühlen-Museum, Gifhorn
3. »Alter Provisor«, Celle
4. Heidschnuckenhof, Niederohe
5. Porzellanmanufaktur Calluna, Bispingen
6. Kanufahrt auf der Wümme, Lauenbrück
🛏 Hotel Schäferhof, Schneverdingen/Soltau
⛺ Röder's Park Premium Camping, Soltau

1 Wolfsburg

Wer Wolfsburg hört, denkt zuerst an Bundesliga-Fußball und Autos. Exakt wegen der Autos wurde die verkehrsgünstig am Mittellandkanal gelegene Stadt auf dem Gebiet einiger kleiner Ortschaften 1938 mit den VW-Werken gegründet. Seitdem dreht sich hier (fast) alles ums Auto. Noch mehr, seit 1994 die Autostadt mit ihrem groß inszenierten Erlebnisgelände ein Besuchermagnet ist. Käufer können ihren Neuwagen direkt ab Werk in Empfang nehmen, und alle anderen PS-Begeisterten tauchen in die Markenwelten des VW-Konzerns ein. Auf der gegenüberliegenden Seite des Kanals zieht das Phaeno die Blicke auf sich. Staunend steht man vor dem scheinbar schwebenden Betongebilde von Stararchitektin Zaha Hadid, das kantige Flächen und unkonventionell angeordnete gerundete Fensterflächen kombiniert und Raum für ein Zentrum schafft, in dem Naturwissenschaft und Technik erlebbar präsentiert werden. Ein Ort frei von Auto und Technik ist das dem Dichter der Deutschen Nationalhymne gewidmete Hoffmann-von-Fallersleben-Museum. Besonders reizvoll ist die Weiterfahrt entlang der B188 auf der mittlerweile stillgelegten, aber teilweise noch ausgeschilderten »Deutschen Ferienstraße Alpen–Ostsee«.

■ Tourist-Info Wolfsburg im Hauptbahnhof, Willy-Brandt-Platz 3, 38440 Wolfsburg, Tel. 053 61/89 99 30, www.wolfsburg.de

WOLFSBURG UND LÜNEBURGER HEIDE

Industriekontraste: Das alte Volkswagen-Kraftwerk und ein moderner Pavillon der Autostadt. Die Erlebniswelt rund um Golf & Co. zieht seit 1994 Besucher an.

- Science Center Phaeno, Willi-Brandt-Platz 1, 38440 Wolfsburg, Tel. 053 61/89 01 00, Di–Fr 9–17, Sa, So sowie während der niedersächsischen Schulferien 10–18 Uhr, www.phaeno.de
- Hoffmann-von-Fallersleben-Museum, Schloss Fallersleben, Schlossplatz 6, 38442 Wolfsburg, Tel. 053 62/526 23, Di–Fr 10–17, Sa 13–17, So 11–17 Uhr, www.wolfsburg.de/hoffmann-museum

❷ Wind- und Wassermühlen-Museum, Gifhorn

Wo sich die Alte Salzstraße von Lüneburg nach Braunschweig und die Kornstraße von Magdeburg nach Celle kreuzten, entwickelte sich Gifhorn zu einem wichtigen Knotenpunkt der beiden bedeutenden mittelalterlichen Handelswege. Das brachte kräftig Zolleinnahmen, die u. a. in den Bau einer Wassermühle investiert wurden. Seit 1980 steht dort das internationale Wind- und Wassermühlen-Museum. Mit einer Wasser- und zwei Windmühlen begann das Projekt, das heute neben einer Ausstellungshalle mit knapp 50 originalgetreu nachgebauten Miniaturen im Freigelände 14 Mühlen aus elf Ländern zeigt. Viele davon sind Originale. Alle vermitteln ein anschauliches Bild, wie sich die Menschen in unterschiedlichsten Ländern die Kraft von Wind und Wasser zunutze machten. Im Zentrum der Anlage liegt das Mühlenviertel mit drei stattlichen niedersächsischen Fachwerkhäusern um einen Dorfplatz. An dem fühlte sich einst Michail Gorbatschow nach eigenem Bekunden in die Zeit der Gebrüder Grimm zurückversetzt. Zwar kommt nirgends »eine ihrer Märchenfiguren um die Ecke«, wie der ehemalige russische Staatspräsident scherzhaft vermutete, doch für eine gedankliche Zeitreise reicht es allemal. Vor allem, wenn im Backhaus gearbeitet wird und die duftenden Brotlaibe aus Natursauerteig und Schrotmehl, Hefezöpfe und Blechkuchen aus dem holzbefeuerten Steinbackofen geholt werden. Außerhalb des Mühlenviertels im Museum sind die Backwaren auch in den Hofläden Kuhls und Müller erhältlich. Das Mehl kommt aus der Schubotz-Mühle in Westercelle, die als letzter kleiner Familienbetrieb heimisches Getreide hochwertig verarbeitet.

- Bromer Str. 2, 38518 Gifhorn, Tel. 053 71/554 66, Mitte März–Okt. tgl. 10–18 Uhr, www.muehlenmuseum.de, www.muehlenviertel-gf.de
- Hofladen Kuhls, Dorfstr. 12, 38518 Gifhorn, www.spargelhof-kuhls.de
- Hofladen Müller, Hauptstr. 27, 38550 Isenbüttel, www.muellers-bauernhof.de
- Schubotz-Mühle, Westerceller Str. 34, 29227 Celle, Tel. 051 41/987 90, www.ce-1.de/visitenk/schubotz.htm, Mo–Fr 9–18 Uhr, Mühlenbesichtigung nach Vereinbarung, www.schubotz-muehle.de

Übernachten

Hotel Schäferhof
Von Terrasse und Wintergarten blickt man geradewegs in die Heide, Rad- und Wanderwege durch das Naturschutzgebiet führen direkt am Hotel vorbei.
Heberer Str. 100, 29640 Schneverdingen/Soltau, Tel. 051 93/35 47, www.hotel-schaeferhof.com

Röder's Park Premium Camping
Parkähnliche, familiengeführte Anlage am Rand des Ebsmoores.
Ebsmoor 8, 29614 Soltau, Tel. 05 19/121 41, www.roeders-park.de

WOLFSBURG UND LÜNEBURGER HEIDE

Tipp: Ein Schmuckkästchen ist Europas ältestes regelmäßig bespieltes Barocktheater. Und das an einem ungewohnten Ort, denn Herzog Georg Wilhelm und seine Gemahlin Eléonore d'Olbreuse ließen die nach italienischem und französischem Vorbild entworfene Bühne auf dem gekappten Wehrturm des Schlosses in der Altstadt bauen. So befindet sich der 1674 feierlich eröffnete hufeisenförmige Raum mit seinen Logen und Balkonen in der zweiten Etage des Residenzschlosses. Seit 2012 mit modernster Bühnentechnik ausgestattet, bildet er den Rahmen für Klassiker wie zeitgenössische Stücke, die ein festes Ensemble spielt. Details zur Geschichte des Theaters sowie von Welfenschloss und Königshaus gibt es im Residenzmuseum oder bei Themenführungen, für die die Führer auch mal in historische Gewänder schlüpfen.
Schlosstheater Celle, Schlossplatz 1, 29221 Celle, Tel. 051 41/905 08 75, www.schlosstheater-celle.de
Schloss Celle, selbe Adresse, Tel. 051 41/ 909 08 50, Führungen April–Okt. Di–Fr, So 11, 13, 15, Sa 11–15 Uhr stündlich, Nov.–März Di–Fr 11, 15, Sa, So 11, 13, 15 Uhr, www.celle-tourismus.de

❸ »Alter Provisor«, Celle

»Gänsewein« ist bekannt. Aber »Gänseschnaps«? Den servierte man in den feinen Kreisen der Beamten- und Verwaltungsstadt Celle bis weit ins 19. Jh. Dahinter verbarg sich ein bernsteinfarbener Kräuterlikör, den sechs Generationen der Apothekerfamilie Greve in der Ratsapotheke herstellten – nach uralter, streng geheimer Rezeptur, versteht sich. Als Jost Greve 2013 seine Apotheke zusperrte, sprang Dörte Hirschfeld in die Bresche. In einem restaurierten Fachwerkhäuschen aus dem 17. Jh. richtete sie einen gemütlichen Laden mit Möbeln im Shabby Chic, Wohndeko und duftender Naturkosmetik aus Südfrankreich ein. Und mit einem Labor für den Kräuterlikör, den sie 19 Jahre lang in der Apotheke hergestellt hatte. Nun setzt sie in großen Ballonflaschen Kräuter an, presst sie von Hand und lässt ihre Essenz ruhen, bis sich der »Alte Provisor« – so heißt der Gänseschnaps – voll entfaltet hat und abgefüllt in hübsche Flaschen ins Ladenregal wandert. Je älter, desto weicher schmeckt er. Richtig rund wird der Halbbitter nach ca. fünf Jahren. Und was hat das alles mit Gänsen zu tun? Gänseschnaps war die saloppe Abkürzung für »Großvaters Gänsebratenschnaps«, der nach einem üppigen Essen den Magen wieder einrenken sollte.

■ Bergstr. 12, 29221 Celle, Tel. 051 41/ 978 00 64, www.alter-provisor.de

❹ Heidschnuckenhof, Niederohe

Sie haben hübsche schwarze Gesichter, je nach Jahreszeit braunes oder silbergraues, meist langes Fell und in den meisten Fällen elegant nach hinten gebogene Hörner; sowohl die Böcke als auch die weiblichen Tiere. Außerdem sind Heidschnucken genügsam und dafür bekannt, dass sie als vierbeinige Gärtner und Rasenmäher die Lüneburger Heide erhalten. Was so ein Tier den ganzen Tag treibt, kann man als Gast auf dem Heidschnuckenhof von Ute

Tipp: Der Naturpark Lüneburger Heide ist ein Pionierprojekt in Sachen Umweltschutz. Die ersten privaten Initiativen engagierten sich bereits 1909. 47 Jahre später wurde der erste Naturpark gegründet, weil es u. a. mit Pastor Wilhelm Bode und dem Kaufmann Alfred Toepfer visionäre Kämpfer für die 7200 qkm große Landschaft gab. Das Herzstück ist das bis auf einige Zufahrtsstraßen autofreie Gebiet mit Mooren, Laubwald und alten, reetgedeckten Häusern. Besondere Ereignisse in Flora und Fauna veröffentlicht der Naturpark auf dem Natur-Zeit-Kalender im Internet. Hier erfährt man beispielsweise, wann sich die Frösche ihr attraktives blaues Balzgewand zulegen, wann und wo die Zugvögel auf ihrer Reise gen Süden Rast machen oder die Schachblumen die Untere Seeveniederung in ein zart-gewürfeltes Blütenmeer verwandeln. Wann und wo die Heide ihren violetten Teppich ausbreitet, darüber gibt das Heideblüten-Barometer ab Ende Juli Auskunft. Nach alter Heidjer Faustregel tut sie das normalerweise zwischen dem 8. August und dem 9. September eines Jahres.
Naturpark Lüneburger Heide, Tel. 041 71/69 31 39, www.naturpark-lueneburger-heide.de, Liste der Infostellen zum Naturpark im Internet, ebenso Natur-Zeit-Kalender und Heideblüten-Barometer,
Heide-Erlebnis-Zentrum, Wilseder Str. 23, 21274 Undeloh, Tel. 041 89/81 86 48, tgl. 12–17 Uhr, www.heide-erlebniszentrum.de

WOLFSBURG UND LÜNEBURGER HEIDE

Feste und Events

Mai
- Mitte Mai: Tag des Wanderns in der Lüneburger Heide, www.lueneburger-heide.de
- Pfingstmontag: Deutscher Mühlentag, www.muehlen-dgm.de

Mitte Juni
- Gifhorn, Schützenfest, www.stadt-gifhorn.de

Zweiter Donnerstag im Juli
- Müden, Heidschnuckentag mit Bockauktion

Bevor man in Rotenburg die Kanufahrt auf der Wümme beginnt, sollte man unbedingt den Speicherhäusern und den heute hier untergebrachten Restaurants einen Besuch abstatten.

und Carl W. Kuhlmann hautnah miterleben. Wie seit Jahrhunderten praktiziert der Hof in der südlichen Lüneburger Heide als einer der Letzten die traditionelle Hütehaltung. Morgens gehen die Schnucken hinaus in die 230 ha Heide, die zum Hof gehören, und kommen am Abend satt von den Kräutern, die ihr Fleisch besonders aromatisch machen, wieder zurück. Man kann eine der letzten Stammherden den ganzen Tag begleiten. Vorausgesetzt, die Aussicht auf einen 10-km-Spaziergang im Fresstempo eines Schafes schreckt einen nicht. Man kann mit hinaus zum Schnuckeneintrieb gehen oder sich einfach nur im Hofladen als Souvenir eingedoste Schnucken-Leberwurst, -Salami, kuschelige Felle oder gleich ein knuddeliges Schaukelschaf mitnehmen, wenn der Kofferraum groß genug ist.

■ Niederohe 5, 29328 Faßberg, Tel. 058 27/74 49, www.heidschnuckenhof-niederohe.de

⑤ Porzellanmanufaktur Calluna, Bispingen

Heidekraut wächst nicht nur in der Natur, es leuchtet auch als Sträußchen auf Porzellan und bringt das intensive Violett auf deutsche Kaffeetische. Weil Harry Warnecke als Jäger von der Lüneburger Heide begeistert war, blieb er 1989 schließlich und gründete die Porzellanmanufaktur Calluna (lateinisch für Heide). Klar gibt es auch andere Motive, doch das Heidekraut ist der Hit auf Gebrauchs- wie Zierporzellan. Wie die Pflanzen auf Tassen und Teller gelangen, erlebt man beim Zuschauen. Man sieht, wie Folien, auf denen Porzellanfarbe haftet, sorgfältig auf angewärmte, feuchte Flächen gedrückt und mit dem Pinsel ausgestaltet werden, um dann im Brennofen bei 800 und 1300 Grad fixiert zu werden. Von Bispingen bis Ehrhorn führt die Strecke direkt durch die Lüneburger Heide.

■ Alte Landesstr. 2, 29646 Bispingen, Tel. 051 94/20 07, Mo–Fr 9–17, Sa 9–14, Juli–Sept. Sa, So 9–17 Uhr, www.porzellanmanufaktur-calluna.de

⑥ Kanufahrt auf der Wümme

An den Rotenburger Wümmewiesen beginnt das Vergnügen, das je nach Lust und Kondition zwischen einer und vier Stunden dauert. Man folgt dem Flusslauf und erkundet das Land aus der Wasserperspektive. Klassische Strecken für eine Bootswanderung auf dem Fluss, der aus der Heide kommt, sind die von Rotenburg nach Unterstedt oder von der Scheeßeler Mühle nach Rotenburg.

■ Wümme Kanuvermietung und Touren, Schmiedeberg 37, 27389 Lauenbrück, Tel. 01 75/15 43, www.wuemmekanu.de

11 Rund um Potsdam

Vor den Toren Berlins geht es ins Grüne. Geschichtsträchtig sind die Orte, beeindruckend die Bauwerke, die von einstiger Bedeutung zeugen, und reizvoll die Landschaft im Havelland mit ihren moorigen Niederungen, den Dünenhügeln und Kiefernwäldchen und den zahlreichen Seen entlang der Havel. Theodor Fontane empfahl: »Das Beste ist fahren. Mit offnen Augen vom Coupé, vom Wagen, vom Boot, vom Fiacre aus die Dinge an sich vorüberziehen lassen, das ist das A und O des Reisens.« Rund um Potsdam gibt es viele Möglichkeiten, es dem berühmten Brandenburger gleichzutun.

■ **Tourismusverband Havelland**, Theodor-Fontane-Str. 10, 14641 Nauen OT Ribbeck, Tel. 03 32 37/85 90 30, www.reiseland-brandenburg.de

Eine Besichtigung von Brandenburg an der Havel macht man am besten vom Wasser aus.

Gesamtlänge: 179 km

Oranienburg ① — 46 km — Ribbeck ② — 38 km — Rathenow ③ — 33 km — (via Premnitz) Brandenburg/Havel ④ — 40 km — Caputh ⑤ — 22 km — Beelitz ⑥

① Schloss und Schlossgarten, Oranienburg

Kurfürstin Louise Henriette von Nassau-Oranien (1627–1667) erweiterte ein bestehendes Wasserschlösschen zur stattlichen Oranienburg, die ihr Sohn, der spätere König Friedrich I., mit Park und barocker Gartenanlage vollendete. Zur Anlage gehört Europas erstes Porzellankabinett, das gleichzeitig die kostbarste Porzellansammlung der Welt ist. Etagèren, Sitzmöbel aus Elfenbein und wertvolle Tapisserien, auf denen die Ruhmestaten des Großen Kurfürsten anschaulich verewigt sind, lassen ahnen, warum das Schloss als das schönste der preußischen Residenzen galt. Anschließend führen Landstraßen sowie kurze Stücke auf der B237 und der B5 ans nächste Ziel.

■ Schlossplatz 1, 16515 Oranienburg, Tel. 033 01/600 81 10, Schloss: April–Okt. Di–So 10–18, Mo an Feier- und Brückentagen geöffnet, Nov.–Dez. Di–Fr 10–16, Sa, So 10–17 Uhr, Schlosspark: Mai–3. Okt. tgl. 9–18, 4. Okt.–April tgl. 10–16 Uhr, www.oranienburg-erleben.de

② Balsamessig-Brennerei, Ribbeck

»Herr von Ribbeck auf Ribbeck im Havelland …« Generationen von Schülern haben das Fontane-Gedicht auswendig lernen müssen und sich bei aller Unlust über die Paukerei doch die saftig-gelben Birnen vorgestellt, wie sie schwer am Baum hängen und frisch gepflückt richtig süß schmecken. Es gab ihn wirklich, den menschenfreundlichen Hans-Georg

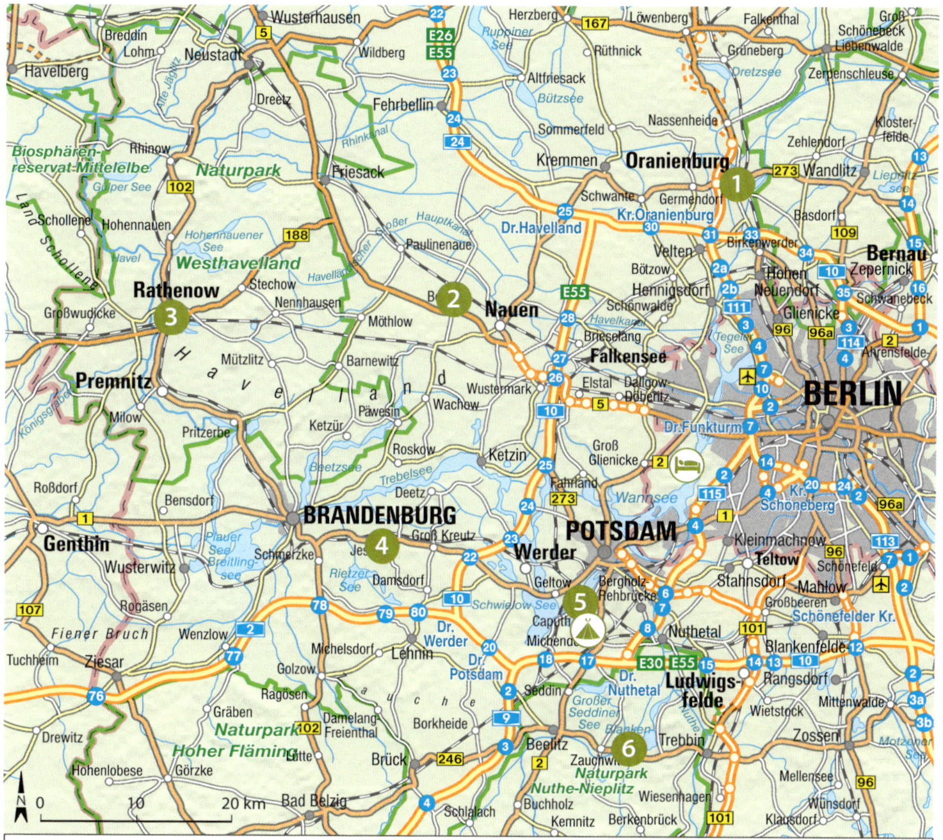

① Schloss Oranienburg
② Balsamessig-Brennerei, Ribbeck
③ Sternenpark Westhavelland, Rathenow
④ Stadtrundfahrt im Kajak, Brandenburg/Havel
⑤ Schloss Caputh, Caputh
⑥ Landlust Körzin, Beelitz
🛏 Hotel Landleben Potsdam, Groß-Glienicke
⛺ Himmelreich Camping, Schwielowsee

RUND UM POTSDAM

Schwarz sehen, ganz positiv: Im »Ersten Deutschen Sternenpark« rund um Rathenow erkennt man besonders viele Details am Firmament. Wenig Lichtverschmutzung macht es möglich.

von Ribbeck (1689–1759), der voll Freude den Kindern aus dem Dorf eine Birne zusteckte. Und es gab den Sohn, um dessen Geiz der alte Herr wusste, sodass er sich eine Frucht mit ins Grab legen ließ. Eine stattliche »Melanchton Birne« wuchs daraus, die den Dorfkindern reiche Ernte bescherte, bis sie ein Sturm im Jahr 1911 brach. Der Stumpf steht bis heute in der Ribbecker Kirche. Nach Krieg, Enteignung und Sozialismus kehrte der als Kind vertriebene Friedrich-Carl von Ribbeck wieder und kaufte Kutschpferdestall und Brennerei zurück. Wo früher jedes Jahr mehr als 100 000 l Kartoffelschnaps gebrannt wurden, destilliert Friedrich-Carl von Ribbeck mit seiner Frau Ute feine Essige und einen delikaten Essig-Balsam aus den eigenen Birnen. Lohnenswert ist auch ein Blick in die Alte Schule Ribbeck, die mit ihren abgeschrammten Holzpulten, gelbstichigen Landkarten und Schiefertafeln einen guten Eindruck von den früheren Dorfschulen im Havelland vermittelt. Ergänzt wird sie durch einen Kramladen und ein nettes Café, das bei schönem Wetter mit Tischen unter schattigen Bäumen zum Verweilen lockt.

- Brennerei: Am Birnbaum 25, 14641 Nauen OT Ribbeck, Tel. 03 32 37/ 889 01, Besichtigung nach Anmeldung, in der Brennerei werden auch Lesungen und Konzerte veranstaltet, www.vonribbeck.de
- Alte Schule: Am Birnbaum 31, 14641 Nauen OT Ribbeck, Tel. 03 32 37/854 58, April–Sept. tgl. 10–18, Okt.–März tgl. 10–17 Uhr, www.alteschule-ribbeck.de

> **Tipp:** Im Rahmen der Landesgartenschau wurde 2006 in Ribbeck ein Birnengarten mit 23 Bäumen und 14 unterschiedlichen Sorten wie »Gellerts Butterbirne«, »Gute Luise« oder »Pastorenbirne« angelegt, geriet dann aber etwas in Vergessenheit. 2017 weckte »Havelwasser«-Produzent Raphael Kugel die Streuobstwiese hinter der Alten Brennerei von Ribbeck aus dem Dornröschenschlaf. Mit der Hilfe von Bienen, Schafen und Baumpaten soll hier eine üppige Obstbaumwiese entstehen. Und vielleicht gibt es irgendwann wieder genug Havelland-Birnen, um das kohlensäurehaltige Biogetränk aus Birnensaft und Wein aus regionalen Früchten zu produzieren (www.birnengarten-ribbeck.de). Symbolträchtig ist der »Deutsche Birnengarten« am Schloss. Jedes deutsche Bundesland ist hier mit einem anderen Birnbaum vertreten. Drinnen gibt es ein Museum mit Erinnerungsstücken an die Familie Ribbeck und wechselnden Ausstellungen.
> Schloss Ribbeck, Theodor-Fontane-Str. 10, 14641 Nauen OT Ribbeck,
> Tel. 03 32 37/859 00, tgl. 10–17 Uhr, www.schlossribbeck.de

❸ Sternenpark Westhavelland, Rathenow

Nachts in die Sterne gucken, sich weit weg träumen oder einfach nur versuchen, ein Sternbild zu entdecken. Eine schöne Vorstellung, doch weil unsere Städte immer mehr und immer heller erleuchtet sind, kann man den Himmel kaum mehr

RUND UM POTSDAM

entdecken. Neben den Profis plagt vor allem Hobbyastronomen die Lichtverschmutzung. Ihr könnt sie – und alle, die es einfach herrlich finden, wenn es am Firmament funkelt und leuchtet – im »Ersten Deutschen Sternenpark« rund um Rathenow entfliehen. 2014 erhielt der Naturpark Westhavelland diese Auszeichnung durch die Internationale Gesellschaft zum Schutz des dunklen Nachthimmels. Inzwischen gehört auch Schollene zum Lichtschutzgebiet, in dem es allein wegen der dünnen Besiedelung außergewöhnlich finster ist. Wo man am besten in den Nachthimmel schauen kann und wie man als Neuling seinen Blick für die Bilder am Himmel schärft, erfährt man über den Sternenpark Westhavelland. An verschiedenen Orten im Park werden organisierte Touren angeboten. Auf der Weiterfahrt via Premnitz kommt man fast direkt am Naturparkzentrum Milow vorbei.

- Naturparkverwaltung Westhavelland, Pereyer Dorfstr. 5, 14715 Havelaue, Tel. 03 38 72/74 30, www.sternenpark-westhavelland.de
- Naturparkzentrum Milower Land, Stremmestr. 10, 14715 Milower Land, Tel. 033 86/21 12 27, Jan.–März, Sept.–Nov. jeden 3. Do Vortrag mit Beobachtung des Sternenhimmels, www.nabu-westhavelland.de/naturparkzentrum-westhavelland/
- Einige örtliche Betriebe bieten Arrangements für Sternengucker, u. a. das Hotel Sonn'Idyll, Semliner Str. 19–21, 14712 Rathenow, Tel. 033 85/619 98 20, www.sonnidyll.de oder die Ferienhausvermittlung Liane Zemlin, Ferchesar Dorfstr. 6, 14715 Stechow-Ferchesar, Tel. 03 38 74/603 65, www.sternenpark-havelland.de

Feste und Events

4. Sonntag im April
- Tag der Birne im Birnengarten Ribbeck, birnengarten-ribbeck.de

Mai
- Oranienburg, Hafenfest

1. Wochenende im Juni
- Beelitz, Spargelfest mit Festumzug

Juli
- Ribbeck, Schlossfestspiele, www.schlossfestspiele-ribbeck.de

September
- Schloss Ribbeck, Birnenfest, www.schlossribbeck.de
- Teltow, Teltower Rübchenfest

④ Stadtrundfahrt im Kajak, Brandenburg an der Havel

Eine Stadt auf drei Inseln, umgeben von Seen – Plauer, Breitling- und Beetzsee – und durchzogen vom Stadtkanal und den Flussarmen der Havel. Was läge näher, als sie vom Wasser aus zu erkunden? Mehrere Verleihstationen bieten Kajaks für individuelle Touren an und auch die Tourismusgesellschaft vermittelt. Klassischer Ausgangspunkt für die Reise zwischen Mittelalter und Neuzeit ist der Mühlendamm. Gemütlich geht es über den Stadtkanal und die Niederhavel zur Nähtewinde. Ein erster markanter Punkt in der ältesten märkischen Stadt ist das Paulikloster, in dem heute das Archäologische Landesmuseum seinen Sitz hat. Vom Wasser aus wirkt der Backsteinbau mit der dreischiffigen Kirche noch gewaltiger. Imposant auch der Dom, der in der Romanik begonnen und im Stil der norddeutschen Backsteingotik vollendet wurde. Freilich gibt es unterwegs nicht nur kulturelle Haltepunkte. An einer der Eisdielen an der Steinstraße sollte ein Stopp drin sein. Oder beim Café an der Jahrtausendbrücke. Insgesamt geht die Strecke über 5 km. Je nach Häufigkeit und Dauer der Unterbrechungen ist man zwischen zwei und vier Stunden unterwegs. Und für alle, die dabei Blut geleckt haben, gibt es Anschlussmöglichkeiten. Etwa über den Kleinen Beetzsee bis zum Silokanal und über die Unterer Havel-Wasserstraße zum Stadtkanal. Wer sich irgendwann dazu entschlossen hat, seine Reise wieder auf Rädern fortzuführen, folgt der B1 in Richtung Schloss Caputh.

- Tourist-Info, Neustädtischer Markt 3, 14776 Brandenburg, Tel. 033 81/79 63 60, Mo–Sa 9–20, Mai–Sept. auch So 10–15 Uhr, www.stg-brandenburg.de/wasser

Übernachten

Hotel Landleben Potsdam
Kleines Haus mitten im Wald und direkt am Sacrower See.
Seepromenade 99, 14476 Groß-Glienicke, Tel. 03 32 01/312 91, www.landleben-potsdam.de

Himmelreich Camping
Auf einer Halbinsel im Schwielowsee direkt am Ufer mit großem Angebot an Wassersportmöglichkeiten.
Wentorfinsel 34, 14558 Schwielowsee OT Caputh, Tel. 03 32 09/704 75, www.campingplatz-caputh.de

RUND UM POTSDAM

❺ Schloss Caputh, Caputh

Theodor Fontane beschreibt in seinen »Wanderungen durch die Mark Brandenburg« in leichten Versen den Witwensitz im Schloss am Havelstrom. Damit spielt er auf Kurfürstin Dorothea von Brandenburg an, die es als Sommerresidenz geschenkt bekam und repräsentativ erweiterte. Nach dem Tod ihres Mannes, des Großen Kurfürsten, verbrachte sie hier die meiste Zeit. Später war es Jagdschloss, Färberei und Weberei. Es ist das einzige erhaltene Schloss aus dem Brandenburger Frühbarock und lohnt einen Besuch allein wegen seines ungewöhnlichen Fliesensaals. Kachel reiht sich hier an Kachel. 7500 blau bemalte holländische Fayencefliesen schmücken Wände und Kreuzgewölbe dieses Sommerspeisesaals. Nicht nur den Adel zog es nach Caputh. Albert Einstein nannte den Ort am Schwielowsee »den schönsten Ort der Welt«. Durchaus nachvollziehbar, wenn man auf der Terrasse seines schnörkellosen Sommerhauses steht. Man kann es besichtigen, die Atmosphäre spüren und hören, was der große Physiker hier machte. Weil das Haus nach Einsteins testamentarischer Verfügung kein musealer Ort ist, braucht es ein bisschen Fantasie dafür. Er selbst verbrachte hier die letzte Zeit vor seiner Emigration.

- Schloss Caputh, Straße der Einheit 2, 14548 Caputh, Tel. 03 32 09/703 45, Mai–Okt. Di–So 10–18 Uhr, geänderte Öffnungszeiten in den Wintermonaten und an Feiertagen, www.caputh.de, www.spsg.de/schloesser-gaerten/objekt/schloss-schlossgarten-caputh/
- Einsteins Sommerhaus, Am Waldrand 15–17, 14548 Caputh, Tel. 03 31/27 17 80, April–Okt. Sa, So 10–18 Uhr, Führungen jeweils zur vollen Stunde, Besichtigung nur mit Führung möglich, www.einsteinsommerhaus.de

> **Tipp:** Nein, ausnahmsweise steht dieser Dampf nicht für altertümlich betriebene Eisenbahnen. Unter dem Motto »Brandenburg unter Dampf« haben sich Köche und Gastronomen, denen die heimische Küche mit ihren Spezialitäten besonders am Herzen liegt, zusammengeschlossen. Traditionell sind die Gerichte bodenständig und häufig slawisch geprägt. Plinse, Pfannkuchen, gehören ebenso dazu wie Pellkartoffeln mit Leinöl oder Eintöpfe mit Gemüse und Kohl. Dabei überzeugen die Klassiker durchaus auch mit modernen Variationen. Im Frühling kommt viel Spargel auf die Teller, im Herbst sind es Wild und Pilze. Beteiligte Restaurants und Veranstaltungen auf der Webseite, Rezepte verraten die Köche im Kochbuch »Brandenburgischer Sommerabend«. www.brandenburg-unter-dampf.de

❻ Landlust Körzin, Beelitz

Mit dem vielversprechenden Slogan »Lust auf Genuss« locken Ulrike und Stefan Laun aufs Land, wo sie ihren Traum von gehobener, fair und nachhaltig produzierter Landgastronomie leben. Begonnen hat alles mit 11 qm Hofladen. Daraus wurde ein Restaurant mit Ambitionen. 2009 landeten die Launs an einem Ort mit Atmosphäre, freiem Blick und viel Platz für alles, was das Leben zum Genuss macht. Sie gehören zu »Brandenburg unter Dampf« (siehe Tipp) und verstehen sich als Mittler zwischen gehobener und regionaler Gastronomie. Eine Verbindung, die schmeckt.

- Körzin 19, 14547 Beelitz, Tel. 03 32 04/601 71, Fr 13–21, Sa 12–21, So 12–16 Uhr, www.landlust-koerzin.de

> **Tipp:** Brandenburg ist mit etwa 4200 ha Anbaufläche Deutschlands drittgrößtes Spargelanbaugebiet hinter Niedersachsen und Nordrhein-Westfalen. Zwei Drittel der Ernte von rund 20 000 t kommen dabei aus Beelitz, wo sich nicht nur in der Spargelzeit von April bis zum Johannistag am 24. Juni alles um das feine Stangengemüse dreht. Spargelmuseum, Spargelfest und Spargelkönigin gibt es hier. Und seit 2010 mit »Spargelino« auch noch ein knuddeliges Maskottchen. Jedes Jahr wird der Spargel gefeiert und am Ort ganz besonders genossen, weil sich viele noch erinnern, wie es war, als in den für Spargelanbau prädestinierten lockeren, sandigen Böden nicht viel wuchs. Zu DDR-Zeiten mussten nicht nur die Westberliner darben. Auch im Osten gab es wegen Erntehelfermangels und Zwangskollektivierung kaum Spargel. Der Beelitzer Spargelverein hat Historisches, Anekdoten und Arbeitsgerät in einem Museum zusammengetragen. Spargelmuseum, Kietz 36, 14547 Beelitz OT Schlunkendorf, Tel. 03 32 04/421 12, April–Juni Mo–So 10–16 Uhr, außerhalb der Spargelsaison nach Vereinbarung, www.beelitzer-spargelverein.de

Hielt, was sich der Burgherr von ihr versprach: Burg Vischering wurde 250 Jahre lang nicht eingenommen.

12 Grünes Ruhrgebiet

Industrie, rauchende Schlote, grauer Himmel. Das sind die Dinge, an die man beim Ruhrgebiet zuerst denkt. Was einen tatsächlich erwartet, ist viel Grün, blauer Himmel – vorausgesetzt das Wetter spielt mit – und ein spannender Mix aus Tradition und Moderne, denn die alten Industrieanlagen sind zwar überall präsent, dienen heute aber als Museen oder Kunststandorte. Im dicht besiedelten Ballungsraum, in dem die Stadtgrenzen fließend ineinander übergehen, findet man überraschend viele Plätze, an denen die Metropolen ganz weit weg scheinen. Selbst, wenn man ihre Silhouette von Weitem sieht.

■ Ruhr Tourismus, Centroallee 261, 46047 Oberhausen, Tel. 018 06/18 16 20, www.ruhr-tourismus.de

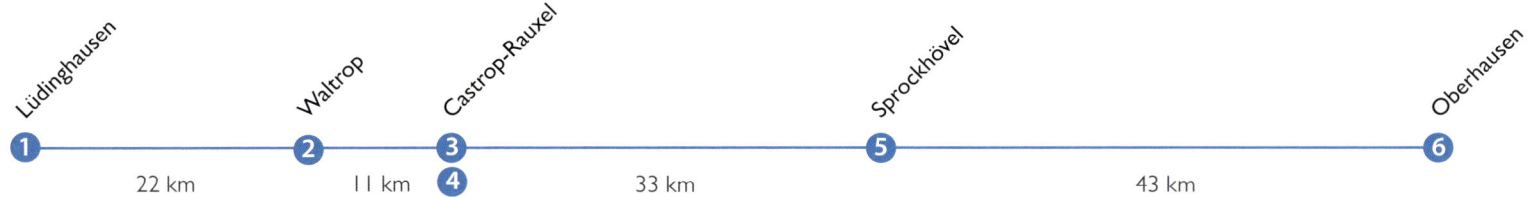

Gesamtlänge: 109 km

1. Burg Vischering, Lüdinghausen
2. Schiffshebewerk Henrichenburg, Waltrop
3. Alpaka-Trekking, Castrop-Rauxel
4. Brauhaus Rütershoff, Castrop-Rauxel
5. Destillerie & Brennerei Habbel, Sprockhövel
6. Emscher Landschaftspark, Oberhausen
- Landhotel Voshövel, Schermbeck
- Campingpark Baldeneysee, Essen
- Ruhrcamping, Essen

1 Burg Vischering, Lüdinghausen

Kompakt und trutzig steht Burg Vischering inmitten der Stever. Eine Rundburg mit Zugbrücke, Schießscharten und Wehrgängen, an der nur die rot-weißen Fensterläden etwas Freundliches ausstrahlen. Aber sie sollte auch Respekt einflößen und Schutz bieten. Deshalb hatte sie der münsteraner Fürstbischof Gerhard von der Mark bauen lassen, der mit den Herren von Lüdinghausen eine Fehde hatte. Der Aufwand war groß. Wohn- und Wirtschaftsgebäude stehen auf Pfählen. Für die schützenden Gräften, die strategisch angelegten Wassergräben, wurde die Stever umgelenkt. Der Aufwand lohnte sich. 250 Jahre lang trotzte die 1271 fertiggestellte Anlage allen Angriffen. Nach einem verheerenden Brand 1521 wurde die Hauptburg auf den mittelalterlichen Fundamenten im Renaissancestil wieder aufgebaut und erhielt bei aller Funktionalität zumindest ein bisschen schmückendes Beiwerk in Form von Erkern, Giebeln und Kaminen. Nur 22 km weiter über die B235 erwartet einen die nächste Zeitreise, in das 19. Jh.

- Berenbrock 1, 59348 Lüdinghausen, Tel. 025 91/799 00, April–Okt. Di–So 10–13, 13.30–17.30, Nov.–März Di–So 10–13, 13.30–16.30 Uhr, www.burg-vischering.de
- Ein zehnminütiger Spaziergang auf dem Kapitelweg führt zur benachbarten Renaissanceburg Lüdinghausen: Amthaus 14, 59348 Lüdinghausen, Tel. 025 91/92 61 76, April–Okt. Mi–Sa 14–17, So 11–17 Uhr, www.burg-luedinghausen.de

2 Schiffshebewerk Henrichenburg, Waltrop

Mächtig thront der preußische Adler über dem Schiffshebewerk Henrichenburg. Seine goldene Krone glitzert im Sonnenlicht. Da braucht es nicht viel Vorstellungskraft, um sich den ehrfürchtigen

GRÜNES RUHRGEBIET

Respekt der Menschen vorzustellen, die am 11. August 1899 König Wilhelm II. zujubelten, als dieser Schiffshebewerk und Dortmund-Ems-Kanal in Betrieb nahm; das seinerzeit größte, spektakulärste aber durchaus auch umstrittene Bauwerk der Region, das die Industrie des Ruhrgebietes durch das effektive Transportsystem Binnenschifffahrt mit den Seehäfen besser verbinden sollte. Im heutigen LWL-Industriemuseum im alten Maschinenhaus direkt neben der historischen Anlage zeugen historische Aufnahmen von Bau, Einweihung und Betrieb des fortschrittlichen Hebewerks. Es sollte anstelle früher üblicher Schleusentreppen als Aufzugsystem die 14 m Geländeunterschied ausgleichen. Gelegentlich bietet sich die Möglichkeit, im Rahmen einer kulinarischen Abendführung die besondere Stimmung bei Nacht zu erleben. V. a. der Blick von den beleuchteten Oberhaupttürmen über das Oberwasser mit den historischen Schiffen und ein Besuch auf dem Museumsschiff Franz-Christian, auf dem einst eine Binnenschifferfamilie nicht nur arbeitete, sondern auch lebte, sind eindrucksvolle Erlebnisse. 1970, acht Jahre nachdem ein neues Hebewerk mit größerer Kapazität in Betrieb gegangen war, fuhr das letzte Schiff ins alte Hebewerk ein, dem ein engagierter Verein zu neuem Glanz verholfen hat. Von Heinrichenburg aus gibt es geführte Radtouren entlang der Wasserstraßen.

▪ Am Hebewerk 26, 45731 Waltrop, Tel. 023 63/970 70, Museum: Di–So 10–18 Uhr, www.lwl.org/industriemuseum/, www.hebewerk-henrichenburg.de, Schiffstour am Unterwasser mit technischen Erklärungen: nur in Verbindung mit Museumsbesuch, Ostern–Ende Okt., Abfahrt Di–Sa 11.30 bis 15.30 Uhr jeweils zur halben Stunde, So erst ab 12.30 Uhr, Schiffsverkehr zum Beobachten: Mo–Sa 6–22, So 6–14 Uhr

③ Alpaka-Trekking, Castrop-Rauxel

Jackomo und der Metti genannte Metternich gehen voraus. Gismo hält sich lieber zurück, und der wollige Miles ist immer neugierig und erinnert Daniel Hischke mit seiner überstehenden Oberlippe manchmal an Herrn Müller-Lüdenscheid von Loriot. Zusammen mit dem zimtbraunen Hurricane und den Alpaka-Jungs Nalu und Nelson spazieren die kuscheligen Vierbeiner vorzugsweise durch das Landschaftsschutzgebiet Wagenbruch, das direkt gegenüber ihrer Koppel beginnt. Seit er selbst eine Alpakawanderung geschenkt bekommen hat, war Daniel Hischke fasziniert von den Tieren aus den Anden. Und erfüllte sich den Traum einer eigenen kleinen Herde, die nun reihenweise neue Freunde findet. Jeden Sonntag ziehen die Alpakas mit Gästen los zur Wanderung. Etwa 6 km lang ist so eine Runde, bei der man nicht einfach nur spazieren geht. Man wird aufmerksam auf die vielen kleinen Dinge entlang des Weges. Und man wird ruhig, weil die sympathischen Tiere das Tempo vorgeben. Zum Mitnehmen gibt es fertig versponnene Alpakawolle für kuschelig-weiche Schals und Pullis und säckeweise hochwertigen Dünger.

▪ Daniels kleine Farm, Bochumer Str. 234, 44575 Castrop-Rauxel, Tel. 01 63/638 00 65,

Immer mit der Ruhe: Die Alpakas von Daniel Hischke geben bei einer gemeinsamen Wanderung das Tempo vor und sorgen bei ihren Weggefährten für Tiefenentspannung.

GRÜNES RUHRGEBIET

Touren So um 14 Uhr, Anmeldung erforderlich, www.danielskleinefarm.de

④ Brauhaus Rütershoff, Castrop-Rauxel

Ihren Favoriten haben Braumeister und Kunden gefunden. Das Zwickelbier begeistert Christoph Kirchhelle ebenso wie die Gäste im Brauhaus Rütershoff. Letztere genießen einfach nur den besonderen Geschmack in Richtung Pale Ale. Der Fachmann lobt die schöne Honigfarbe und erklärt, dass eines der Geheimnisse ist, dass es nicht mit Flavourhopfen überhopft ist. Nordrhein-Westfalen ist Bierland seit jeher. Doch während früher einige wenige große Brauereien den Gerstensaft lieferten, sind es inzwischen die vielen kleinen Produzenten, die mit regionalen Spezialitäten die Biertrinker beliefern. Obercastrop taucht dabei seit 2005 in der Craftbeer-Szene auf, als Elmar Bök an die Tradition im Familienbetrieb anknüpfte. Von den Eltern hatte er Ende der 1990er-Jahre das Gasthaus an der Bauernstelle übernommen, die sich bis ins Mittelalter zurückverfolgen lässt. Gemeinsam reifte die Idee der Familie vom eigenen Bier. 200 Hektoliter brauen sie mittlerweile jedes Jahr: Helles, Dunkles Landbier mit Röstmalznote, Bernsteinweizen – eines der wenigen Weizenbiere aus NRW – und das urtrübe Zwickelbier, das bei Brauereiführungen direkt aus dem Lagertank verkostet wird. Ein feines Nebenprodukt der kleinen Hausbrauerei ist das Treberbrot, das man nicht nur im Lokal essen, sondern auch mit nach Hause nehmen kann. So, wie das Bier, das man nur im Brauhaus und in einigen Läden in der Umgebung kaufen kann. Als Alternative zur A43 bietet sich auf der Weiterfahrt die Route via Wiemelhausen nach Spockhövel oder via Witten nach Herdecke an.

■ Schillerstr. 33, 44575 Castrop-Rauxel, Tel. 023 05/249 23, Mo–Do 17–23, Fr ab 17, Sa ab 11, So 11–23 Uhr, Brauereiführungen und Brauseminare nach Vereinbarung, www.brauhaus-ruetershoff.de

⑤ Destillerie & Brennerei Habbel, Sprockhövel

Als Michael Habbels Großvater im Jahr 1920 eine Kornbrennerei und Gastwirtschaft mit angeschlossener Landwirtschaft kaufte, legte er damit den Grundstein für eine Leidenschaft, die sein Enkel in dritter Generation lebt. Doch der beschränkt sich längst nicht mehr nur auf Korn, Kümmel und Likörchen mit dem scharfen Kräuterlikör »Urwurz« als besondere Spezialität. Michael Habbel begann in den 1980er-Jahren sein Sortiment zu erweitern, begeisterte mit edlen Obstbränden, besonderen Likören und Destillaten Kunden wie Fachwelt bei internationalen Wettbewerben. Zu den hochdekorierten Spezialitäten gehören etwa der »Five o'clock Tea-Liqueur« und Deutschlands ältester Whisky, der seit 1977 gelagert und gepflegt wird. Und

Feste und Events

Mai
- Oberhausen, Kurzfilmtage, www.kurzfilmtage.de
- bis Juli: Klavierfestival Ruhr, www.klavierfestival.de

Juni
- Schlosspark Strünkede, Herner Kulturfestival, www.herne.de

Tipp: Die Trinkhalle, also das »Büdchen umme Ecke«, ist mehr als nur ein Tante-Emma-Laden im Miniaturformat. Es gehört zum Ruhrgebiet wie BVB, Schalke und Brieftauben und gilt als »Dorfplatz der Großstadt«. Jede dritte deutsche Trinkhalle steht im Regionalverband zwischen Duisburg und Dortmund. 18 000 sind es hier, und man bekommt dort alles, wenn sonst keiner mehr offen hat. Zeitung, Bier, Bömskes (Süßigkeiten) in Tüten, Zahnbürsten und Batterien. Mindestens so wichtig wie das Sortiment ist das Quätschen. An der kleinen Theke wird über Gott und die Welt, die Lage beim Lieblingsverein oder freie Wohnungen geplaudert. Ihren Namen verdanken die Trinkhallen übrigens der Tatsache, dass sie ursprünglich die Arbeiter im Ruhrgebiet mit sauberem Trinkwasser versorgten. Mitte des 19. Jh. ließen Unternehmer Pavillons mit Mineralwasserausschank bauen, wo die Arbeiter ihren Durst stillen konnten, statt gleich zum Bier zu greifen. Aus der Nähe der Industrieanlagen wanderten die Häuschen immer weiter in die Wohngebiete. Längst gab es in den Kiosken nicht mehr nur Wasser. 2016 wurde diese Institution beim »1. Tag der Trinkhallen« gefeiert (www.tagdertrinkhallen.ruhr).

GRÜNES RUHRGEBIET

dann gibt es im großen Sortiment noch eine Flasche, die stutzig macht: glasklarer Whisky. Der Neuling im Spirituosenregal ist ein sogenannter »White Dog« oder »New Make«, ein Whisky ohne Fasslagerung. Zu 78 Prozent aus Roggen und 22 Prozent aus Malz hat er einen frischen, kräftigen Geschmack – und ganz viel Potenzial für Diskussionen. Wer jetzt direkt noch weiterfahren kann und will, erreicht die letzte Station der Tour via Nockenbergstraße (in Spockhövel), Wodantal (in Hattingen) und Essen.

- Grevelsberger Str. 127, 45549 Spockhövel, Tel. 023 39/914 30, Mo–Fr 8–18.30, Sa 10–13 Uhr, www.brennerei-habbel.de
- Zugehörige Stiftsbrennerei Herdecke: Stiftsstr. 3, 58313 Herdecke, Do 10–13, 15–18 Uhr

Ist da was kaputtgegangen? Nein, es ist Kunst im Emscher Landschaftspark in Oberhausen.

Emscher Landschaftspark, Oberhausen

Für den Fremden fühlt es sich bizarr an, einen Berg zu erklimmen, der eigentlich Abraumhalde ist, und auf Erhebungen zu blicken, die gleichermaßen an Pyramiden wie Mondlandschaften erinnern und doch keins von beidem sind, sondern so etwas wie industrielle Landschaft. Im Emscher Landschaftspark wächst gerade zusammen, was während der Hochblüte der Montanindustrie an Grünflächen erhalten blieb. 20 Städte und zwei Kreise sind beteiligt, um nach dem »Masterplan ELP 2010« in 426 – teilweise schon abgeschlossenen – Projekten die in den 1970er-Jahren entstandenen Revierparks zu vernetzen. Urbane Land- und Forstwirtschaft ist dabei nur eines der Leitthemen auf dem Weg in ein grünes Ruhrgebiet. Spannend für Besucher ist es zu sehen, wie schnell und vielfältig sich die Natur ihren Raum zurückerobert. Industrienatur ist das Schlagwort, und die Industriebrachen gelten mittlerweile als die artenreichsten Flächen an Ruhr und Emscher. Hier ist heimisch, was es früher niemals gab. Insbesondere mit Rohstofftransporten kamen die Samen neuer Arten wie Asiatischer Sommerflieder oder Kanadische Goldrute. Gleisschotter oder Schlackehalden bieten einen neuen Lebensraum. Im Haus Ripshorst wird die Entwicklung anschaulich erklärt und es werden Touren und Führungen organisiert.

- Ripshorster Str. 306, 46117 Oberhausen, Tel. 02 08/883 34 83, März–Okt. Di–So 10–18, Nov.–Feb. 10–17 Uhr, www.emscherlandschaftspark.de

Übernachten

Landhotel Voshövel
80 individuell eingerichtete Zimmer von rustikal bis orientalisch, ein heller, schöner 2500 qm großer Wellnessbereich sowie eine feine Küche mit Ambitionen zeichnen das 4-Sterne-Hotel aus.
Postweg 23, 46514 Schermbeck, Tel. 028 56/914 00, www.landhotel.de

Campingpark Baldeneysee
Ganzjährig geöffnete Anlage unter altem Baumbestand im Naherholungsgebiet am südlichen Ufer des Baldeneysees. Die Stellplätze mit Stromanschluss liegen teilweise direkt am See, es gibt eine separate Zeltwiese
Hardenbergufer 369, 45239 Essen, Tel. 02 01/40 20 07, www.campingpark-baldeneysee.de

Ruhrcamping
Eine Alternative für Abenteuerlustige ohne eigene rollende Unterkunft: Übernachten in einem der acht unterschiedlich eingerichteten Bauwagen für zwei bis vier Personen an der Ruhr und dem Ruhrtalradweg. Gäste mit eigenem Caravan oder Zelt übernachten im Campinggarten.
In der Lake 76, 45279 Essen, Tel. 01 78/ 156 39 10, www.ruhrcamping.de

- Individuelle Ruhrgebietstouren mit viel Hintergrundwissen: simply out tours, Dahlhauser Str. 103, 45279 Essen, Tel. 02 01/ 564 10 04, www.simply-out-tours.com

13 Die Ruhr entlang nach Westen

Mit einem in Stein gefassten Rinnsal zwischen Storchenschnabel und Hahnenfuß beginnt recht unspektakulär, was 220 km später als breite Wasserstraße in Duisburg in den Rhein mündet. Auf 674 m an einem Nordhang des Ruhrkopfes bei Winterberg im Hochsauerland entspringt die Ruhr. Bis kurz vor Olsberg bleibt sie ein schmales Bächlein, ehe ihr die Neger ordentlich Wasser bringt. Durch tiefe Wälder und sattgrüne Wiesen bahnt sich der Fluss, der Europas größter Industrieregion seinen Namen gab und heute Trinkwasserqualität hat, seinen Weg in Richtung Westen. Er durchfließt schmucke historische Städte wie Hattingen, große Städte im Wandel und erstaunlich viel unberührte Natur. Die Ruhr birgt Überraschungen, weckt Neugierde und gibt immer wieder Gelegenheiten zu lohnenswerten Abstechern.

- Ruhr Tourismus, Centroallee 261, 46047 Oberhausen, Tel. 018 06/18 16 20, www.ruhr-tourismus.de
- Sauerland Tourismus, Johannes-Hummel-Weg 1, 57392 Schmallenberg, Tel. 029 74/969 80, www.sauerland.com

Einst war Fröndenberg für Schiffs- und Ankerketten berühmt – heute wird nur noch im Museum geschmiedet.

Gesamtlänge: 154 km

1 Winterberg	2 Meschede	3 Arnsberg	(via Premnitz) 4 Fröndenberg	5 Witten	6 Essen
	32 km	20 km	29 km	44 km	29 km

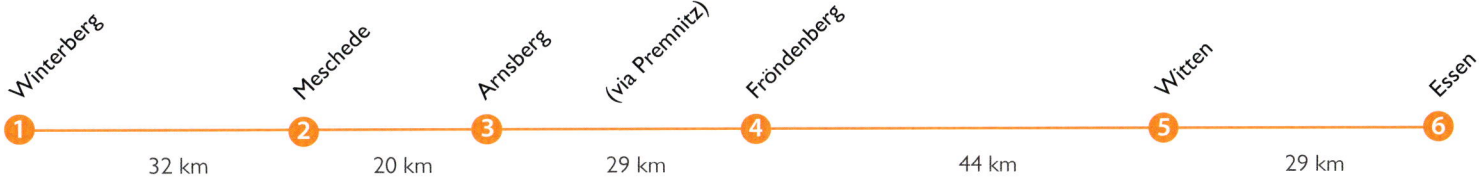

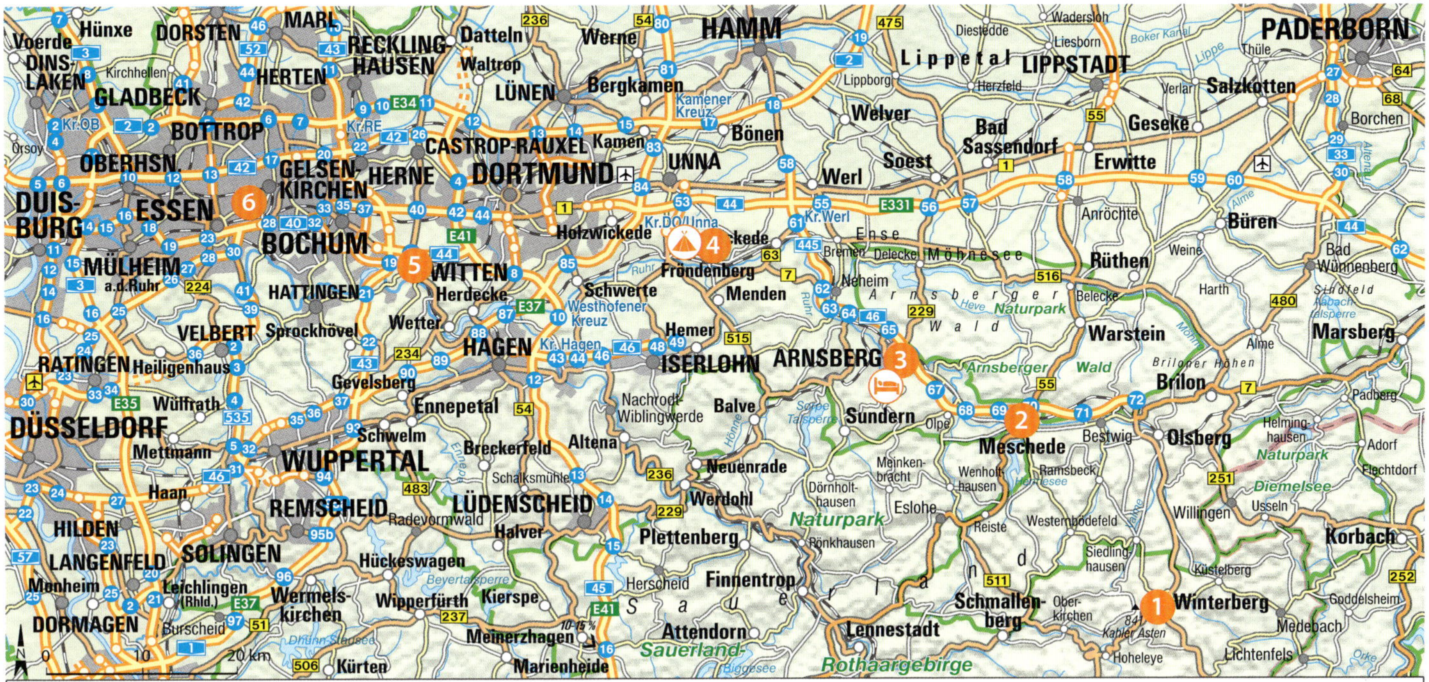

- ① Winterberg
- ② Käse Linde, Meschede
- ③ Kunsttour-App, Arnsberg
- ④ Kunst- u. Kettenschmiede, Fröndenberg
- ⑤ Bergbauwanderweg, Witten
- ⑥ Bauer Budde, Essen
- 🛏 Hotel Menge, Arnsberg
- ⛺ Campingplatz Bauernhoferlebnis Fröndenberg

① Winterberg

1700 km Wegenetz um Winterberg lassen die Herzen von Radfahrern höher schlagen. Von der Bikearena bis zum Ruhrtalradweg gibt es unglaublich viele Möglichkeiten von gemütlichen Touren bis zu anspruchsvollen Singletrails. Josef Gruß, den alle nur als Uppu kennen, ist der »Pfadfinder der Mountainbike-Szene«. Mit seiner Frau Martina betreibt er das Bistorant Uppu. Dorthin geht man nicht nur essen oder auf einen Kaffee. Nebenan gibt es Fahrradverleih und Testcenter, und sobald der Chef die Schürze ablegt, geht es mit ihm hinaus zum Biken. An den wichtigsten Sehenswürdigkeiten wie Astenturm, Freilichtbühne oder der St.-Georg-Skisprungschanze radelt man vorbei. Für alle, die lieber zu Fuß gehen, ist der Rothaarsteig der Klassiker.

- ■ Tourist-Info, Am Kurpark 4, 59955 Winterberg, Tel. 029 81/925 00, Mo–Do 9–17, Fr 9–17.30, Sa 9–14 Uhr, www.winterberg.de
- ■ Bistorant Uppu, Am Waltenberg 19, 59955 Winterberg, Tel. 029 81/22 20, www.bike.uppu.de
- ■ Aussichtsturm am Kahlen Asten, Astenturm 1, 59955 Winterberg, tgl. 10–18 Uhr

DIE RUHR ENTLANG NACH WESTEN

② Käse Linde, Meschede

Vor Gerlinde Pfeiffers Käsetheke zu stehen, ist ein Vergnügen. Umso mehr, weil die Auswahl nicht nur groß und fein ist, sondern zu einem Gutteil auch einen kulinarischen Streifzug durch die Region ermöglicht. Da gibt es u. a. Ziegenkäse aus Hallenberg, Kuhmilchspezialitäten von der Fröndenberger Hofkäserei Wellie, dazu Räucherfisch aus Wickede, Senf aus der Schwerter Mühle und in Medebach gerösteten fair gehandelten Biokaffee. Und als sofortige Wegzehrung oder für den Bordkühlschrank im Wohnmobil wechselnde kleine Köstlichkeiten wie Zwiebelkuchen, Quiches, Kochkäse und herzhafte Muffins. Parallel zur A46 führt die Landstraße durch Freienohl und Oeventrop weiter nach Arnsberg.

■ Emhildisstr. 12, 59872 Meschede, Tel. 02 91/521 25, www.kaeselinde.de

③ Kunsttour-App, Arnsberg

Arnsberg, das »Eingangstor zum Land der Tausend Berge«, ist ein Bilderbuch-Ensemble. Ein Fachwerkbau schmiegt sich an den anderen. Und während man sich an hübschen Häusern und schönen Läden erfreut, registriert man kaum die kleinen, am Steinweg in den Boden eingelassenen Lampen. Wenn es dunkel wird, skizzieren sie den Grundriss des Arnsberger Hauptures, an dem sich bis 1800 ausweisen musste, wer Einlass in die Stadt begehrte. Wer krank war oder dem falschen Glauben angehörte, wurde abgewiesen. Daran erinnert Santiago Serra mit seiner Licht-

Überraschend: Im beschaulichen Arnsberg gibt es nachdenklich machende Kunstwerke.

pforte »The Dept«. Sie ist eines von elf Exponaten, die Teil einer Kunsttour-App fürs Smartphone sind. Internationale Künstler wagen einen scharfen Blick hinter die Kulissen der Stadt, die mit ihrem mittelalterlichen Kern, klassizistischen Viertel und historischen Zentrum sehr homogen gewachsen scheint. Es werden Brüche und Umbrüche gezeigt und Gewohntes hinterfragt. Manche Werke fordern zum Diskurs, andere sind einfach nur Hingucker, wie Jan Vormanns »Dispatchwork Arnsberg«, für das er schadhafte Mauerstücke mit Legosteinchen repariert.

■ Tourist-Info, Neumarkt 6, 59821 Arnsberg, Tel. 029 31/40 55, Mo–Fr 9–17.30, April–Okt. auch Sa 10–13 Uhr, www.arnsberg-info.de
■ App: www.arnsberg.de/kunsttour

④ Kunst- und Kettenschmiede, Fröndenberg

Kraftvoll schmettert der Schmied sein Werkzeug auf das glühende Eisen und biegt massive Stäbe scheinbar mühelos zu Kettengliedern. Einmal im Monat wird das Feuer auf 1200 Grad geschürt und demonstriert, was einst den Ruhm Fröndenbergs ausmachte. Die örtlichen Kettenfabriken hatten sich auf Schiffs- und Ankerketten spezialisiert, bei denen ein Kettenglied die Größe eines Kleinkindes hatte, wie die Bilder im Museum zeigen. In der ehemaligen Papierfabrik wurden Dokumente, Werkzeuge und Maschinen zusammengetragen. Da geht es um die Einflüsse von Besatzung und Weltwirtschaftskrise, das Aufrüsten der Nationalsozialisten und den Wandel nach dem Zweiten Weltkrieg, wo die Ketten im Bergbau, in Werften und zum Verankern von Bohrinseln neue Einsatzbereiche fanden. Unterm selben Dach ist die »Kulturschmiede« ein Ort für Ausstellungen und Konzerte.

■ Ruhrstr. 12, 58730 Fröndenberg/Ruhr, Tel. 023 73/170 84 98, April–Okt. Sa, So 10 bis 16 Uhr, Nov.–März jeden 1. So im Monat, www.kulturzentrum-froendenberg.de

⑤ Bergbauwanderweg, Witten

Auf Zeitreise fühlt man sich im Muttental. Es ist idyllisch und ein bisschen einsam. Kaum vorstellbar, dass hier einmal bis zu 60 Zechen gleichzeitig in Betrieb waren. Der Sage nach soll ein Schweinehirt das »Schwarze Gold« gefunden und damit den Ruhrbergbau angestoßen haben. Still-

DIE RUHR ENTLANG NACH WESTEN

Tipp: Wer die Treppe entlang der Innenwand des 19,4 m hohen Bismarckturms bei Fröndenberg hinaufsteigt, wird mit Rundumsicht über den Kreis Unna belohnt. Errichtet wurde der Turm auf der Friedrich-Wilhelms-Höhe, der mit 214 m höchsten Erhebung zwischen Hellweg und Ruhrtal, als einer von mehr als 180 in Deutschland zu Ehren von Bismarck (1815–1898). Aus Quadern der mittelalterlichen Stadtmauer, dem Hertinger Tor und Sandstein aus den Brüchen von Frömern wuchs der Turm empor zu einem der schönsten Exemplare im Land, geplant von Bruno Schmitz, der auch das Völkerschlachtdenkmal in Leipzig baute. Seit der Wiedereröffnung 2009 schließen ehrenamtliche Türmer von April bis September (jeden ersten So im Monat, 13–15 Uhr) das Denkmal auf, ebenso am Neujahrstag. Ohne Laub auf den Bäumen ist dann das Blickfeld besonders groß. Östlich des Turms führt ein geologischer Wanderweg vorbei zu den Zechen »Wilder Mann« und »Frohe Aussicht« und einem Findling aus der Eiszeit.

Tipp: Direkt an der Ruhr verläuft der vorbildlich ausgebaute Ruhrtalradweg (www.ruhrtalradweg.de). Durch ein unkompliziertes Verleihsystem (www.revierrad.de) lässt sich eine Etappe im Sattel einbauen. So ist man näher dran am Fluss und seinen überraschend ursprünglichen Naherholungsgebieten oder kann ungehindert vom Verkehr einen Abstecher in eine der Ruhrmetropolen machen.

gelegte Fördertürme, Kamine, von Gras überwucherte Bahntrassen und ähnliche Industrierelikte erinnern daran. Besonders berührt der Ausstellungsraum beim Zechenhaus Heberholz, der erahnen lässt, wie entbehrungsreich die Kumpel und ihre Familien lebten. Eine schöne Wanderstrecke des Ruhrgebiets führt auf 9 km durch das Muttental bis ins Hardensteinertal. Nebenbei erfährt man viel über den Bergbau, passiert Stollen, Bergehalden, Fördergerüste und alte Zechenhäuser. In den ausgebauten Räumen der Zeche Nachtigall wird der Arbeitsalltag erlebbar.

- www.stadtmarketing-witten.de/tourismus/ausflugsziele/bergbaurundweg-muttental
- Zechenhaus Herberholz, Muttentalstr. 32, 58452 Witten, Tel. 01 52/22 61 20, www.muttental-zechenhaus-herberholz.de
- Zeche Nachtigall, Nachtigallstr. 35, 58452 Witten, Tel. 023 02/93 66 40, Di–So 10–18 Uhr, Führungen Di–So 10.30–16.30 Uhr alle 2 Std., April–Okt. Sa, So stündlich, weitere Führungen siehe Webseite, www.lwl.org/industriemuseum/standorte/zeche-nachtigall
- Bethaus der Bergleute, Muttentalstr. 35, 58452 Witten, Tel. 023 02/319 51
- Tourist Info (u. a. dreistündige, geführte Wanderung mit Brotzeit unter dem Titel »Kohle & Knifte« entlang des Bergbaurundweges), Marktstr. 7, 58452 Witten,

Feste und Events

3. Wochenende im August
- Meschede, Innenstadt-Dinner mit einer 300 m langen Tafel

Übernachten

Hotel Menge
Nettes, gepflegtes und familiengeführtes 3-Sterne-Haus mit sehr guter Küche.
Ruhrstr. 60, 59821 Arnsberg, Tel. 029 31/525 20, www.hotel-menge.de

Campingplatz Bauernhoferlebnis Fröndenberg
Drei gemütliche Stellplätze mit Dusche, Toiletten sowie Wasser- und Elektroanschluss direkt auf dem Archehof.
Burgstr. 5, 58730 Fröndenberg, Tel. 023 03/49 06 51, www.bauernhoferlebnis-froendenberg.de

Tel. 023 02/194 33, Mo–Fr 9.30–18, Sa 10–14 Uhr, www.stadtmarketing-witten.de

6 Bauer Budde, Essen

Am allerschönsten ist es, wenn das Wetter mitspielt, und die Tische im Innenhof bei Bauer Budde gedeckt werden. Wenn die Rosen duften, die Holunderschorle in den Gläsern prickelt und man das Summen der Bienen hört, die durch Reihen voller Blumen und Kräuter schwirren, ist die Welt draußen ganz weit weg. Seit 2007 bewirtschaften Hubertus Budde und Andrea Maas den Hof am Mechtenberg. Der Hof mit Café, Hofladen und allerlei Tieren liegt inmitten weiter Felder.

- Am Mechtenberg 5, 45309 Essen, Tel. 02 01/558 77 26, Do–Sa 9–18 Uhr, So 11–18 Uhr, www.bauer-budde.de

Dampflok vor der Kulisse des Brocken: Die Schmalspurbahn rattert seit 1898 auf den Gipfel.

14 Rund um den Nationalpark Harz

Es ist seine Vielfalt, die den Harz so attraktiv macht. Das lobten schon Heine und Goethe, auf deren Spuren man die Region nicht nur erlesen, sondern auch erwandern kann. Die abwechslungsreiche Landschaft des nördlichsten deutschen Mittelgebirges gilt als Wanderparadies. Dabei muss man nicht zwangsläufig zu Fuß unterwegs sein, um den Harz zu erkunden, alte Fachwerkstädte wie Quedlinburg, mächtige Schlösser und stolze Burgen zu bewundern und sich auf die Spuren des mehr als 1000 Jahre alten Bergbaus zu begeben. Typisch sind auch die zumeist von Dampf betriebenen Schmalspurbahnen, die mit knapp 150 km Strecke Europas größtes zusammenhängendes Schmalspurnetz befahren.

- Harzer Tourismusverband, Marktstr. 45, 38640 Goslar, Tel. 053 21/340 40, www.harzinfo.de, www.welterbeimharz.de
- Harzer Schmalspurbahnen, Im Bahnhof Westerntor, Unter den Zindeln, 38855 Wernigerode, Tel. 039 43/55 80, www.hsb-wr.de

Gesamtlänge: 230 km

1. Göttingen — 43 km —
2. Osterrode — 13 km —
3. Clausthal-Zellerfeld —
4. Goslar (via Wildemann) — 35 km —
5. Blankenburg (via Bad Harzburg und Wernigerode) — 77 km —
6. Herzberg am Harz — 62 km

1 Saline Luisenhall, Göttingen

»Wir können es nicht leugnen: Wir sind ein Relikt aus einer anderen Zeit«, sagt Jörg Bethman und schiebt rasch hinterher: »Aber wir fühlen uns prima dabei.« Seit Generationen betreibt seine Familie die letzte gewerbliche Pfannensaline Europas. In einem denkmalgeschützten Gebäude wird sehr traditionell Salz gewonnen; »im Lauf eines Jahres gerade mal so viel, wie die Großen unserer Branche vor der Frühstückspause«. Wofür es sich lohne, konzentrierte, vor 250 Mio. Jahren aus Ablagerungen im Meerwasser entstandene Sole in einem etwa 1000 Jahre alten Verfahren aus 450 m Tiefe an die Oberfläche zu holen, sei die Qualität. Für Besucher ist es spannend zu sehen, wie die Flüssigkeit über Holztröge in riesige Pfannen geleitet und erhitzt wird, bis das Salz kristallisiert und abgeschöpft werden kann. Seit der Kaiserzeit hat sich nur der Antrieb für die Maschinen geändert. Statt Wasserkraft ist es Elektrizität. Etwa 400 kg Kohle braucht es, um 1000 kg des milden, sehr mineralstoffreichen Salzes zu sieden. Über 24 Std. wird es gerührt, gesiebt, gerüttelt und getrocknet und schließlich per Hand in kleine Tüten und große Säcke verpackt. Je nachdem, ob es im Lebensmittelregal oder bei einem Schinkenpökler, Aalräucherer oder Badesalzhersteller landen soll.

■ Greitweg 48, 37081 Göttingen, Tel. 05 51/38 48 70, www.luisenhall.de
■ Jeden 3. Fr im Monat Rundgang mit Besichtigung, buchbar über: Göttingen Tourismus, Altes Rathaus, Markt 9, 37073 Göttingen, Tel. 05 51/499 80 31, www.goettingen-tourismus.de
■ Baden, Inhalieren und Massagen im Luisenhaller Badehaus, Greitweg 48, 37081 Göttingen, Tel. 05 51/997 28 40, www.luisenhall.de/badehaus

1. Saline Luisenhall, Göttingen
2. Harzer Hexenstieg, Osterrode
3. Schaubergwerke und Bergwerksmuseum, Wildemann/Clausthal-Zellerfeld
4. Goslaer Gose, Goslar
5. Klostergärten Michaelstein, Blankenburg
6. Herzberg am Harz
🛏 Landhaus zu den Rothen Forellen, Ilsenburg
⛺ Knaus Campingpark, Walkenried

2 Harzer Hexenstieg, Osterrode

Auf knapp 100 km durchquert der Hexenstieg den Harz von West nach Ost. In sieben Etappen führt die als »Qualitätswanderweg« ausgezeichnete Strecke von Osterrode bis zum Hexentanzplatz in Thale. Die gut beschilderten Wege sind Themen zugeordnet. Die Wanderung beginnt in Osterrode »Auf alten Handels-

RUND UM DEN NATIONALPARK HARZ

Hilfe, das Haus steht Kopf: Eine der Stationen des Harzer Hexenstiegs ist Thale. Hier steht dieses wilde Gebäude, das auch von innen gehörig verwirrend ist.

wegen« (11,2 km) und folgt den Pfaden, die im 13. Jh. für den Erztransport, als Heeres- und Versorgungsstraßen genutzt wurden. Vorbei am Eselsplatz, der an die damals täglich passierenden Karawanen mit Eseln als Tragtieren erinnert, und über einen aussichtsreichen Höhenweg durch Buchen- und Fichtenwälder geht es ins Bergdorf Buntenbock. Die zahlreichen Teiche des denkmalgeschützten Oberharzer Wasserregals, eines vom 16. bis 19. Jh. angelegten Teichsystems zum Antrieb technischer Anlagen, locken zum Baden. Weitere Hexensteig-Etappen sind »Auf alten Hexenwegen«, »Goetheweg« oder »Köhlerpfad« überschrieben. Den 1141 m hohen Brocken, den »Berg der Deutschen«, erreicht man u. a. von Ilsenburg aus auf dem »Heinrich-Heine-Weg« (12 km, 850 Höhenmeter), der als der schönste Aufstieg gilt, von Schierke aus auf dem Weg, den Goethe ging (8 km, 350 Höhenmeter) oder dem besonders anspruchsvollen ab Elend auf dem Teufelsstieg (26 km, 806 Höhenmeter).

■ www.hexenstieg.de

③ Schaubergwerke und Bergwerksmuseum, Wildemann/Clausthal-Zellerfeld

Höhenangst ist hier kein guter Begleiter. Weit über 100 m blicken Besucher bei einer Stollenführung von der stählernen Brücke in den Blindschacht Ernst August, aus dem bis 1924 Erz gefördert wurde. Etwa 500 m darf man bei Führungen im 19-Lachter-Stollen in den Berg hinein gehen und erfährt dabei, wie ein Wasserablösungsstollen wie dieser funktioniert. Für viele Zellerfelder Gruben wäre ohne ihn kein Bergbau möglich gewesen. Hier geht die Verhüttung von Erzen weit ins Mittelalter zurück. Historie wie Technik erleben Besucher anschaulich im nahe gelegenen Schaubergwerk des Oberharzer Bergwerksmuseums und der umfangreichen Sammlung von Originalanlagen und Werkzeugen rund um das 200 Jahre alte Schachtgebäude. »Der wahre Geschmack liegt in der Natur«, davon ist Familie Geinitz überzeugt. Die bringt sie im Restaurant Rathaus gleich um die Ecke vom 19-Lachter-Stollen sehr raffiniert auf den Teller und verwendet dabei möglichst nur Produkte regionaler Erzeuger.

■ 19-Lachter-Stollen, Im Sonnenglanz 18, 38709 Wildemann, Tel. 053 23/66 28, Ende Jan.–April Di–So 11, 14 Uhr, Mai–Okt. auch 15.30 Uhr, während der Schulferien in Niedersachsen täglich, www.19-lachter-stollen.de
■ Oberharzer Bergwerksmuseum, Bornhardtstr. 16, 38678 Clausthal-Zellerfeld, Tel. 053 23/989 50, tgl. 10–17 Uhr, www.oberharzerbergwerksmuseum.de
■ Rathaus, Bohlweg 37, 38709 Wildemann, Tel. 053 23/62 61, Fr–Mi 11.30–21 Uhr, www.hotel-rathaus-wildemann.de

④ Goslaer Gose, Goslar

Was das Kölsch für Köln, ist die Gose für Goslar. Zumindest war es so, ehe das leicht säuerliche obergärige Weizen Mitte des 19. Jh. von den Bierlandkarten verschwand. Langsam erobert es sich seinen

Platz zurück. Einer der Motoren ist Odin Paul, der seit 2004 im Brauhaus Goslar die Gose braut. Seinen Namen verdankt das Bier, wie auch die Kaiserstadt selbst, dem Fluss Gose. Aus ihm nahm man im Mittelalter das Wasser zum Brauen. Um Entstehung und Liebhaber dieses durch Spontangärung entstandenen Bieres ranken sich viele Geschichten. Älteste gesicherte Quelle ist eine Urkunde von 1332. Von Goslar aus verbreitete sich die Gose im Mittelalter rasch bis Dessau, Halle und Leipzig. Sogar nach Hamburg gab es Transporte des Bieres, von dem aus dem Leipzig der Goethezeit bis heute zitiert wird: »Die Studiosen tranken zwei bis zwanzig Gosen«. Eines der interessantesten Goslarer Gebäude ist das »Brusttuch«. Das Bürgerhaus von 1526 gleicht mit aufwendigen Schnitzereien einem kunstvollen Bilderbuch. Derb gewitzt und hochgelehrt sind die Darstellungen an der Außenfassade im Fachwerk über dem Erdgeschoß aus Stein. Im Brauhaus Goslar, direkt gegenüber der Marktkirche, in einem denkmalgeschützten Haus von 1720, lässt sich die mit Salz und Koriander gewürzte Gose nicht nur mit einem kräftig ausgesprochenen »Goseanna« als Helle oder Dunkle genießen. Bei einem Blick in Sudhaus und Lagerkeller erfahren Gäste von Braumeister Paul auch viel zu Historie, Brautechnik und Spezialitäten wie der gestopften, also mit Aromahopfen angereicherten Sommer-Gose oder den auf Eichenholz gelagerten Whisky-Bock. Parallel hat in den USA die Microbrewery-Szene die Gose für sich entdeckt. Am 17. November wird dort sogar der internationale »Happy Gose Day« zelebriert. Der Metzger Henning Kluss verleiht mit Gose und Treber seinen Bierbeißern, Bierstracken, Gose-Bratwürsten und -Sülzen besonderen Geschmack. Sogar in Marmeladen von Erdbeer-Bowle bis Blaubeer schmeckt der Gerstensaft. Zunächst entlang des Ostufers des Oker-Stausees und dann über Altenau und Torfhaus führt die Strecke schließlich auf der B4 nach Bad Harzburg, das ein idealer Ausgangspunkt für schöne Wanderungen zu den Rabenklippen, zum Radauwasserfall oder zum Brocken ist.

 Übernachten

Landhaus zu den Rothen Forellen
Elegantes 5-Sterne-Hotel am Fuß des Brocken und direkt am Forellensee.
Marktplatz 2, 38871 Ilsenburg,
Tel. 03 94 52/93 93, www.rotheforelle.de

Knaus Campingpark Walkenried
Ideal gelegen für Wanderungen direkt am Harz-Rundweg ist der ganzjährig geöffnete Campingplatz (151 Stellplätze) mit großem Angebot für Kinder.
Ellricher Str. 7, 37445 Walkenried,
Tel. 055 25/778,
www.knauscamp.de/walkenried

- Brauhaus, Marktkirchhof 2, 38640 Goslar, Tel. 053 21/68 58 04, So–Do 11–23 Uhr, Fr, Sa 11–0 Uhr, warme Küche 11–22 Uhr, www.brauhaus-goslar.de
- Tourist Info (bietet Führung »Auf den Spuren der Goslarer Gose«, Stadtrundgang, Bierseminar und Menü rund ums Gose), Markt 7, 38640 Goslar, Tel. 053 21/780 60, www.goslar.de
- Fleischerei Kluss, Kornstr. 94, 38640 Goslar, Tel. 053 21/257 83, Mo, Mi, Sa 8–13, Di, Do, Fr 8–18 Uhr, www.fleischereikluss.de

Die Gose ist eine alte Biersorte aus Goslar. Im dortigen Brauhaus wird sie neu aufgelegt – Braumeister Arne Kosik setzt spezielle Zutaten wie Salz und Koriander hinzu.

RUND UM DEN NATIONALPARK HARZ

Tipp: Sie sind angetreten, um das Harzer Pendant zu Münchner Weißwurst und Thüringer Rostbratwurst zu werden. Harzer Fichteln, dünne Bratwürste, die paarweise im dunklen Brötchen serviert werden und ihren charakteristischen Geschmack frischen Fichtennadeln im Brät verdanken. Erdacht hat sie Torsten Höher, der sich auf einen alten Brief seines Großvaters aus den 1920er-Jahren beruft. Die darin beschriebene besondere Wurst und ihr Rezept animierte den Enkel, sich mit Fleischermeister Sven Matthes zusammenzutun und die Würstchen mit dem Siegel »Typisch Harz« herzustellen. Wahlweise gibt es sie gegrillt oder geräuchert auf dem Quedlinburger Wochenmarkt (Mi und Sa), am Wochenende am Finkenherd und bei schönem Wetter auf dem Hexentanzplatz Thale. www.harzer-fichteln.de

Feste und Events

30. April
- Walpurgisnacht am Brocken sowie an mehreren Orten im Harz

Mai
- Goslar, Bierfest, www.goslar.de

Pfingsten
- Herzberg, Schützenfest

Juli
- Burg Herzberg Festival, Hippie-Musik, www.burgherzberg-festival.de

Adventswochenenden
- Quedlinburg, Advent in den Höfen, www.adventsstadt.de

5 Klostergärten Michaelstein, Blankenburg

An der sonnigen Südseite des ehemaligen Zisterzienserklosters blüht und duftet es. Nach Rosen, Lavendel oder Pfefferminze, aber auch nach Pflanzen, die unseren Nasen nicht vertraut sind. Der nach mittelalterlichen Plänen am Originalplatz rekonstruierte Kräutergarten von Michaelstein ist ein Ort für Entdeckungen. Auf knapp 800 qm wachsen 260 verschiedene Pflanzen: Duftkräuter, die bis zum Barock zur Desinfektion und Schädlingsbekämpfung eingesetzt wurden. Wildkräuter wie Schafgarbe, Beifuß oder Wilde Malve, die als Unkraut verschrien sind, obwohl sie heilkräftige Wirkung haben. Färbekräuter, Zauberpflanzen und die der Mutter Gottes gewidmeten Marienkräuter wie Königskerzen, Erdbeeren und Akelei. Herzstück des Gartens ist das Ensemble von 24 Hochbeeten, die nach christlicher Zahlensymbolik, Heil- und Duftkraft der Pflanzen angeordnet sind. Bis ins 18. Jh. lässt sich der Gemüsegarten an der Ostseite des Klostergebäudes zurückverfolgen. Etwa 100 Sorten feiner Gemüse und Würzen sowie Feldfrüchte, Getreide und essbare Blüten wurden in langen Reihen kultiviert, während gewöhnliches Gemüse wie Endivien, Schwarzwurzel oder Gurken bei den Bauern auf dem »Hausland« wuchs. Eine Dauerausstellung im ehemaligen Mönchssaal der Klausur spannt unter dem Motto »Klostergärten – Entwicklung, Nutzung, Symbolik« den Bogen zwischen Historie, Medizin, Ernährung und Baukunst. Zur Versorgung eines Klosters gehörten auch Fischteiche – in Michaelstein züchtete man Rotfedern, Plötze, Hechte, Schleie und Forellen. Die Teiche gehören heute zum Hotel und Restaurant Klosterfischer, wo man fangfrische Forellen, Lachsforellen und Karpfen essen, und direkt frischen und geräucherten Fisch kaufen kann. Anschließend wird über die B27 das letzte Etappenziel erreicht.

■ Michaelstein 3, 38889 Blankenburg, Tel. 039 44/903 00, April–Okt. Di–Fr 10–18, Nov.–März Sa, So 10–17 Uhr, Führungen und Gartenseminare möglich, www.kloster-michaelstein.de

■ Klosterfischer, Michaelstein 14, 38889 Blankenburg, Tel. 039 44/35 11 14, Sa–Di 9–17 Uhr, www.klosterfischer.de

6 Herzberg am Harz

»Überragend« ist der erste Gedanke beim Blick auf das 950 Jahre alte Welfenschloss, das sich über Herzberg erhebt. Es ist Niedersachsens größtes Schloss in Fachwerkbauweise, das Geburtshaus von Kurfürst Ernst August (1629–1698), dem Begründer des englisch-hannoverschen Königshauses. Besonders schön ist der mit Schnitzereien verzierte Glockenturm. Östlich von Herzberg steht der ehemalige Vulkan Großer Knollen, höchster Gipfel des Südharzes. Kenner ziehen ihn dem überlaufenen Brocken vor und kraxeln auf den 20 m hohen Aussichtsturm, von dem man bei klarer Witterung bis ins Weserbergland und den Thüringer Wald schauen kann.

■ Schloss Herzberg, Schloss 2, 37412 Herzberg, Tel. 055 21/47 99, Nov.–März Mi–So 11–16, April–Okt. Mi–So 10–16 Uhr, www.museum-schloss-herzberg.de

15 Über Weimar nach Dessau

Es sind große Namen, die hellhörig machen. Weimar als Inbegriff der deutschen Klassik, in der all die Großen unserer intellektuellen Vergangenheit wirkten und den geistigen Diskurs pflegten. Selten erlebt man so anschaulich den Bogen zwischen Klassik und Moderne. Da ist das mittelalterliche Naumburg an der Romantikstraße als Zentrum des gleichnamigen Burgenlandkreises und die Residenzstadt Merseburg am Hochufer der Saale, die als »Mutter der mitteldeutschen Städte« gilt. Und da ist Dessau, das neben den markanten Bauhaus-Siedlungen auch über ein kleines, aber hübsches Stück seines Residenzschlosses und ein klassizistisches Teehäuschen verfügt. Rundum liegt Europas nördlichstes Weinbaugebiet und viel malerische Landschaft, die dem Weimarer Land den Beinamen »Toskana des Ostens« bescherten. Im Norden das Gartenreich Dessau-Wörlitz mit dem Biosphärenreservat Mittelelbe.

■ Weimarer Land Tourismus, Bahnhofstr. 28, 99510 Apolda, Tel. 036 44/51 99 75, www.weimarer-land-tourismus.de

Die Romanik war gerade vorbei, der gotische Stil im Entstehen begriffen. In dieser Phase entstand der Naumburger Dom.

Gesamtlänge: 237 km

❶ Senfmühle, Kleinhettstedt

Mit 55 Umdrehungen/Minute bewegt sich der Mahlstein schneckengleich, verglichen mit den 3000, die industrielle Anlagen zusammenbringen. Belohnt wird die Langsamkeit mit Qualität. Ohne Reibungshitze bleiben mehr Aroma und Geschmack erhalten. Der Küchensenf aus dem Hause Morgenroth ist kräftig und würzig wie selten einer. Die ökologisch zertifizierte Saat kommt ausschließlich aus Thüringen: gelber »Sinapis alba«, brauner »Brassica juncea« und schwarzer »Brassica nigra«. In den Regalen des Mühlenladens stehen mehr als 20 Sorten von Bärlauch- bis Weinsenf. Das große, denkmalgeschützte Gehöft aus dem 16. Jh. war erst Getreide-, Öl- und Gipsmühle, dann wurde in 18 Walzenstühlen ausschließlich Getreide gemahlen. Friedrich und Ulf sind die achte und neunte Generation Morgenroths auf der alten Mühle, eine von heute vier traditionellen Senfmühlen Deutschlands. Die Spezialisierung auf Senf nach alten Familienrezepten kam nach der Wende. Sie bewog Michelle und Sebastian Freiherr von Koch-Kornitz 2005 zur Gründung der Erzeugergemeinschaft »handverlesen« (www.erzeugergemeinschaft-thueringen.de).

■ Senfmühlentenne, Dorfstr. 44, 99326 Kleinhettstedt-Ilmtal, Tel. 036 29/775 59 69, April–Nov. Di–Sa 10–18, So 10–17, Dez.–März Di–Sa 10–16.30 Uhr, www.senfmuehlentenne.de, www.premiumsenf.de

❷ Weimar

Man muss kein Literat sein, um bei Weimar an Goethe (1749–1832) zu denken. Unter Herzogin Anna-Amalia (1739 bis 1807) und ihrem Sohn Carl-August (1757–1828) entwickelte sich die Weltkulturerbe-Stadt zum »Athen Deutschlands«. Wieland (1733–1813) als Erzieher des Prinzen, Goethe, Herder (1744–1803) und Schiller (1759–1805) waren nur die bekanntesten Intellektuellen, die Hof und Umfeld geistig inspirierten. Auch in der Folge gab es Hofkapellmeister wie Franz Liszt (1811–1886) und eine Mal- und Kunstgewerbeschule. An der ersten war u. a. Franz von Lenbach tätig (1836–1904), aus letzterer ging 1919 das berühmte Bauhaus hervor. Im Deutschen Nationaltheater fand die erste Nationalversammlung statt, die der Weimarer Republik (1919–1933) Namen und Verfassung gab. Goethes Arbeitszimmer, Schillers Wohnhaus, das berühmte Gartenhaus im Park an der Ilm und die Anna-Amalia-Bibliothek im Rokoko-Saal des Grünen Schlosses sind nur einige Punkte eines lohnenswerten Besichtigungsprogramms.

■ Tourist Info, Markt 10, 99423 Weimar, Tel. 036 43/74 50, www.weimar.de
■ Geschichte erlebbar im Weimarhaus, Schillerstr. 16–18, 99423 Weimar, Tel. 036 43/90 18 90, April–Sept. 9.30–18.30, Okt.–März 9.30–17.30 Uhr, www.weimarhaus.de

> **Tipp:** Kein Sonntagsbraten ohne Thüringer Klöße, die man regional auch als Hütes oder Knölla kennt. Im Original werden sie aus einem Drittel zerkochten und zwei Dritteln roh geriebenen Kartoffeln hergestellt und per Hand geformt. Ausschließlich aus rohen Kartoffeln sind die Grünen Klöße zubereitet. Einst gesundes, weil vitaminhaltiges Arme-Leute-Gericht, ist der Kloß heute vorwiegend Beilage zu Fleisch und Karpfen. Seit 2013 gibt es für hochwertige Zutaten und traditionelle Herstellung das Qualitäts-Siegel »Thüringer Kloß«.

❸ Kulinarische Zeitreisen, Heichelheim

Schillerwein, Sanddorn-Lattwerge, Gingkotee – ein Besuch in Margitta Brauns Natur- und Feinkost-Manufaktur ist wie ein Ausflug in die Geschichte, allein schon wegen der nostalgisch eingerichteten Probierstube. Die Wurzeln der kulinarischen Besonderheiten liegen zumeist noch viel weiter in der Vergangenheit. In der römischen Kaiserzeit etwa die ersten Vorläufer unserer Marmeladen. In der mittelalterlichen Tunke das, was wir unter einem Dip verstehen. Aus schriftlichen Überlieferungen und wissenschaftlichen Untersuchungen zu Tier- und Pflanzenresten aus historischen Funden rekonstruiert Margitta Brauns, was bei den Ahnen auf den

ÜBER WEIMAR NACH DESSAU

- ① Senfmühle, Kleinhettstedt
- ② Weimar
- ③ Kulinarische Zeitreisen, Heichelheim
- ④ Naumburg (Saale)
- ⑤ Milbenkäsemanufaktur, Würchwitz
- ⑥ Bauhaus, Dessau
- 🛏 Hotel Zur Henne, Naumburg-Henne
- ⛺ Camping Blütengrund, Naumburg

🛏 Übernachten

Hotel Gasthaus Zur Henne
Direkt an Saale und im Weinbaugebiet gelegen, ist der Backsteinbau rustikal und zugleich elegant ausgestattet.
Henne 1, 06618 Naumburg-Henne,
Tel. 034 45/23 26 26,
www.gasthaus-zur-henne.de

Campingplatz Blütengrund
Einfacher, schön gelegener Campingplatz ohne Parzellen und mit großer Zeltwiese.
Blütengrund 6, 06618 Naumburg,
Tel. 034 45/26 11 44,
www.campingplatz-naumburg.de

Tisch kam. Fruchtige Beilagen, gehaltvolle Getränke und sehr vieles, was man neudeutsch als Health-Food bezeichnen würde, weil seine Bestandteile durchaus medizinale Wirkung haben. Besonders spannend sind die Erklärungen, wie sich Lebensmittel und Essgewohnheiten im Lauf der Geschichte entwickelten.

■ Hauptstr. 1, 99439 Heichelheim, Tel. 036 43/77 32 94, Laden und Probierstube nach Vereinbarung, Kräuterwanderungen, Vorträge und Kochkurse nach Tagesprogramm, www.kulinarische-zeitreisen.com

④ Naumburg (Saale)

War da nicht was im Kunstunterricht? Der Naumburger Dom gilt als Bindeglied zwischen später Romanik und Frühgotik und ist eines der bedeutendsten Baudenkmäler Europas. Vor allem die schöne Uta lockt Kunstkenner an. Draußen lohnt die mittelalterliche Altstadt an zwei wichtigen Handelswegen, die früh für eine Blüte Naumburgs sorgten. Wegen des milden Klimas in den Tälern von Saale und Unstrut liegen

ÜBER WEIMAR NACH DESSAU

Tipp: Verglichen mit der Thüringer Bratwurst ist das Bayerische Reinheitsgebot fast jugendlich. Die erste verbindliche Zutatenliste stammt von 1434. Wie beim Bier sind nur die Ingredienzien – Qualitätsfleisch vom Schwein, keine Innereien und nach Wunsch etwas Rindfleisch – festgelegt, nicht aber die Mischungsverhältnisse, die sie individualisieren. So gehört in Ostthüringen Kümmel ins Brät, in Nordthüringen Majoran und in Mittelthüringen Knoblauch. Im südlichen Kreis Sonneberg bleibt man puristisch bei Salz und Pfeffer. Auch wenn die 15–20 cm lange Wurst alle inhaltlichen Vorgaben erfüllt, muss das Original auch im Freistaat gefertigt werden. 37 000 t sind es jährlich. Serviert wird sie klassisch auf dem Rost gegrillt mit Thüringer Senf im Brötchen.

hier seit mehr als 1000 Jahren die nördlichsten Weinberge Europas. Heute wachsen vor allem Müller Thurgau, Silvaner und Weißburgunder.

■ Tourist Info, Markt 6, 06618 Naumburg, Tel. 034 45/27 31 25, April–Dez. Mo–Fr 9–18, Sa 9–16, So 10–13, Jan.–März Mo–Fr 10 bis 17, Sa 10–14, www.naumburg-stadt.de

❺ Milbenkäsemanufaktur, Würchwitz

Beim Milbenkäse scheiden sich die Geister. Wem es gelingt, den Ekel vor den winzigen Spinnentierchen auszublenden, die den Käse fermentieren, der wird mit einer besonderen Köstlichkeit belohnt. Obendrein wirkt sich ihr Verzehr positiv auf Verdauung und Darmflora aus. Seit mehr als 300 Jahren schätzt man im Altenburger Land die aus Magerquark, Kümmel und getrockneten Holunderblüten hergestellte und Mitte des 20. Jh. fast ausgestorbene Spezialität. Einige Familien in Würchwitz pflegten den leicht bitteren, bis zu 30 Jahre haltbaren Käse, der in die »Arche des Geschmacks« aufgenommen wurde. Für seinen Erhalt zeichnet Helmut Pöschel verantwortlich, der nach Anmeldung durchs Milbenkäse-Museum führt. Die anschließende Verdauungsfahrt nach Dessau dauert über die B91 via Halle zwar ca. 45 Min. länger als über die A9, dafür gibt es unterwegs mehr zu sehen.

■ Sporaer Str. 8, 06712 Zeitz OT Würchwitz, Tel. 03 44 26/213 46, www.milbenkaese.de

❻ Bauhaus, Dessau

Die Form soll der Funktion gehorchen. Dafür verknüpfte Bauhaus-Begründer Walter Gropius Handwerk und Kunst, vom Kaffee-Service bis zum Wohngebäude. Die Architektur, die als Baukasten im Großen mit einem rationalisierten Massenwohnbau städtebauliche und soziale Probleme lösen wollte, erlebte 1925–1932 ihre Blüte in Dessau. Nirgendwo sonst gibt es derart viele Bauhausbauten wie hier.

■ Bauhausgebäude, Gropiusallee 38, 06846 Dessau-Roßlau, Tel. 03 40/650 82 50, tgl. 10–17 Uhr, www.bauhaus-dessau.de
■ Meisterhäuser, Ebertallee 59–71, 06846 Dessau-Roßlau, April–Okt. tgl. 10–17, Nov.–März tgl. 11–17 Uhr

---

Feste und Events

Februar/März
- Dessau, Kurt-Weill-Fest zu Ehren des Komponisten der Dreigroschen-Oper und Musicals, www.kurt-weill-fest.de

Pfingstmontag
- Deutscher Mühlentag, vielfach Möglichkeit zur Besichtigung einer Mühle, Infos unter www.muehlen-dgm.de

Mitte Juni
- Naumburg, Hussiten-Kirschfest mit Umzug, Hussitenlager und Festprogramm, www.hussiten-kirschfest.de

Juli
- 1. Wochenende, Dessau, Leopoldsfest mit dreitägigem Feldlager, www.leopoldsfest.de
- bis September: Weimarer Sommer mit unterschiedlichen Festivals

August
- 2. Wochenende, Weimar, Genius Loci Weimar Festival, internationale Videokünstler machen Fassaden zur Bühne, www.genius-loci-weimar.org
- 28., Weimar, Goethes Geburtstag im Park am Römischen Haus

Anfang September
- Dessau, Bauhausfest, künstlerische Experimente und Installationen

2. Wochenende im Oktober
- Weimar, Zwiebelmarkt, www.zwiebelmarkt.org

■ Bauhaussiedlung Dessau-Törten, Ausstellung im Konsumgebäude von Walter Gropius, Am Dreieck 1, 06849 Dessau-Roßlau, April–Okt. tgl. 11–17, Feb., März, Nov. Di–So 11–15.30 Uhr

16 Die Elbe entlang von Meißen nach Königstein

Mächtige Bauwerke und reizvolle Natur säumen die Elbe an ihrem Lauf in die Sächsische Schweiz. Von Meißen, das für sein Porzellan berühmt ist, aber schon vorher als Sachsens Regierungssitz bedeutend war, geht es nach Radebeul, das nicht nur Karl-May-Freunde lockt. Mit Schlössern wie Moritzburg und Pillnitz wollte Kurfürst August der Starke seine Machtfülle demonstrieren. Heute sind sie sehenswerte Ziele, wie auch der Barockgarten von Großsedlitz oder Bad Schandau als Zielhafen der Elbschiffe von der Weißen Flotte.

■ Tourismus Sachsen, Bautzner Str. 45/47, 01099 Dresden, Tel. 03 51/49 17 00, www.sachsen-tourismus.de

Erst Jagdschloss, dann Lustschloss: August der Starke ließ Moritzburg prachtvoll ausgestalten.

Gesamtlänge: 98 km

1. Porzellan-Manufaktur, Meißen
2. Schloss Moritzburg
3. Das Kaffee, Radebeul
4. Pirna-Unikat, Pirna
5. Hohnsteiner Kaspar, Hohnstein
6. Untergrund-Führung, Festung Königstein
- Hotel Pirn'scher Hof Garni, Pirna
- LuxOase Camping & Freizeitpark, Kleinröhrsdorf

1 Porzellan-Manufaktur, Meißen

Es war eine Sensation, als Johann Friedrich Böttger 1709 das Porzellan erfand und so den Grundstein für Europas erste Porzellan-Manufaktur legte. Seitdem entstehen unter dem Zeichen der gekreuzten Schwerter hochwertiges Gebrauchsporzellan und filigrane Kunst. In den Schauwerkstätten in Meißen sieht man nicht nur, wie die Preziosen entstehen. Die Kostbarkeiten aus 300 Jahren Porzellanmanufaktur erzählen auch über den Stellenwert des faszinierenden Materials, das für Nachttöpfe bei Hofe ebenso Verwendung fand wie für moderne Kunst. Er würde Silber zu Gold machen, versprach der Schleizer Apothekergeselle Böttger und wurde zum persönlichen »Goldmacher« des prunksüchtigen, aber klammen Kurfürsten August des Starken (1670 bis 1733). Sicherheitshalber sperrte der ihn in der Festung Königstein ein, um ihn mit keinem anderen teilen zu müssen. Weil er aus Sorge, dass Königstein bei seinen Experimenten abbrennen könnte, irgendwann nicht weiter experimentieren durfte, begann sich Böttger mit der Porzellanherstellung zu beschäftigen. Vorher hatte es das »Weiße Gold«, das fast kostbarer war als echtes, nur in China gegeben. Seinen Ruhm konnte Böttger ebenso wenig auskosten wie die Leitung der Meißner Porzellanmanufaktur. Von seinen giftigen Experimenten gezeichnet starb er 37-jährig.

■ Erlebniswelt Haus Meissen, Staatliche Porzellan-Manufaktur Meissen, Talstr. 9, 01662 Meißen, Tel. 035 21/46 80, Nov.–April tgl. 9–17, Mai–Okt. tgl. 9–18 Uhr, www.meissen.com

Tipp: 66 Rebsorten werden entlang der Sächsischen Weinstraße zwischen Pirna und Diesbar-Seußlitz kultiviert, 38 weiße und 28 rote. Eine davon ist der Goldriesling, der seit 1913 im kleinsten deutschen Weinbaugebiet wächst. Er ist ein leichter, unkomplizierter Trinkwein mit heller, gelblicher Farbe und feiner Muskat-Note. Ursprünglich kommt die Rebsorte aus dem Elsass und ist eine Kreuzung aus Riesling und Früher Malingre, die spät im Frühling austreibt und früh reift. Die Sächsische Erhaltungszucht unterhalb der Pillnitzer Weinbergkirche kümmert sich heute um den Erhalt der Goldriesling-Reben. Weinbauverband Sachsen, Fabrikstr. 16, 01662 Meißen, Tel. 035 21/76 35 30, www.weinbauverband-sachsen.de.

DIE ELBE ENTLANG VON MEISSEN NACH KÖNIGSTEIN

❷ Schloss Moritzburg

An das ursprüngliche Jagdschloss, das Herzog Moritz inmitten seines Jagdreviers im Friedwald errichten ließ, erinnern noch die dicken runden Türme, die einst zur Wehrmauer um die Moritzburg gehörten. Der baufreudige August der Starke (1670–1733) ließ das Wasserschloss zu einem eleganten barocken Lustschloss aufstocken, den See drum herum vergrößern und den Park erweitern. Heute bietet Moritzburg als Sitz des Sächsischen Barockmuseums einen schönen Rahmen für Ausstellungen. 1973 war das Schloss Schauplatz für den deutsch-tschechischen Filmklassiker »Drei Nüsse für Aschenbrödel«. Daran erinnert jedes Jahr von November bis Februar die Winterausstellung auf Moritzburg. Mit Hintergrundgeschichten zum Dreh und nachgestellten Filmszenen am Originalschauplatz wird das Märchen lebendig. Am Ende landet man in der Schlossküche, wo einen ausnahmsweise keine Erbsen zum Sortieren erwarten, sondern Kaffee und Kuchen.

■ Schlossallee, 01468 Moritzburg, Tel. 03 52 07/873 18, Schlosspark tgl. 6 Uhr bis zur Dämmerung, Übernachtungsmöglichkeit in den Ferienhäusern auf der Schlossinsel, www.schloss-moritzburg.de

❸ Das Kaffee, Radebeul

Bei Antje Dietrich verrät allein der Blick auf die Karte eindeutig die Jahreszeit. Was in ihrem kleinen, heimeligen Café auf den Kuchen kommt, ist ausschließlich saisonales Obst. Am liebsten aus dem eigenen Garten. Da gibt es im Frühling Rhabarber-Baisers und einen Erdbeer-Vanille-Traum, der seinem Namen alle Ehre macht, im Sommer Sauerkirschsahne und Butterstreußel mit Sommerbeeren und im Herbst Pflaumen- und Apfelkuchen. Und im Winter? Da kommen Nüsse, Mandeln und Schokolade in den Teig und eine Eierschecke nach altem Hausrezept auf den Teller. Auf der Weiterfahrt nach Pirna lassen sich sowohl die A17 als auch die Durchquerung der Dresdner Innenstadt vermeiden – auf der Route via Trachau, entlang der Elbe durch Loschwitz und Pillnitz.

■ Altkötzschenbroda 46, 01445 Radebeul, Tel. 03 51/830 75 15, alle zwei Wochen Do–So 14–18 Uhr, genaue Öffnungszeiten im Internet, www.das-kaffee.de

Antje Dietrich backt in ihrem Radebeuler Café köstliche Kuchen mit regionalen Zutaten.

❹ Pirna-Unikat, Pirna

Eine Sauerbratensuppe nach altem Hausrezept, Messerunikate oder edles Porzellan, das witzige Anspielungen wie die halbe Tasse in besonderen Formen umsetzt. Was die unterschiedlichsten Dinge eint, ist ihr Etikett, das sie als Pirnaer Unikate, also handwerklich gefertigte Produkte mit Bezug auf die Stadt ausweist. 18 Handwerker, Künstler und Händler tragen stolz die Marke in der Stadt mit den schönen Bürgerhäusern an der Oberelbe. Das Brauhaus mit seinen ungefilterten Bierspezialitäten und dem honigsüßen, gewürzten »Schlafmützchen« gehört ebenso dazu wie Axel Bierwolf, der als selbst ernannter Holzbildschmied Stadtansichten und Motive aus der Sächsischen Schweiz zu Puzzles verarbeitet. Auf die Birne im Stadtwappen spielen Vicky Klaszszynski und Martin Wagner mit ihrem »Pirnesto« an, einem Pesto aus Birne, Rucola und Walnüssen, während bei Kathleen Schneider die Birne auf Sandstein trifft und zur Seife wird.

■ Citymanagement, Lange Str. 43, 01796 Pirna, Tel. 035 01/534 18 86, www.pirna-unikat.de

❺ Hohnsteiner Kaspar

Probleme lassen sich besser mit Humor und Kreativität lösen als mit Gewalt. Das zu zeigen, war dem von der Wandervogelbewegung geprägten Max Jacob (1888–1967) ein Anliegen. Ohne moralinsauer daherzukommen, trat sein Hohnsteiner Kaspar auf, vom Spielstil freier als seine Vorgänger und in Musikbegleitung. Zunächst auf der Burg Hohnstein, die Jacob, seine Frau Ma-

DIE ELBE ENTLANG VON MEISSEN NACH KÖNIGSTEIN

Feste und Events

März
- Radebeul, Whisky-Festival, www.whisky-festival.com

Mai
- 13., Deutscher Sekttag an der Sächsischen Weinstraße
- Ende Mai, Burg Hohnstein, Puppenspielfest nicht nur für Kinder, www.hohnsteiner-puppenspielfest.de

August
- Festung Königstein, Festung Aktiv, Wochenende mit Actionsportarten zum Zuschauen und Mitmachen

Dezember
- Festung Königstein, Adventswochenende/Königsteiner Wintermärchen/Weihnachtsmarkt auf der Festung, der mit dem Anschneiden eines 10 m langen Riesenstollens eröffnet wird, www.festung-koenigstein.de

Übernachten

Hotel Pirn'scher Hof Garni
Individuell gestaltete Zimmer, u. a. mit Dachterrasse oder eigenem Zapfhahn zum braufrischen Bier.
Am Markt 4, 01796 Pirna-Altstadt, Tel. 035 01/443 80, www.pirnscher-hof.de

LuxOase Camping & Freizeitpark
Modern ausgestattet, direkt an einem Stausee inmitten von Feldern gelegen.
Arnsdorfer Str. 1, 01900 Kleinröhrsdorf, Tel. 03 59 52/566 66, www.luxoase.de

---

rie und das liebevoll »Kasperfamilie« genannte Ensemble 1933 verlassen mussten, als sie zum KZ wurde. Die Puppenspieler gastierten auf der Weltausstellung in Paris, spielten, um Soldaten zu erheitern, machten Reisen, Schallplatten und Filme und versuchten mit dem durch den Krieg klein gewordenen Ensemble zu Friedenszeiten einen Neubeginn in Hamburg. Vorbild für das neu entstehende Kinderfernsehen in der Kombination von Mensch und Puppe waren die Serien »Kasper und René« mit Schauspieler und Moderator Peter René Körner. Die original Hohnsteiner Puppenbühne wurde 1995 mit dem Tod ihres letzten Spielleiters Harald Schwarz eingestellt. Das Erbe pflegt seit 2006 der Traditionsverein Hohnsteiner Kasper. Auch die ausdrucksstarken hölzernen Puppenköpfe werden wieder nach den Originalen von Hand geschnitzt. Rund um Hohnstein gibt es einen 2,8 km langen Kasperpfad, mit Blick auf die Stadt von und zurück zur Kasperausstellung in der Tourist Info.

■ Tourist Info, Rathausstr. 9, 01848 Hohnstein, Tel. 03 59 75/868 13, April–Okt. tgl. 9–12, Mo–Fr auch 13–17, So 13–15, Nov.–März Mo–Fr 9–12, Mo–Do auch 13–15 Uhr, www.hohnstein.de, www.max-jacob-theater.de

6 Untergrund-Führung, Festung Königstein

Man kann ganz normal die Festung Königstein entdecken und mit Audioguide oder Führung die wichtigsten Plätze von Europas größter offener Bergfestung besichtigen. Man kann aber auch nach einem Blick vom 247 m hohen Tafelberg über das Elbtal und die Sächsische Schweiz hinunter in die Kasematten steigen und das historische Gemäuer von dort betrachten. In den Tiefkellern gibt es Steinmetzzeichen aus dem 16. Jh. und unterirdische Verteidigungsanlagen. Und es gibt viele Geschichten über Gefangene und spektakuläre Fluchtversuche aus dem 1591 eingerichteten Kerker, der später zum gefürchtetsten Staatsgefängnis Sachsens wurde. So saß der russische Sozialrevolutionär Michail Alexandrowitsch Bakunin (1814–1876) hier ein. Dem kriegsgefangenen General Henri Honoré Giraud (1897 bis 1949) glückte die Flucht, angeblich mit einem über zwei Jahre geduldig geknüpften Seil. Besonders stimmungsvoll ist die nächtliche Tour im Schein der Laternen.

■ Festung 1, 01824 Königstein, Tel. 03 50 21/646 07, April–Okt. 9–18, Nov.–März 9 bis 17 Uhr, letzter Einlass eine Stunde vor Schließung, www.festung-koenigstein.de

Tipp: Passionierte Kletterer lieben die Sächsische Schweiz, die Wiege des Freikletterns, mit ihrem abwechslungsreichen und landschaftlich reizvollen Terrain für alle Kletterarten. Neulinge, die sich an den berühmten Sandstein wagen möchten, können Schnupperkurse absolvieren. Man kann aber auch gemütlich Wandern, Biken oder Kanufahren, um sich die markante Landschaft aktiv zu erschließen.
Tourist-Info, Bahnhofstr. 1, 01824 Königstein, Tel. 03 50 21/59 96 99, Do–Di 9–12, 12.30–16.30 Uhr, www.tourismusverein-elbsandsteingebirge.de

WIR HABEN UNSER EIGENES REZEPT. GENUSS.

SO GEHT SÄCHSISCH.

Wir Sachsen lassen uns das Leben schmecken.
Hier verschmilzt eine Vielzahl von regionalen Köstlichkeiten mit einer besonderen Genusstradition. Ob herzhafter Biergenuss aus 1000-jähriger Tradition, Leipziger Lerchen, Eierschecke, Dresdner Stollen oder sächsischer Wein – wir verwöhnen uns und unsere Gäste gern. Wer das Zusammenspiel aus malerischer Kulturlandschaft und sächsischen Gaumenfreuden einmal selbst erlebt, wird verstehen, warum es heißt: Genuss und Lebensfreude sind hier zu Hause.

Mehr dazu unter **www.so-geht-sächsisch.de**

SACHSEN

Besonderheit im historischen Zentrum von Herborn: die mit Schiefer verkleideten Fachwerkhäuser.

17 Hessen vom Edersee bis nach Limburg

An einem Stausee mit gewaltigem touristischen Potenzial beginnt diese Reise durch Hessen, die stets vom Wasser begleitet ist. Der Edersee, Deutschlands drittgrößter Stausee, ist für jede Art von Unternehmung attraktiv und lockt gleichermaßen Aktivurlauber wie Genießer an. Später ist es vor allem der Fluss Lahn, der Reisende begleitet.

Wegen der zahlreichen Schlösser zu ihren Seiten nennen Kenner die Lahn in einem Atemzug mit der berühmten, ebenfalls von Schlössern gesäumten Loire in Frankreich. So geht die Tour von den weiten Wäldern, idyllischen Dörfern und historischen Stätten im Waldecker Land bis ins Limburger Becken, das zwischen Taunus und Westerwald liegt.

- Touristik Service Waldeck-Ederbergland, Südring 2, 34497 Korbach, Tel. 056 31/95 43 59, www.waldecker-land.de
- Lahntal Tourismusverband, Brückenstr. 2, 35576 Wetzlar, Tel. 064 41/30 99 80, www.daslahntal.de

Gesamtlänge: 197 km

1 Edertal-Affoldern	2 Bergfreiheit (Bad Wildungen)	(via Marburg)	3 Lollar-Salzböden	4 Herborn	5 Wetzlar	6 Limburg an der Lahn
	27 km	63 km	34 km	30 km	43 km	

1 Edersee

Wie ein Fjord schmiegt sich der Edersee ins hügelige Land. Von Bäumen gesäumt, erstreckt sich der 1908–1914 gebaute Stausee über 27 km und wurde ursprünglich angelegt, um auch in trockenen Sommern den Weser- und den Mittellandkanal schiffbar zu erhalten. Stromgewinnung und Hochwasserschutz waren einkalkulierte Begleiterscheinungen. An den großen touristischen Wert, den der Edersee einmal haben würde, hatte damals keiner gedacht. Inzwischen tummeln sich Wassersportler und Taucher auf, im und unter Wasser. Angler schätzen den außergewöhnlich großen Fischreichtum, Wanderer wiederum die vielfältigen Möglichkeiten, ihrem Hobby nachzugehen. Rund um den See etwa führt mit dem Urwaldsteig ein Weg für Abenteuerlustige. Auf 68 km folgt der Pfad, der oft Trittsicherheit voraussetzt und auf dem man auch einmal über einen quer liegenden Baum klettern muss, dem Ufer. Sechs Etappen und zehn Vorschläge für Rundwege teilen die Strecke, die am Südufer im Nationalpark Kellerwald verläuft. Ein besonderes Naturereignis lockt in kalten Wintern: Wenn der Temperaturunterschied zwischen Nachtfrösten und Tagestemperatur groß ist und der schwankende Wasserstand Eisschollen aneinander reibt, kommt es zum Phänomen des »Singenden Sees«. Weithin hört man das röhrend-hallende Geräusch. Im

- 1 Edersee
- 2 Edelsteinschleiferei Lange, Bergfreiheit/Bad Wildungen
- 3 Schmelz-Mühle, Lollar-Salzböden
- 4 Herborn
- 5 Kulinarische Stadtführung auf Goethes Spuren, Wetzlar
- 6 Limburg an der Lahn
- 🛏 Hotel Die Sonne Frankenberg, Frankenberg
- ⛺ Campingplatz Wetzlar

HESSEN VOM EDERSEE BIS NACH LIMBURG

Mit filigranen Formen fügt sich der Baumkronenpfad »TreeTopWalk« in die Natur des Nationalparks Kellerwald ein (www.baumkronenweg.de).

Süden grenzt der Nationalpark Kellerwald an den Edersee. Mit 50 Bergen und Kuppen, die sich auf 57 qkm erstrecken, bildet er das Kernstück des 406 qkm großen Naturparks. Unter anderem liegen hier auch die zum Unesco-Weltnaturerbe zählenden alten Buchenwälder – die Bäume sind teilweise bis zu 260 Jahre alt.

- Edersee Touristic, Hemfurther Str. 14, 34549 Edertal-Affoldern, Tel. 056 23/ 999 80, www.edersee.com
- Nationalpark Kellerwald-Edersee, Laustr. 8, 34537 Bad Wildungen, Tel. 056 21/75 24 90, www.nationalpark-kellerwald-edersee.de
- BuchenHaus und Wildtierpark, Am Bericher Holz 1, 34549 Edertal-Hemfurth, Tel. 056 23/97 30 30, Mai–Okt. tgl. 9–18, Nov.–Feb. 11–16, März, April 10–18 Uhr, www.buchenhaus.eu

❷ Edelsteinschleiferei Lange, Bergfreiheit

Jedes Kind kennt das Märchen von Schneewittchen. Seine Wurzeln hat der Grimm'sche Klassiker in Bergfreiheit, das man das Schneewittchen-Dorf nennt. In Zeiten, als hier Blei, Silber, Kupfer und Eisenerz gefördert wurden, waren es vorzugsweise klein gewachsene Männer, die in den engen Stollen arbeiteten. Als auch noch die hübsche Tochter des verwitweten Grafen Samuel von Waldeck an einer Arsenvergiftung starb, war die Vorlage für »Schneewittchen« perfekt. Erz wird heute keines mehr gefördert. Nur der Schaustollen im Besucherbergwerk vermittelt einen Eindruck vom mittelalterlichen Kupfererzbergbau. Heute werden im Kellerwald Edelsteine gesucht und verarbeitet – Jaspis,

Tipp: Auch wenn der Grimm-Dich-Pfad nur mit dem Original-Begriff spielt, kann man den Spaziergang auf den Spuren der Gebrüder Grimm durchaus als kleines Trimm-Dich-Programm bezeichnen. Der Schlossberg in Marburg ist steil, und schon Jacob Grimm (1785–1863) attestierte der Stadt: »Ich glaube, es sind mehr Treppen auf den Straßen, als in den Häusern.« Ein Spruch der an eine dieser vielen Stiegen geschrieben und damit Teil des Grimm-Dich-Pfades ist, der 2009 installiert und zum Grimm-Jahr 2013 erweitert wurde. Am Alten Botanischen Garten, wo in einem Teich der Butt aus »Der Fischer und syn Fru« schwimmt, beginnt der Weg, auf dem man markante Häuser und bisweilen gut versteckte Figuren und Symbole aus Leben und Märchen der Gelehrten entdeckt. Auf 1,8 km geht es durch die Stadt, in die Jacob und Wilhelm Grimm (1786–1859) als Jura-Studenten kamen. In Friedrich Carl von Savigny (1779–1861) hatten sie nicht nur einen Rechtsgelehrten als Lehrmeister. Der profunde Literaturkenner öffnete ihnen seine Privatbibliothek und begeisterte sie für Literatur und Sprache. Ihren Spuren folgend geht es durch die malerische Altstadt bis zum »Schloss auf dem Berge«, das »von der Abendsonne vergoldet wird«.
Marburg Stadt und Land Tourismus, Erwin-Piscator-Haus, Biegenstr. 15, 35037 Marburg, Tel. 064 21/991 20, April–Okt. findet jeden letzten Sa im Monat um 11 Uhr eine Grimm-Führung statt, Start am Brunnen am Marktplatz, www.marburg-tourismus.de

Hämatit und Onyx. V. a. aber der Kellerwald-Achat, der mit leuchtendem Rot und Mustern aus Hämatit-Einschlüssen und Quarzadern Aufmerksamkeit erweckt. In der Edelsteinschleiferei von Uwe und Jutta Lange kann man zusehen, wie aus einem rohen Stein ein Schmuckstück wird.

- Im Urfftal 9, 34537 Bad Wildungen OT Bergfreiheit, Tel. 056 26/343, Mo–Fr 9–12, 13.30–17.30, Sa 9–12 Uhr, Schleifereibesichtigungen Jan., Feb. Fr 15–17, März–Dez. Mo–Fr 15–17 Uhr, www.edelsteinschleiferei-lange.de
- Besucherbergwerk Bertsch, Im Urfftal 9, 34537 Bad Wildungen OT Bergfreiheit, Tel. 07 00/23 74 93 75, April–Okt. Mi–Sa 14, 14.45, 15.30 Uhr

③ Schmelz-Mühle, Lollar-Salzböden

Im flachwelligen Hügelland des Salzbödetals gab es einst rund 40 vom Wasser der Salzböde betriebene Mühlen. Einige sind noch funktionstüchtig, aber keine ist mehr in Betrieb. Doch so manche der meist schmucken Mühlengebäude entlang des Salzböderadwegs sind als Landgasthäuser lohnende Ziele. So wie die Schmelz-Mühle in Lollar, die Birgit Jung und ihre Familie betreiben. Oberste Maxime im Familienbetrieb, in dem sich drei Generationen um das Wohlbefinden der Gäste sorgen, sind die hochwertigen Zutaten ihrer zeitgemäß interpretierten klassischen Gerichte. Da kommt das Schnitzel vom Schwäbisch-Hällischen Landschwein und der Fisch aus dem Teich im Sauerland. Nach Möglichkeit ist regional produziert, was hier in Öko-Qualität und artgerecht gehalten auf den Teller kommt; egal ob Sonntagsbraten oder Blechkuchen. Besondere Spezialitäten sind das Wildschwein aus dem Holzbackofen und das Mühlenbuffet, für das man rechtzeitig reservieren sollte.

- Schmelz 3, 35457 Lollar-Salzböden, Tel. 064 06/34 10, Mi–So ab 11.30 Uhr, besondere Spezialitäten auf Vorbestellung, www.schmelz-muehle.de

④ Herborn

Schon im 11. Jh. war das an der Deutschen Fachwerkstraße gelegene Herborn ein wichtiger Verkehrsknotenpunkt, Marktort und die Handelsdrehscheibe zwischen Siegerland und Wetterau. Die als Kaufhaus bezeichnete Markthalle aus dem 13. Jh. war nicht nur ein lebhafter Umschlagplatz für unterschiedlichste Waren. Hier wurden auch »Herborner Maß und Gewicht« und »Herborner Währung« als Basis für die Geschäfte etabliert. Aus dieser Zeit stammt die 1000 m lange und noch in weiten Teilen erhaltene Stadtbefestigung mit mehreren Toranlagen und mehr als zehn Türmen. Ebenso das Schloss, das über der Stadt thront und Sitz des Evangelisch-Theologischen Seminars ist. Ab 1602 wurde hier die erste Bibelübersetzung der auf Calvin und Zwingli zurückgehenden Reformierten verfasst. Eine Besonderheit sind die mit Schiefer verkleideten Fachwerkgebäude am Marktplatz, Kornmarkt und in der Hauptstraße. Vom 2. Januar bis Mitte März dürfen sich Herborn-Besucher nicht die Fastenbrezeln entgehen lassen. Seit mehr als 500 Jahren wird diese Spezialität gebacken, bei der die in Handarbeit geschlungenen Brezeln exakt eine Minute in kochendes Salzwasser getaucht werden, bevor sie in den Backofen kommen. Näheres über die Hintergründe dieser kulinarischen Tradition erfährt man bei den »Fastenbrezel-Dunge-Touren«.

- Tourist Info, Hauptstr. 39, 35745 Herborn, Tel. 027 72/70 80, www.herborn.de

⑤ Kulinarische Stadtführung auf Goethes Spuren, Wetzlar

Kräftig gewürzte Obstkompotte, sogenannte Frankfurter Pastetchen, Teltower Rübchen und frischer Spargel, so weiß man, waren ganz nach dem Geschmack Johann Wolfgang von Goethes (1749–1832), der als junger Praktikant am Reichskammergericht nach Wetzlar kam

Übernachten

Hotel Die Sonne Frankenberg
Elegantes, komplett saniertes Haus hinter rotem Fachwerk mit langer Geschichte und herzlicher Gastfreundschaft. Direkt am Marktplatz gelegen.
Marktplatz 2, 35066 Frankenberg, Tel. 06451/7500, www.sonne-frankenberg.de

Campingplatz Wetzlar
Direkt am Fluss gelegen mit Kanuverleih auf der Anlage. Auf dem Fußweg sind es 15 Min. in die Altstadt.
Dammstr. 52, 35576 Wetzlar, Tel. 064 41/341 03, www.campingplatz-wetzlar.de

HESSEN VOM EDERSEE BIS NACH LIMBURG

Sieben Türme besitzt die spätromanische Stiftskirche von Limburg an der Lahn.

und in der Domstadt nicht nur Berufserfahrung sammelte, sondern auch den Stoff für sein Romandebüt »Die Leiden des jungen Werther« (1774) fand. Die Orte, an denen er wirkte, sind hinlänglich bekannt. Was umso spannender ist, ist ein etwas anderer Blick auf die Goethezeit. So leitet die kulinarischen Führungen durch die von der Ruine Kalsmunt überragte Stadt der Gedanke des »Speisens wie zu Lottes und Goethes Zeiten«. Da erfährt man im Lottehof, wie eine Familie des 18. Jh. lebte, lernt den Getreidebrei kennen, der bei einfachen Leuten auf den Tisch kam, und die üppigen Tafeln bei den Gelagen der Wohlhabenden, die sich mit Fisch, Wild, Geflügel, Wein und fremdländischen Gewürzen an den Rand ihrer Aufnahmefähigkeit brachten. Und man erfährt von der täglichen Rittertafel im Gasthaus Zum Kronprinzen, in dem Goethe mit anderen jungen Juristen zu Mittag aß. In seiner Autobiografie »Dichtung und Wahrheit« schreibt er selbst über diese Tafelrunden: »Mich nannten sie Götz von Berlichingen den Redlichen.« Wem unterwegs der Mund wässrig geworden ist, der kann die Tour mit einem Goethe-Menü im Hotel und Restaurant Bürgerhof kulinarisch abrunden. Für den Verdauungsspaziergang bietet sich der Wetzlarer Goetheweg an. Vielfach soll Goethe nach Garbenheim gewandert sein und den Blick auf das Lahntal genossen haben. 7,5 km lang ist der beschilderte und mit Werther-Zitaten aufgelockerte Weg, der beim lebensgroßen Denkmal des jungen Dichters auf dem Garbenheimer Goetheplatz endet. Beschrieben wird es bei Goethe als »Wahlheim«.

- Tourist Info, Domplatz 8, 35578 Wetzlar, Tel. 064 41/99 77 55, Mo–Fr Mai–Sept. 9–18, Okt.–April 9–17, Sa Mai–Okt. 10–14, Nov.–April 10–12, So Mai–Sept. 11–15 Uhr, www.wetzlar.de
- Lottehaus, Lottestr. 8–10, 35578 Wetzlar, Tel. 064 41/99 41 40, Di–So 10–13, 14 bis 17 Uhr, www.museen-in-hessen.de/de/museen/lottehaus_
- Jerusalemhaus, Schillerplatz 5, 35578 Wetzlar, Tel. 064 41/99 41 30, Di–So 14–17 Uhr, www.museen-in-hessen.de/de/museen/jerusalemhaus

Feste und Events

3. Juni
- Welt-Apfelweintag, www.weltapfelweintag.de, www.apfelwein.de

6 Limburg an der Lahn

Zartbitter? Vollmilch? Pur oder mit Zutaten von Früchten über Grüntee bis Schwarzbier? Die Wahl fällt schwer vor all den Regalen, in denen (fast) nur das eine liegt: Schokolade. Es gibt sie in Tafeln, als Pulver, Creme oder Pralinen und in ungewöhnlicher Form, wie etwa als Schokonudeln oder Balsamico al cacao. Hinter der roten Tür im alten Fachwerkhaus am Fischmarkt hat Eva Reinemund ein süßes Paradies mit Köstlichkeiten namhafter Chocolatiers aus aller Welt zusammengetragen. In der Galerie serviert sie heiße Schokolade. So ist man gestärkt für einen Spaziergang durch die Domstadt, die weit mehr zu bieten hat, als den flapsig »Tebartz-Haus« genannten, luxuriösen Bischofssitz, mit dem sie lange Zeit für Schlagzeilen sorgte: etwa die historischen Gebäude am Kornmarkt, die siebentürmige spätromanische Stiftskirche und die hübschen Fachwerkhäuser am Fischmarkt. Am Römer 1 steht Deutschlands ältestes Fachwerkhaus, dessen Rückwand sich auf 1296 datieren lässt.

- Schokoladenhaus, Fischmarkt 18–19, 65549 Limburg, Tel. 064 31/584 88 81, Di–Fr 11–18, Sa 10–16, 3. Fr im Monat 19.30 Uhr Schokoladenverkostung nach Anmeldung, www.schokoladenhaus-limburg.de
- Tourist Info, Barfüsserstr. 6, 65549 Limburg, Tel. 064 31/61 66, April–Okt. Mo–Fr 9–18, Sa 10–14, So 11–15, Nov.–März Mo–Fr 9–17, Sa 10–12 Uhr, www.limburg.de
- Domschatz und Diözesanmuseum, Domstr. 12, 65549 Limburg, Tel. 064 31/584 72 00, April–4. Adventssonntag Di–Sa 10–13, 14–17, So 11–17 Uhr, www.staurothek.de

Bis ins 19. Jh. war Monschau ein Zentrum der Textilindustrie, heute wird hier feiner Kaffee geröstet.

18 In der Eifel zwischen Roetgen und Manderscheid

Bei Eifel denkt man spontan an viel Grün. 60 Prozent der von längst verloschenen Vulkanen geformten Landschaft sind bewaldet. Sichtbar zurückgelassen haben sie die Maare, fast kreisrunde Krater vulkanischen Ursprungs, die vielfach mit Wasser gefüllt sind und tiefblau aus dem Grün hervorstechen. Höchster Punkt des grenzübergreifenden Mittelgebirges ist die Hohe Acht (746 m). Am Kreuzungspunkt wichtiger Römerstraßen entwickelte sich Roetgen, das »Tor der Eifel«. Richtung Süden geht es ins Hohe Venn und zu Orten, in denen noch heute die Urkraft der Natur zu spüren ist. Sei es in archaischem Handwerk oder einer sprudelnden Mineralquelle wie Gerolstein. Hübsche Fachwerkstädtchen wie Monschau sind schöne Tupfer inmitten geschützter Natur, die sich auf gut ausgebauten Rad- und Wanderwegen angenehm und hautnah erkunden lässt.

■ Eifel Tourismus,
 Kalvarienbergstr. 1, 54595 Prüm,
 Tel. 065 51/965 60, www.eifel.info,
 www.naturpark-eifel.de

Gesamtlänge: 136 km

1. Roetgen — 15 km
2. Monschau — 25 km
3. Schleiden — 47 km
4. Duppach — 39 km
5. Brockscheid — 10 km
6. Manderscheid

1 Transparenz und Dichte, Roetgen

Schon als Kleinkind saß Christoph Erhardt am Tegernsee neben der Großmutter am Webstuhl und schaute genau zu. »Meine Oma hat mich immer gefördert«, erinnert er sich, und wie entsetzt sie dann darüber war, dass er Weber werden wollte. Ausgerechnet in einer Zeit, als die industrielle Herstellung boomte. Doch er blieb dabei und ging nach Lehre und Meisterprüfung auf die Akademie in Aachen. So wurde der Oberbayer mit dem »textilen Gen« Meisterdesigner, leitet eine Handweberei für behinderte Menschen und fertigt selbst mitunter sehr experimentelle Stücke. »Ich mache auch mal Sachen, von denen man gelernt hat, dass man sie nicht machen darf«, lacht Christoph Erhardt, der sich als Handwerker fühlt, dem das Studium den Bogen zur zeitgenössischen Kunst ermöglichte. Bestes Beispiel dafür ist der Kupferkragen, der sich wie eine futuristische Skulptur an den Hals schmiegt und sich mindestens ebenso gut als Designobjekt im Regal macht. Weniger extravagant, aber nicht minder hochwertig sind feine Stoffe für Jacken, Ponchos, Mäntel und die klassischen Erhardt-Hemden, denen der Enkel der Erfinderin zu einem Revival verhalf.

■ Mühlenstr. 20, 52159 Roetgen, Tel. 024 71/ 92 14 68, Ausstellungen und Märkte auf der Homepage, geöffnet nach telefonischer Vereinbarung, www.christoph-erhardt.de

2 Caffee-Rösterei Wilhelm Maassen, Monschau

Mit Kaffeeduft in der Nase und dem an geschüttelte Steinchen erinnernden Geräusch der Bohnen in der Röstmaschine im Ohr sind Peter und Werner Maassen aufgewachsen. In der fünften Generation betreiben die Brüder im 300 Jahre alten Stammhaus Monschau ihre Caffee-Rösterei. Die ist eine Institution im Bilderbuch-Fachwerkdörfchen und weit über die Eifel hinaus bekannt für Kaffee, von dem niemand Sodbrennen oder Magenschmerzen fürchten muss. Der Qualitätsgarant ist – neben hochwertigen Bohnen – der gasbeheizte Trommelröster aus den 1950er-Jahren. In dem können die Bohnen nach alter Tradition in aller Ruhe rösten und so ihr volles Aroma entfalten, was einen säurearmen, nahezu bitterstofffreien Kaffee gibt. Perfekt wird das Ergebnis, wenn Peter und Werner Maassen die abgekühlten Bohnen am Verlesetisch per Hand sortieren. Wie das alles genau geht, wie sie hören und sehen, wann das Ergebnis stimmt, und welche Vorzüge ihre historischen Maschinen gegenüber Hightech haben, das erklären die leidenschaftlichen Röster bei Führungen. Zusätzlich zum Kaffee gibt es im gemütlichen Laden mit der Kaffeebar handgeschöpfte Schokolade und Pralinen, bei denen die Nähe zu Belgien zu schmecken ist. Die besondere Spezialität hat auch hier mit Kaffee zu tun: Bei den »weißen Elefanten« umhüllen zarte Schokolade und Puderzucker eine knusprige Mexiko-Maragogype-Bohne.

■ Stadtstr. 24, 52156 Monschau, Tel. 024 72/803 58 80, Di–So 11–18 Uhr, 30-minütige Führungen auf Anfrage, www.caffeeroesterei.de

> **Tipp:** Der Anblick ist überwältigend. Blüte reiht sich an Blüte. Leuchtend gelb wogt es über die Wiesen im Deutsch-Belgischen Naturpark Hohes Venn-Eifel. Etwa sechs Millionen wilde Narzissen wachsen im Frühling auf den feuchten Talwiesen im Naturschutzgebiet Perlenbach- und Fuchsbachtal. Ein mehr als lohnenswertes Ziel für einen Spaziergang oder eine Wanderung. Von Gut Heistert aus führt eine 3,6-km-Runde durch das »Paradies im Perlenbachtal«. 5 km lang ist der kleine Narzissenrundweg, der von der Höfener Mühle durch das Perlenbachtal verläuft. Die Alternative für Ausdauernde ist der große Narzissenrundweg mit 11,5 oder 14 km. Je nachdem, ob man am Wanderparkplatz an der Hauptstraße oder Zum Brüchelchen losgeht.
> Nationalpark-Tor Höfen, Hauptstr. 72, 52156 Monschau-Höfen, Tel. 024 72/802 50 79, tgl. 10–17 Uhr, geführte Touren und Narzissenfest während der Narzissenblüte, www.touristik.monschau.de

IN DER EIFEL ZWISCHEN ROETGEN UND MANDERSCHEID

- ① Transparenz und Dichte, Roetgen
- ② Caffee-Rösterei, Monschau
- ③ Bauerncafé, Schleiden
- ④ Erlebnisschmiede Knauf, Duppach
- ⑤ Eifeler Glockengießerei, Brockscheid
- ⑥ Eifler Lavakerzen, Manderscheid
- 🛏 Hotel Augustiner Kloster, Hillesheim
- ⛺ Camping Schafbachmühle, Schleiden

③ Bauerncafé, Schleiden

Christiane und Rolf Reinartz haben sich mit ihrem Café einen Traum erfüllt – in einem sanierten Bauernhof von 1720 mitten im Nationalpark Eifel. Das Fachwerkhaus, das mit rot-grünen Fenstern, Blumen und gemütlichen Sitzgelegenheiten schon von draußen einlädt, empfängt Gäste drinnen wie in einem Wohnzimmer. Zur Einrichtung passt der Leitgedanke: den Genuss vergangener Tage in die Neuzeit holen. »Wir haben die feinen Trüffel im riesigen Produktwald gefunden«, freuen sich die Reinartz'. Sie servieren regionale Köstlichkeiten und Omas auf den heutigen Geschmack gebrachte Rezepte mit der Erfahrung dreier Bäckergenerationen. Wem etwas besonders schmeckt, der entdeckt es oft auch im Laden zum Mitnehmen. Der weitere Weg in Richtung Duppach verlässt die B258 und wechselt auf die B51.

■ Morsbach 20, 53937 Schleiden, Tel. 024 44/ 91 29 65, Mi–Mo 9–18 Uhr, 23.12. bis 10.1. geschlossen, www.das-bauerncafe.de

④ Erlebnisschmiede Knauf, Duppach

»Es ist für mich mit viel Spaß verbunden, am glühenden Feuer das sprühende Eisen zu schmieden« sagt Thomas Knauf, dem diese Leidenschaft schon in die Wiege gelegt wurde. Sein Name, erklärt er, sei vom Berufsstand der Schwertknaufschmiede abgeleitet. Der Knauf im Schild des Familienwappens unterstreicht das optisch. In Duppach lässt sich das Schmieden bis 200 n. Chr. zurückverfolgen. Die Knaufs brachten das Handwerk 1910 wieder zurück, mussten die Schmiede in den 1970er-Jahren aber schließen. Das Werkzeug des Vaters bewahrte Industriemeister Thomas Knauf auf und erfüllte sich damit 2012 den Traum von der eigenen Schmiede. Seitdem zeigt er am offenen Feuer, wie Preziosen aus Eisen entstehen. Und wenn der Hammer auf den glühenden Rohling donnert, bekommt man schnell eine Ahnung, wie viel Kraft und Ausdauer das erfordert. Via Gerolstein mit seiner Mineralquelle (Führung durch das Besucherzentrum Mo–Fr 15 Uhr) geht es nach Brockscheid, wo einen wieder das Element Feuer zum Staunen bringt.

■ Maifeldstr. 22, 54597 Duppach, Tel. 065 58/ 12 60, April–Okt. Di ab 17, Sa ab 14 Uhr und nach Vereinbarung, Anmeldung erforderlich, www.erlebnisschmiede-knauf.de

 Übernachten

Hotel Augustiner Kloster

Im ehemaligen Kloster am Rande der Vulkaneifel gibt es 57 garantiert nicht spartanische Zimmer und viele Möglichkeiten, sich sportlich-aktiv zu erholen.
Augustinerstr. 2, 54576 Hillesheim, Tel. 065 93/98 08 90, www.hotel-augustiner-kloster.de

Camping Schafbachmühle

Terrassiertes Gelände im Naturschutzgebiet. Ohne Camper logiert man in einer netten Wanderhütte.
Schafbachmühle 1, 53937 Schleiden, Tel. 049 24/852 68, www.schafbachmuehle.de

IN DER EIFEL ZWISCHEN ROETGEN UND MANDERSCHEID

5 Eifeler Glockengießerei, Brockscheid

Absolutes Highlight in der Eifeler Glockengießerei ist es, wenn – begleitet vom Gebet der Auftraggeber – eine große Glocke gegossen wird. Eine der vier großen Glocken für die Potsdamer Nikolaikirche etwa, deren größte 1700 kg wiegt. Weil die Vorarbeiten aufwendig sind, passiert das nur vier bis fünf Mal im Jahr. Dann aber fühlt man sich zwangsläufig an Schillers »Die Glocke« erinnert, weil Glockengießen bis heute eine archaische Handwerkskunst ist. Cornelia Mark-Maas, die schon als Kind begeistert das Tun ihres Vaters beobachtete, setzt als einzige Glockengießermeisterin in Deutschland eine Familientradition seit 1620 fort. Damals waren die Ahnen noch auf Wanderschaft, weil die schweren Bronzeglocken direkt vor Ort gefertigt wurden. Seit Mitte des 19. Jh. sind die Marks in Brockscheid sesshaft. Zwölf Mitarbeiter fertigen heute etwa 50 Glocken im Jahr, installieren und

> **Tipp:** Der Eifelsteig ist ein 313 km langer Premium-Wanderweg, der in 15 Etappen von Aachen quer durch die Eifel nach Trier führt. Unter dem Motto »Wo Fels und Wasser dich begleiten« verläuft er durch den 110 qkm großen Nationalpark Eifel mit seinen Laubwäldern und bizarren Felsformationen.
> Nationalpark-Zentrum Eifel, Forum Vogelsang, Vogelsang 70, 53937 Schleiden, Tel. 024 44/91 57 40, www.nationalparkzentrum-eifel.de, www.eifelsteig.de

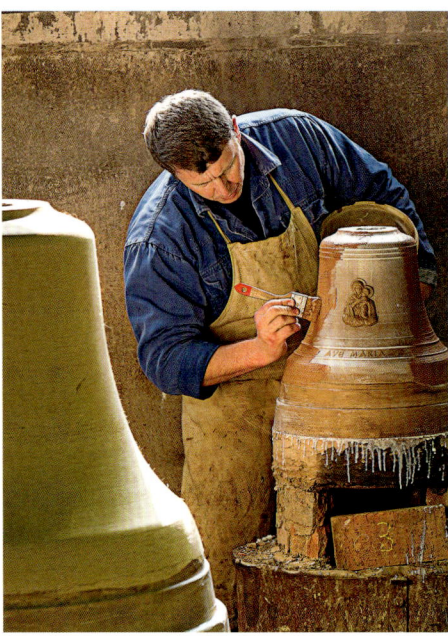

Glockengießen ist Handarbeit in Brockscheid. Interessierte dürfen zuschauen.

warten sie und zeigen Interessierten den Entstehungsprozess, der mit der Form aus Lehm, Ziegelsteinen, Pferdemist und Rinderhaaren beginnt. Schon hier wird – nach streng gehütetem Familiengeheimnis – der Klang festgelegt. Je nachdem, was gerade in der Werkstatt passiert, erlebt man glühendes Feuer, den Bau von Formen oder das Aufmauern von Lehmschichten. Für die großen Modelle ebenso wie für die kleinen Glöckchen aus Messing und Bronze für den Hausgebrauch oder ganz profane Gegenstände wie Ofenplatten.

■ Glockenstr. 51, 54552 Brockscheid, Tel. 065 73/99 03 30, April–Okt. Mo–Sa tgl. 10, 11, 12, 14, 15 und 16, Nov.–März Mo–Sa tgl. 15 Uhr, Anmeldung erforderlich, www.glockengiesser.de

6 Eifler Lavakerzen, Manderscheid

Den ersten Blick zieht die üppige Glyzinie an der Hauswand auf sich. Der zweite geht ins Schaufenster der Kerzenwerkstatt und bleibt dort an groben Gefäßen mit bunten Kerzen hängen. Lavasteinkerzen sind eine der Spezialitäten des einzigen Eifler Wachsziehermeisters, der auch in ganz Deutschland nicht mehr viele praktizierende Kollegen hat. Umso begeisterter schaut man Michael Moll zu, wenn er in seiner Manufaktur im umgebauten Bauernhaus flüssiges Bienenwachs in Töpfchen aus Vulkanasche gießt oder Skulpturen und filigrane Blumen formt. Sein Liebling sei der »Tanzende Engel« verrät er angesichts der leicht gedrehten Paraffinkerze, die ihren Namen der Tatsache verdankt, dass beim Abbrennen Ränder bleiben, die an Flügel erinnern. Und verschmitzt fügt er hinzu, das sei die ideale Kerze für alle, denen das Abbrennen leid tue. Denn diesen Effekt sieht nur, wer den Docht entfacht.

■ Kurfürstenstr. 39, 54531 Manderscheid, Tel. 065 72/21 80, Werkstattbesichtigung Di, Do 11 Uhr, Wachszieher-Workshops auf Anfrage, www.kerzenmoll.de

> **Feste und Events**
>
> **Mai/Juni**
> - Monschau, Mühlenfest mit buntem Programm, www.senfmuehle.de
>
> **Oktober**
> - Mayen, Lukasmarkt, großes Volksfest in Rheinland-Pfalz, www.mayen.de

Moseldorf par excellence: Bernkastel-Kues mit der Burgruine Landshut, deren Anfänge 1000 Jahre zurückreichen.

19 An der Mosel von Trier bis nach Koblenz

Mag es noch so abgegriffen klingen, man kann die Mosel nur als romantisch beschreiben. Weinberge, Burgen, historische Städte und idyllische Orte säumen einen der längsten Nebenflüsse des Rheins, der in den Südvogesen entspringt und am Deutschen Eck bei Koblenz in diesen mündet. Genießer denken zuerst an die hervorragenden Weißweine. Sie sind ein Vermächtnis der Römer, die hier nicht nur Reben kultivierten. Das als Augusta Treverorum gegründete Trier erlebte als Sitz mehrerer römischer Kaiser seine Blütezeit. Nicht nur die gewaltige Porta Nigra erinnert noch heute daran. Sie gehört zum Besichtigungs-Pflichtprogramm an der Mosel. So wie etwa die komplett erhaltene Burg Eltz, einst Motiv auf dem 500-D-Mark-Schein, das Kapuzinerkloster Cochem oder die Ruine Landshut hoch über Bernkastel-Kues, die mit aussichtsreichen Blicken über die steilen Hänge am Fluss locken. Aus dem heutigen Neumagen-Drohn soll Hagen von Tronje stammen, der in der Nibelungensage Siegfried das Leben nahm. Es lässt sich viel erzählen und entdecken auf dem Weg entlang der Schleifen des Flusses, der mit Genuss und Kultur verwöhnt.

■ Mosellandtouristik, Kordelweg 1, 54470 Bernkastel-Kues, Tel. 065 31/973 30, www.mosellandtouristik.de

Gesamtlänge: 147 km

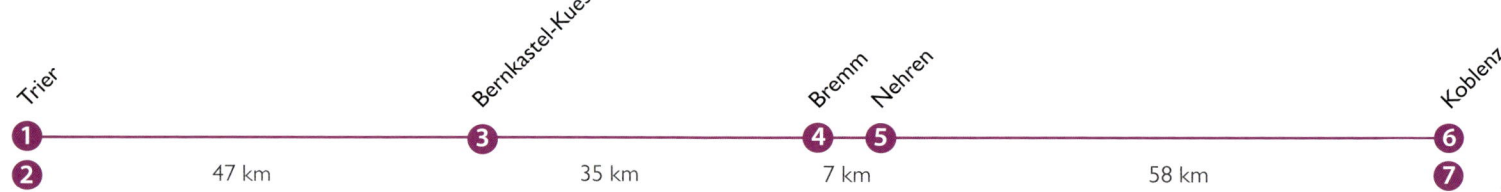

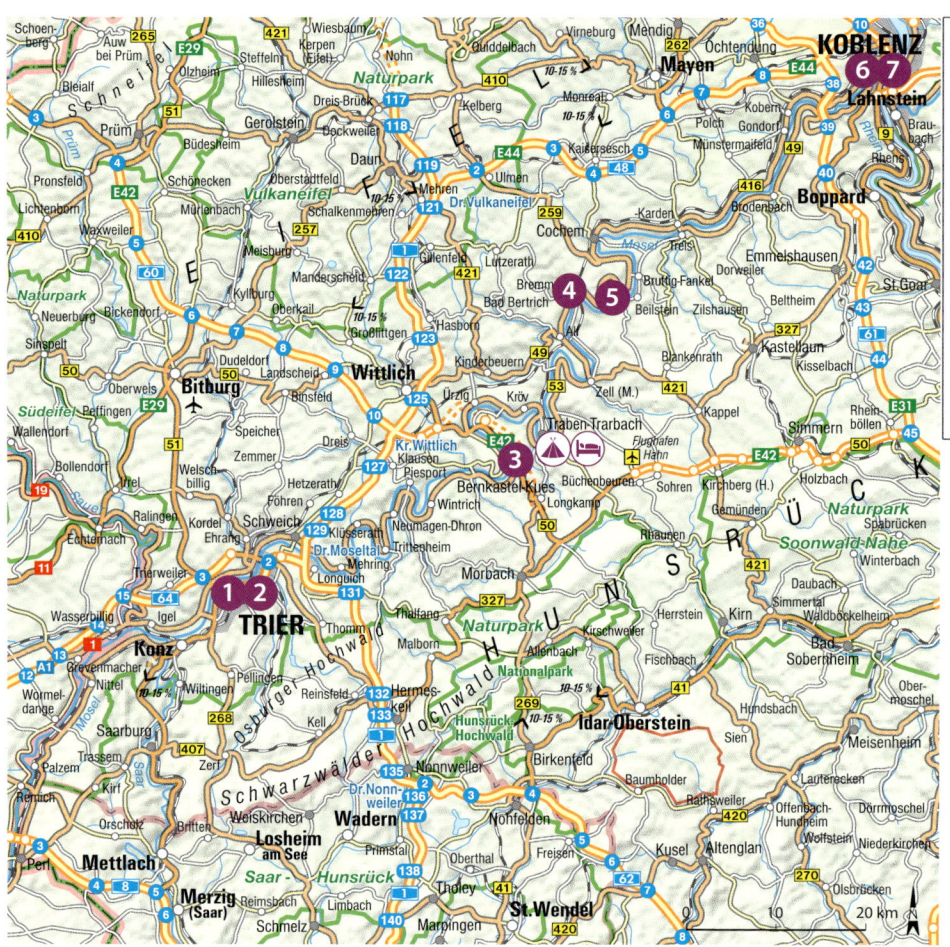

- ① und ② Altstadt und Kiste, Trier
- ③ Bernkastel-Kues
- ④ Weinbergpfirsiche, Bremm
- ⑤ Römische Grabkammern, Nehren
- ⑥ und ⑦ Altstadt und Restaurant Soulfood, Koblenz
- 🛏 Hotel Bellevue, Traben-Trarbach
- ⛺ Mosel Campingplatz Rissbach, Traben-Trarbach

① Trier

Wer Lateinunterricht hatte, denkt sofort an »Roma secunda« und dass Trier unter Kaiser Diokletian die Hauptstadt des Weströmischen Reichs war. Was in der Schule staubtrocken klang, ist in Deutschlands wohl ältester Stadt bis heute lebendig. Vor allem die mächtige Porta Nigra aus schwarzen Sandsteinquadern löst mühelos ein Kopfkino in die Vergangenheit aus. Nicht von ungefähr kommt das Motto: 2000 Jahre in 2000 Schritten. Da ist das berühmte Nordtor aus dem 2. Jh., der gedrungene Trierer Dom, das filigrane Figurenportal der frühgotischen Liebfrauenkirche, der elegante Kurfürstenpalast mit Palastgarten und der fast kitschig-schöne Hauptmarkt mit den Häusern und Lauben, die den Händlern einst Schutz bei unwirtlichem Wetter boten.

■ Tourist Info, An der Porta Nigra, 54290 Trier, Tel. 06 51/97 80 80, Jan., Feb. Mo–Sa 10–17, März–Dez. Mo–Sa 9–18, April So 10–15, Mai–Dez. So 10–17 Uhr, www.trier-info.de

② Restaurant Kiste, Trier

Kartoffeln sind hier mehr als eine Beilage. Sie sind ein viel geliebtes Grundnahrungsmittel, das in unzähligen Varianten verspeist wird: als Bratkartoffel, Pellkartoffel, Ofenkartoffel, Salat, Auflauf, Püree, Pommes und Reibekuchen. Ein typisches Mosel-Kartoffelgericht ist der »Debbekoche« (an der Untermosel) oder »Scholes«

> **Tipp:** Das Prinzip ist in Weinbauregionen seit Karl dem Großen gängig. Und es ist immer wieder ein besonderes Erlebnis, wenn man direkt am Hof einkehrt, um im Garten, Keller oder in einem Probierraum den Wein des Hauses und andere Köstlichkeiten zu genießen. An der Mosel sind es die Straußwirtschaften, die am bunt geschmückten Kranz am Tor erkennbar sind. 16 Wochen im Jahr dürfen sie öffnen und zum Wein einfache Speisen offerieren. Das ist nicht nur genussvoll. Besonders schön ist die Atmosphäre. Aktuelle Öffnungszeiten unter www.mosel-strausswirtschaften.de

(Trier), für den roh geriebene Kartoffeln mit Eiern, Zwiebeln, Bauchspeck oder Mettwurstwürfeln und Gewürzen wie ein Kuchen gebacken und mit Apfelmus gegessen werden. Die Kiste hat sich diesen und noch ein paar weiteren Varianten verschrieben und serviert die »Grumbeeren« von der Suppe bis zum Schnaps. Nur auf der Eiskarte sind sie nirgendwo zu finden.

■ Fahrstr. 13–14, 54290 Trier, Tel. 06 51/979 00 66, tgl. 11–23.30, www.kistetrier.de

❸ Bernkastel-Kues

Die Altstadt von Bernkastel-Kues ist wie die Essenz eines Moseldorfs. Schmucke Häuser mit rotem Fachwerk prägen das Bild, allen voran das schmale Spitzhäuschen von 1416. Nur eine Tür breit ist das unterste Geschoss und trotz der vorragenden Obergeschosse wird dieses typische Winzerhaus auch da nicht wirklich breit. Weil Bernkastel weder von französischen Truppen noch von den häufig üblichen Feuersbrünsten des 19. Jh. heimgesucht wurde, blieb es mit seinen historischen Häusern und verwinkelten Gassen ein Bilderbuchort. Berühmt ist der Bernkasteler Doctor, ein edler Riesling, der seinen Namen bekam, als der ortsansässige Gelehrte Nikolaus Cusanus damit den schwer kranken Bischof kuriert haben soll. Weiter geht es direkt in die Weinberge in Bremm via B53 und B49 (Wechsel auf die B49 in Ürzig oder, wer noch ein Stück länger an der Mosel entlang fahren möchte, in Reil).

■ Tourist Info, Gestade 6, 54470 Bernkastel-Kues, Tel. 065 31/50 01 90, Jan.–Okt. Mo bis Fr 9–17, Sa 10–17, So 10–13, Nov., Dez. Mo–Fr 9.30–16, Sa 11–14, Nov.–Mitte Dez. auch So 11–14 Uhr, www.bernkastel.de

❹ Weinbergpfirsiche, Bremm

Genüsslich beißen die Mädchen in die Pfirsiche mit dem fast pink leuchtenden Fruchtfleisch. Probieren gehört für sie dazu, wenn es mit Papa Markus Dreis in die Weinberge geht. Dort wächst bei ihnen nicht nur Steillagenriesling. In den extrem abfallenden Lagen des Bremmer Calmont, die als die steilsten Europas gelten, kultivieren sie auch Rote Weinbergpfirsiche. Im März verwandeln diese die sonst noch kahlen Hänge in ein zartrosa Blütenmeer. Im September sind »die rude Pesch« mit dem leichten Pelz erntereif. Wenn sie nicht direkt in den Mund wandern, kostet es Mühe, sie zu verarbeiten. Um die Früchte zu schälen und vom Kern zu lösen, ist bei Meta Dreis Handarbeit gefragt. Doch wenn sie später das Gelee, den PfirSecco oder den Pfirsichsenf kostet, schmeckt sie, dass sich die Mühe gelohnt hat. Im Hofladen im 160 Jahre alten Gewölbekeller kann man die Pfirsiche in unzähligen köstlichen Varianten kaufen. Und natürlich auch die Weine von Markus Dreis.

■ Weingut Markus Dreis, Brunnenstr. 58, 56814 Bremm/Mosel, April–Okt. Mi 16–18, Sa 10–17 Uhr, im Winter nach Vereinbarung, www.weinbergpfirsich-dreis.de

Übernachten

Romantik Jugendstilhotel Bellevue
Historisch ist die Fassade des im Jahr 1903 erbauten Hauses an der Mosel-Promenade. Drinnen gehen Tradition und Design eine stilvolle Allianz ein; vom mehrfach ausgezeichneten Restaurant mit althergebrachtem Charme über schnörkellose Lifestyle-Suiten bis zur Penthouse-Sauna mit Moselblick.
An der Mosel 11, 56841 Traben-Trarbach, Tel. 065 31/973 30, www.bellevue-hotel.de

Mosel Campingplatz Rissbach
Die Weinberge im Rücken und den Fluss zu Füßen. Ins Zentrum von Traben-Trarbach führt ein Weg direkt am Ufer (1,5 km) entlang. Es gibt besonders geräumige Wohnmobilstellplätze, und Camper ohne Zelt oder Fahrzeug übernachten im Fass.
Rissbacherstr. 155, 56841 Traben-Trarbach, Tel. 065 41/31 11, www.moselcampingplatz.de

AN DER MOSEL VON TRIER BIS NACH KOBLENZ

5 Römische Grabkammern, Nehren

Imposant erheben sich zwei kleine Tempel am Waldrand über den Weinbergen von Nehren. Relikte der Römer. Als das fruchtbare Moseltal im 3. und 4. Jh. dicht besiedelt war und der Fluss eine intensiv genutzte Verkehrsader zum Transport von Waren in alle Welt, gab es in Nehren einen großen Gutshof. Ein gewaltiger Kelterstein erinnert daran. Und die beiden Grabstätten hoch über dem Tal, die vom Reichtum ihrer Erbauer zeugen. Vermutlich fanden die Gutsherren hier ihre letzte Ruhestätte. Unter den rekonstruierten Tempeln befinden sich die eigentlichen Gräber, wobei die westliche der beiden Grabkammern komplett erhalten ist. Durch ein Fenster kann man die sorgfältig an die Wand gemalten Schleifen, Bänder und Pflanzen mit Blüten und Beeren im Original bestaunen.

> **Tipp:** Wein ist jung, kreativ und darf auch mal anders, als man es von ihm erwartet. 13 junge Winzerinnen und Winzer aus der Gegend von Mosel und Saar arbeiten deshalb seit einigen Jahren an Spitzenweinen und dessen Image. Und weil Genuss nicht nur aus Weintrinken besteht, haben die selbst ernannten Moseljünger zwei Veranstaltungen ins Leben gerufen, die sich schon nach kurzer Zeit fest etabliert haben. Jedes Jahr am Ostersamstag werden beim »Rhythm and Wine« in der Orangerie des Nells Park Hotels in Trier Wein und Soul zusammengebracht. Eine so gelungene Allianz, dass man schnell sein muss, möchte man dafür Karten ergattern. Im Juni laden die Moseljünger beim Mythos Mosel in ihre Häuser und die der Kollegen ein. Bis zu hundert Weingüter präsentieren dann ihre Kostbarkeiten. www.moseljuenger.de, www.rhythmandwine.de, www.mythos-mosel.de

■ 4,5 km langer, mit Schautafeln illustrierter »Kulturweg Römergräber« vom Gemeindeplatz, 56820 Nehren, Info unter Tel. 026 73/ 96 01 11, www.nehren-mosel.de

Feste und Events

April
- bis Oktober: Koblenzer Gartenkultur, Lesungen, Konzerte und Sportveranstaltungen in den Gartenanlagen, www.koblenzer-gartenkultur.de

Juli
- Zeltingen-Rachtig, in den ungeraden Jahren Operettenfestspiele vor der Kulisse der Fachwerkhäuser auf dem Marktplatz; Laien geben das nach einer historischen Begebenheit komponierte »Zeltinger Himmelreich«, www.zeltingen-rachtig.de

August
- 1. Wochenende, Perl-Borg, Römertage im Archäologiepark Römische Villa Borg
- Anfang August, Koblenzer Sommerfest zu »Rhein in Flammen« mit mehreren Bühnen und Spielorten in der Stadt, www.koblenzer-sommerfest.de, www-rhein-in-flammen.com

1. Wochenende im September
- Bernkastel-Kues, Weinfest Mittelmosel

6 Koblenz

Man sagt, am Deutschen Eck trifft Vater Rhein auf Mutter Mosel. Der Deutsche Ritterorden gründete hier 1216 seine Ordenshäuser. Seit 1993 thront wieder die Statue von Kaiser Wilhelm I. auf dem Sockel, der seit 1953 leer als Mahnmal für die Deutsche Wiedervereinigung diente. Auf der künstlich angelegten Landspitze zu seinen Füßen treffen sich die Koblenzer zu Krautrock, Public Viewing oder »Rhein in Flammen« (s. »Feste«). Im Rücken des Kaisers liegt die Altstadt des im 9. Jh. v. Chr. gegründeten Kastells Castrum ad Confluentes, Lager am Zusammenfluss.

■ Tourist Info, Zentralplatz 1, 56068 Koblenz, Tel. 02 61/194 33, tgl. 10–18 Uhr, www.koblenz-touristik.de

7 Soulfood, Koblenz

Wer sich Zeit nimmt und experimentierfreudig ist, wird die frisch zubereiteten Köstlichkeiten aus meist regionalen, ausschließlich biologisch erzeugten Zutaten genießen – und gleichermaßen den Blick auf das mit viel Engagement restaurierte Dreikönigenhaus. 1701 als Bürgerhaus erbaut, war es während der französischen Besatzung (1794–1814) Post- und Marschallquartier und wurde im Zweiten Weltkrieg schwer beschädigt. Seit 2002 ist das gelbe Haus mit dem Dreikönigsrelief auf dem Erker Teil des Welterbes.

■ Kornpfortstr. 15, 56068 Koblenz, Tel. 02 61/ 20 38 43 45, Mo–Fr 11.30–18, Buffet Sa 10–14.30 Uhr, www.soulfood-koblenz.de

20 Rund um die Völklinger Hütte im Saarland

Das kleinste der deutschen Flächenländer hat viel zu bieten. Auf engstem Raum findet man idyllische Flusslandschaften an Saar, Mosel und Blies, Weinberge, Streuobstwiesen, sanfte Hügel und tiefe Wälder. Das Saarland lockt – vor allem seit Eisenerz- und Kohleabbau keine Rolle mehr spielen – mit viel Grün und lässt sich sehr gut zu Fuß oder im Fahrradsattel erleben. Von der einst undankbaren Lage im häufig umkämpften Drei-Länder-Eck Deutschland-Luxemburg-Frankreich profitiert das kulturell stark aufgestellte Saarland vor allem kulinarisch. Das schlägt sich nicht nur in einer sehr großen Zahl von Sterneköchen nieder. Auch die einfache Küche nimmt Anleihen beim Nachbarn und wird genussvoll zelebriert.

- Tourismus Zentrale Saarland, Franz-Josef-Röder-Str. 17, 66119 Saarbrücken, Tel. 06 81/92 72 00, www.tourismus.saarland.de
- Tourist Info der Region Saarbrücken, Rathaus St. Johann, Rathausplatz 1, 66111 Saarbrücken, Tel. 06 81/93 80 90, www.die-region-saarbruecken.de
- Saarpfalz-Touristik, Paradeplatz 4, 66440 Blieskastel, Tel. 068 41/104 71 74, www.saarpfalz-kreis.de

Nur acht Jahre lagen zwischen der Stilllegung der Völklinger Hütte und ihrer Ernennung zum Weltkulturerbe.

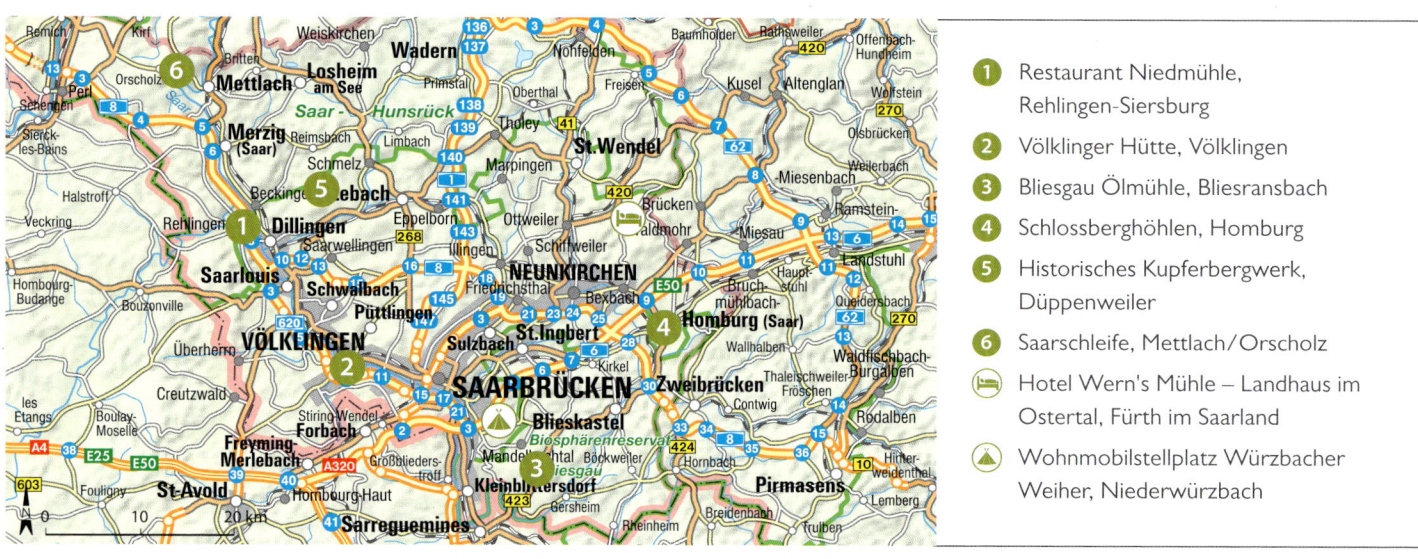

- ① Restaurant Niedmühle, Rehlingen-Siersburg
- ② Völklinger Hütte, Völklingen
- ③ Bliesgau Ölmühle, Bliesransbach
- ④ Schlossberghöhlen, Homburg
- ⑤ Historisches Kupferbergwerk, Düppenweiler
- ⑥ Saarschleife, Mettlach/Orscholz
- 🛏 Hotel Wern's Mühle – Landhaus im Ostertal, Fürth im Saarland
- ⛺ Wohnmobilstellplatz Würzbacher Weiher, Niederwürzbach

① Restaurant Niedmühle, Rehlingen-Siersburg

Eine kleine Hülsenfrucht erobert nach und nach den Bliesgau. Die von einer seltenen französischen Art abstammende Bliesgau-Linse soll an eine über Jahrzehnte vernachlässigte Tradition anknüpfen. Im Rahmen des Saarland-Linsen-Projekts findet man sie immer häufiger auf den Feldern und Tellern. U. a. in der Niedmühle, wo Stefan Burbach heimische Produkte so zubereitet, dass die Nähe zur französischen Küche zu schmecken ist. Neben den Kräutern und Gemüsen aus dem eigenen Garten gehört die Bliesgau-Linse zu den besonderen Spezialitäten. An der Nied, einem der natürlichsten Flüsse des Saarlandes, gelegen, bieten sich hier auch beste Voraussetzungen für einen schönen Verdauungsspaziergang. Die gemütlichere Alternative zur A620 nach Völklingen verläuft ab Saarlouis auf der B51.

▪ Niedtalstr. 13–14, 66780 Rehlingen-Siersburg/Eimersdorf, Tel. 068 35/674 50, Di–Fr, So 12–14, Di–So 18–22 Uhr, www.restaurant-niedmühle.com

② Völklinger Hütte, Völklingen

Allein der Anblick ist gewaltig. Ganz klein fühlt man sich angesichts der Hochöfen, Winderhitzer, Schornsteine und Röhrensysteme, die sich mit rostiger Patina mächtig in den Himmel strecken. 17 000 Arbeiter verdienten in der Blütezeit der Hüttenanlage ihr Geld. Die 1994 zum Weltkulturerbe erklärte Anlage war lange Zeit Zentrum der grenzübergreifenden Montanindustrie, bis das Stahlkochen nicht mehr rentabel war und die Völklinger Hütte 1986 stillgelegt wurde. Sehr rasch und sehr vorbildlich wandelte sich das denkmalgeschützte Areal zu einem Besuchermagneten, in dem die Geschichte lebendig erhalten bleibt und das einen besonderen Rahmen für Ausstellungen gibt – alle zwei Jahre findet hier die Urban Art Biennale statt (nächster Termin April–Nov. 2019). Besonders eindrucksvoll ist es, den Koloss zu erklimmen. Via der D32 durch Frankreich und dann wieder über die B51 erreicht man das nächste Ziel, ohne Saarbrücken durchqueren zu müssen.

RUND UM DIE VÖLKLINGER HÜTTE IM SAARLAND

- Europäisches Zentrum für Kunst und Industriekultur, Rathausstr. 75–79, 66333 Völklingen, April–Okt. tgl. 10–19, Nov.–März tgl. 10–18, So 15 Uhr kostenlose Genius-Backstage-Führung, bei der jeweils ein besonderes Exponat im Mittelpunkt steht, dessen Funktion demonstriert wird, www.voelklinger-huette.org

❸ Bliesgau Ölmühle, Bliesransbach

»Im Prinzip habe ich mein Hobby zum Beruf gemacht«, sagt Jörg Hector, der sich schon immer für Öle in allen Variationen interessierte. Seit 2011 betreibt er zusammen mit Patric Bies die Ölmühle auf dem Hartunghof und lebt hier seine Vorstellung von »Produkten der kurzen Wege und des langen Genusses«. Raps, Mariendisteln, Hanf und Sonnenblumen von den umliegenden Feldern pressen sie zu hochwertigen Ölen. Besondere Spezialität ist das als »Öl der Kelten« und »Sesam Allemagne« bekannte, und lange in Vergessenheit geratene Leindotteröl. Es ist ein wohlschmeckendes und mit einem hohen Anteil an Omega-3-Fettsäuren sehr gesundes Öl, das im Saarland fürs Frühstücksei ebenso gefragt ist wie in der Gourmetküche. Tür an Tür mit der Ölmühle bringt Christine Breyer die Früchte der Region ins Glas. Als Sießschmier, wie die Saarländer zur Marmelade sagen, Chutney, Pesto, Ketchup und in weiteren Varianten. Auf Anfrage kann man sie als Menü mit regionalen Spezialitäten verkosten. Und Michael Keßler bewirtschaftet die Wälder auf Gut Hartungshof nach den Grundsätzen des naturnahen Waldbaues.

Tipp: Besonders schön ist es im Frühling im Bliesgau zu wandern, wenn die die von Bäumen getupfte, sanft hügelige Landschaft blüht. Streuobstwiesen, kleine Wälder und Dörfer wechseln sich ab. Auf dem Ölschleifenweg rund um Bliesransbach genießt man die Natur im Biosphärenreservat und bei klarem Wetter den Blick bis in die Nordvogesen. 14,5 km lang ist die Schleife, die zwischen Kleinblittersdorf und Bliesransbach am Parkplatz Kappelberg beginnt und auf weiten Strecken dem alten Dragonerweg durch die Anbaugebiete für die Ölpflanzen folgt. Es fällt der Ausblick nach einer ersten Waldpassage vom Höhenzug zwischen Saar und Blies auf die beiden Grenzflüsse und bis nach Lothringen. Unterwegs trifft man auf moderne Kunstwerke und alte Wegkreuze und passiert die Bliesgersweiler Mühle und die Wassermühle von Blies-Guersweiler, die noch immer Strom erzeugt. Auf Höhe der Rapsfelder gibt es die Möglichkeit zu einem kleinen Schlenker zur Ölmühle am Hartungshof (Tipp 3). Dort sind Flyer zum Weg erhältlich, im Internet gibt es den Weg als Download (www.bliesgau oele.de --> die Ölmühle --> Presse). Parkplatz Kappelberg, an der L254 von Kleinblittersdorf nach Bliesransbach auf einer Kuppe etwa 1 km oberhalb des Wintringer Hofes; Informationsbüro Biosphärenreservat Bliesgau, Paradeplatz 4, 66440 Blieskastel, Tel. 068 42/96 00 90, auf Anfrage geführte Wanderung mit Ölverkostung, Tel. 068 05/929 80 85, www.biosphaere-bliesgau.eu

Übernachten

Hotel Wern's Mühle – Landhaus im Ostertal
Jedes der unterschiedlich gestalteten Zimmer trägt einen Namen, der auf die Mühlentradition verweist, die seit 1700 in der Familie gepflegt wird. Während der Restaurant-Öffnungszeiten kann man auch die Ölmühle besichtigen.
Brückenstr. 37, 66564 Fürth im Saarland, Tel. 068 58/699 92 11, www.werns-muehle.de

Wohnmobilstellplatz Würzbacher Weiher
Einfacher, aber idyllischer Platz, die Sanitäranlagen sind März–Okt. geöffnet.
Marxstr. 5, 66440 Niederwürzbach, Tel. 01 78/131 42 37, www.blieskastel.de

Auf Wunsch kann man ihn auch zur Wildbeobachtung in seinem Revier begleiten und unterwegs vieles zu Waldwirtschaft und Jagd erfahren. Der Hartungshof, am Kreuzungspunkt zwischen Dragoner- und Jakobsweg und an der einstigen Grenze zwischen Bayern und Königreich Preußen gelegen, war Landsitz, Versorgungsgut für Krankenhäuser und extensiv bewirtschaftete Landwirtschaft, ehe ihn 1991 Familie Keßler übernahm. Sie bewirtschaftet die großen Ländereien nachhaltig und hat auf dem Hof einen Ort für gleichgesinnte Produzenten geschaffen, die in kleinen Manufakturen nicht nur hochwertige Nahrungsmittel herstellen. Vom Harmonium-Bauer bis zur Pferdepension reicht das Spektrum. Vieles vom Hartungshof

RUND UM DIE VÖLKLINGER HÜTTE IM SAARLAND

kann man sich in den »Landkorb« packen lassen, der an die Tradition erinnert, als die Kinder beim »Kaffee traan« den Arbeitern auf dem Feld die Vesper im Korb brachten. Die B423 verläuft durch Blieskastel (siehe Tipp) und weiter nach Homburg.

- Bliesgau Ölmühle, Gut Hartungshof 6, 66271 Bliesransbach/Kleinblittersdorf, Tel. 068 05/929 80 85, Di–Do 10–12, 15–17, Sa 10–12 Uhr und nach Vereinbarung, www.bliesgauoele.de
- Ma Li's Delices, Gut Hartungshof 6, 66271 Bliesransbach/Kleinblittersdorf, Tel. 068 05/600 70 63, Di–Do 10–12, 15–17, Sa 10–12 Uhr, www.malis-delices.de
- Manufaktur für Holz aus naturnahem Waldbau, Tel. 01 70/630 84 75, www.gut-hartungshof.de

Die Schlossberghöhlen von Homburg wurden von spielenden Kindern wiederentdeckt.

❹ Schlossberghöhlen, Homburg

Europas größte von Menschenhand geschaffene Buntsandsteinhöhlen durchlöchern den Homburger Schlossberg wie ein Schweizer Käse. Drinnen schimmern sie in unterschiedlichen Rot- und Gelbtönen. Mal sind es enge Gänge und Seitenhöhlen, mal große Säle. Mit dem Ausgraben begannen die Herren der Festung Hohenburg im ausgehenden Mittelalter. Im Lauf der Jahrhunderte wurden 5 km Strecke in zwölf Etagen gehöhlt. Den sehr quarzhaltigen Sand nutzte man zur Glasherstellung, später als Scheuersand und als Formsand bei der Eisenproduktion. Doch das Höhlensystem war nicht nur Rohstofflieferant. Der französische König Ludwig XIV. nutzte die Gänge und Kammern zu Verteidigungszwecken – und ließ sie nach seinem Rückzug zerstören und die 40 Eingänge verschließen. Durch Zufall fanden spielende Kinder in den 1930er-Jahren die Höhle, die während des Krieges als Lager für Lebensmitteil und Munition sowie zum Luftschutz diente. Teilweise suchten bis zu 5000 Menschen im Höhlensystem unterm Schlossberg Schutz. 800 m des restaurierten Systems sind mittlerweile für Besucher zugänglich. Wer anschließend die schnelle A8 vermeiden möchte, erreicht Beckingen-Düppenweiler über Landstraßen, via Spiesen-Elversberg, Illingen und B269.

- Schlossberg-Höhen-Straße, 66424 Homburg, Tel. 068 41/20 64, April–Okt. tgl. 9–17, Nov.–März 10–16 Uhr, Besichtigung nur mit Führung, telefonische Anmeldung empfehlenswert, www.homburger-schlossberghoehlen.de

Tipp: Die Nähe zu Frankreich macht sich in der ursprünglich sehr bodenständigen Küche des Saarlandes bemerkbar. Sie ist sich ihrer lokalen Produkte bewusst und bringt diese bei der »Genussregion Saarland« auf den Teller. Dabei engagieren sich 42 Erzeuger und Gastronomen für vielfältige Genusserlebnisse von der Hausmannskost bis zur Sterneküche, vom Hofladen bis zur Spezialitätenmanufaktur. Und mit der neuen Freude am Altbewährten entstehen spannende Verbindungen, wie die zwischen dem klassischen Großmutter-Gericht »Dibbelabbes« – Kartoffelgericht, das im gusseisernen Topf, dem Dibbe, zubereitet wird – und Crèmant. Oder edlem Fisch auf »Geheirade«, einer Mischung aus Mehlklößen und Salzkartoffel.
www.urlaub.saarland/Reisethemen/Genuss-im-Saarland, www.gudd-gess.de

❺ Historisches Kupferbergwerk, Düppenweiler

Bauer Junkmann entdeckte im Jahr 1723 beim Pflügen die Kupfervorkommen am Weltersberg, aus dem ein Bergwerk entstand, das zur Blütezeit 300 Bergleute beschäftigte. Es gab reichlich Kupfer, aber immer große Probleme, das eindringende Wasser zu bekämpfen, und obendrein Streitigkeiten der Landesherren, wer der rechtmäßige Eigner sei. Nach mehreren Anläufen und Schließungen wurde die Grube 1916 endgültig stillgelegt. Als Besucherbergwerk vermittelt Düppenweiler seit Ende des 20. Jh. einen Eindruck vom

RUND UM DIE VÖLKLINGER HÜTTE IM SAARLAND

Kupferbergbau und der Arbeit der Bergmänner. Über den neuen Barbaraschacht geht es hinunter. Insgesamt sind 600 m Stollengang und vier Schächte mit Teufen von 10 bis 18 m freigegeben. Oberirdisch wurde mit viel Herzblut nach historischen Vorbildern eine Kupferhütte mit Pochwerk, Barbarakapelle, Schmelzhütte und Maschinenanlagen rekonstruiert. Ein besonderes Schmuckstück ist die mehr als 12 m hohe bergmännische Pyramide. Die Landstraße parallel zur A8 und die B51 führen in Richtung des letzten Tourenstopps.

■ Piesbacher Str. 67, 66701 Beckingen-Düppenweiler, Tel. 068 32/80 00 11, Mitte März–Mitte Jan. Fr–So, Feiertage 14–18 Uhr, Führungen 14, 15, 16.30 Uhr, www.beckingen.de

⑥ Saarschleife, Mettlach/Orscholz

Eigentlich ist der Anblick der Saarschleife spektakulär genug. Vor allem von Cloef aus, wo man bei der Aussichtsterrasse 108 m über dem Ufer die Flusswindung direkt vor sich hat. Wer lieber noch ein Stückchen höher hinaus möchte, der kann noch 42 m weiter klettern. Im Jahr 2016 wurde ein Baumwipfelpfad eröffnet, der in einen hölzernen Aussichtsturm mündet. Wie ein Spiegel greift seine Form den Knick der Saar auf und überragt die Kronen der Buchen und Eichen und Wipfel der Douglasien, über die entlang des 1250 m langen Weges allerhand zu erfahren ist. Von der 70 qm großen Aussichtsplattform schweift das Auge über den bewaldeten Bergrücken, den die Fluss-

Berühmter Mäander: die Saarschleife bei Mettlach/Orscholz. Glück hat, wer eine mystische Wetterstimmung mit weichem Licht und tief hängenden Wolken erwischt.

schleife umschließt und auf dem man die Ruinen der Burg Montclair und Reste der Klosteranlage um St. Gangolf entdeckt. Man sieht den Naturpark Saar-Hunsrück und bei gutem Wetter bis in die Vogesen.

■ Baumwipfelpfad Saarschleife, Cloef-Atrium, Alfred-Becker-Str., 66693 Mettlach/Orscholz, Jan.–März, Nov., Dez. 9.30–16, April, Okt. 9.30–18, Mai–Sept. 9.30–19 Uhr, Einlass bis 1 Std. vor Schließung, www.baumwipfelpfad-saarschleife.de

Feste und Events

Januar
- Saarbrücken, Filmfestival Max-Ophüls-Preis für jungen deutschsprachigen Film, www.max-ophuels-preis.de

April
- bis Juli: Landeskunstausstellung SaarArt an zwölf Ausstellungsorten, saarart11.de

Juni
- bis September: Mettlach, Kammermusiktage, Refektorium Alte Abtei, www.musik-theater.de
- 24., Walnussfest am Johannistag an wechselnden Orten im Bliesgau

Juli
- 2. Sonntag, Ottweiler-Fürth, Leinblütenfest mit Bauernmarkt an der Historischen Ölmühle Wern, www.oelmuehle-wern.de

2. Wochenende im August
- Reinheim, Antikes Spektakel im Europäischen Kulturpark, www.europaeischer-kulturpark.de

21 Zwischen Worms und Herxheim am Berg

Ausgedehnte Wälder prägen die Pfalz ebenso wie eines der größten geschlossenen Weinbaugebiete Deutschlands, aus dem schon die Krönungsweine unter Karl dem Großen kamen. Auf der Fahrt durch das hügelige, oft menschenleere Land genießt man Natur und Ausblicke und ist froh, das motorisiert tun zu dürfen. Im Glück sind hier Weinkenner und historisch Interessierte, die geschichtsträchtige Orte wie Worms, Speyer oder das Hambacher Schloss, die Wiege der deutschen Demokratie, besuchen. Ebenso Wanderfreunde, die ein ausgedehntes Wegenetz vorfinden, und Fußballbegeisterte, die sich von der besonderen Atmosphäre am Betzenberg hoch über Kaiserslautern einfangen lassen. Auch dann, wenn der heimische FCK gerade nicht in Bestform ist.

■ Rheinland-Pfalz Tourismus, Löhrstr. 103–105, 56068 Koblenz, Tel. 02 61/91 52 00, www.gastlandschaften.de, www.pfalz.de

Der von zwei Löwen flankierte Obelisk auf dem Wormser Ludwigsplatz erinnert an den Krieg in den Jahren 1870/1871.

Gesamtlänge: 204 km

1 Worms

Zwei Skulpturen aus Eisen erinnern an den berühmten Königinnenstreit aus der Nibelungensage. Wer hat den ranghöheren Ehemann und darf zuerst den Dom betreten? Die Streitfrage endet in einem verlustreichen Gemetzel. Wo Kriemhild der Schwägerin Brünhild Ring und Gürtel vor die Füße warf, gab es bis ins 17. Jh. ein reich verziertes Nordportal, das im pfälzischen Erbfolgekrieg großen Schaden nahm. Die 2000 Jahre alte Stadt am Ufer des Oberrheins gehört zu den ältesten Deutschlands. Schon in vorchristlicher Zeit siedelten hier Kelten. Die Römer bauten ihr Kastell »Civitas Vangionum«. Im 4. Jh. wurde Worms Bischofssitz. Als Hauptstadt des Burgunderreiches während der Völkerwanderung und den vernichtenden Kämpfen mit den Hunnen gab es die Vorlage für das »Nibelungenlied«. Berühmt wurde Worms, als Martin Luther auf dem Reichstag von 1521 seine Thesen gegen Kaiser Karl V. verteidigte und daraufhin mit der Reichsacht belegt wurde. Daran erinnert ein Denkmal nördlich des Heylshofes.

- Tourist Info, Neumarkt 14, 67547 Worms, Tel. 062 41/853 73 06, April–Okt. Mo–Fr 9–18, Sa, So 10–14, Nov.–März Mo–Fr 9–17 Uhr, www.worms.de
- Nibelungenmuseum, Fischerpförtchen 10, 67547 Worms, Tel. 062 41/853 41 20, Di–Fr 10–17, Sa, So 10–18 Uhr, www.nibelungenmuseum.de

1. Worms
2. Metzgerei-Gasthaus Lind, Zellertal
3. Haus der Nachhaltigkeit, Trippstadt
4. Wappenschmiede, Elmstein
5. Weinessiggut Doktorenhof, Venningen
6. Zum Alten Engel und Dom, Speyer
7. Weindorf Herxheim am Berg
   Gästehaus Villa Hochdörffer, Landau
   Campingpark Bad Dürkheim

2 Metzgerei-Gasthaus Lind, Zellertal

Mit Helmut Kohl wurde der Pfälzer Saumagen berühmt. Dabei hat das »Kanzlergericht« eine jahrhundertealte Tradition. Ein mit Hackfleisch, Kartoffeln, Brötchen, Ei, Zwiebeln und Gewürzen gefüllter Schweinemagen wird zunächst gesiedet und dann, in Scheiben geschnitten, abgebräunt. Klassische Beilage sind Sauerkraut und Kartoffelbrei, und wer den Saumagen trotz des mäßig animierenden Namens versucht, wird angenehm über-

ZWISCHEN WORMS UND HERXHEIM AM BERG

Genuss mal zwei: Auf dieser Tour beeindruckt nicht nur das malerische Zellertal, man stärkt sich auch mit lokalen Traditionsgerichten wie dem Pfälzer Saumagen im Gasthaus Lind.

 Übernachten

Gästehaus Villa Hochdörffer
Gästehaus direkt im Weingut, es gibt auch einige Wohnmobilstellplätze.
Lindenstr. 79, 76829 Landau OT Nußdorf, Tel. 063 41/64 96 30, www.weingut-villa.de

Campingpark Bad Dürkheim
An der Deutschen Weinstraße am Almensee gelegen und umgeben von Weingärten, mit Reitstation und Fahrradverleih.
In den Almen 1, 67098 Bad Dürkheim, Tel. 063 22/613 56, www.knauscamp.de/bad-duerkheim

rascht. Natürlich gibt es in der Metzgerei Lind solche deftigen Pfälzer Klassiker. Vor allem aber gibt es Fleisch und Wurst von heimischen Tieren, die artgerecht leben durften und ohne lange Transportwege direkt vom Metzger geschlachtet und nach alter Handwerkstradition verarbeitet werden. Die Lämmer von Schäfer Militz aus Gundersweiler etwa, die nicht nur als Braten und Kotelett schmecken, sondern besonders als Merguez benannte grobe Bratwürstchen. Oder das heimische Glanrind, das fast ausgestorben wäre, weil es nicht zum Hochleistungs-Milchvieh taugte. Gleich neben der Metzgerei gibt es mit dem Gasthaus Lind eine typische Dorfwirtschaft mit einem Stammtisch, an dem auch Auswärtige gern gesehene Gäste sind. Besondere Spezialität sind die Metzgerbraten, die sonntags samt hausgemachter Suppe auf den Tisch kommen. So, wie vor mehr als 100 Jahren, als die Vorfahren von Erwin Lind den Betrieb gründeten. Gut gestärkt fährt es sich die rund 57 km via B47 und B48 entspannt weiter in das Zentrum der Pfalz ...

■ Bubenheimer Str. 11, 67308 Zellertal, Tel. 063 55/14 56, Metzgerei: Mo–Fr 8 bis 12.30, Di, Do auch 15.30 –18, Fr 14.30–18, Sa 8–13 Uhr, Gasthaus: Do, Fr 11.45–14, Do, Fr, Sa ab 17.30, So 11.30–15 Uhr, www.gasthaus-metzgerei-lind.de

❸ Haus der Nachhaltigkeit, Johanniskreuz

Mitten im Wald, wo nur ein paar Häuschen das Dorf Johanniskreuz bilden, befinden sich nicht nur der geografische Mittelpunkt der Pfalz und der Kreuzungspunkt sämtlicher Wanderwege des Pfälzerwald-Vereins. Hier bekam das größte zusammenhängende Waldgebiet Deutschlands auch seinen Namen, als sich 1843 hier einige Förster trafen und im alten Forsthaus den Begriff vom Pfälzer Wald prägten. Zuvor war die Region ein Teil der Vogesen. Zusammen mit den Nordvogesen steht der Naturpark Pfälzer Wald seit 1992 als Biosphärenreservat unter dem Schutz der Unesco. Nachhaltigkeit ist dabei eines der zentralen Themen. Doch was verbirgt sich hinter dem so häufig gebrauchten Begriff? Im Haus der Nachhaltigkeit in Johanniskreuz wird die abstrakte Idee erlebbar mit Veranstaltungen, Ausstellungen und einem Heimatladen, dessen Sortiment von der Kuckuckspfeife bis zum Wildbret reicht.

ZWISCHEN WORMS UND HERXHEIM AM BERG

Direkt vor der Tür geht es in die Praxis, u. a. bei einer Spurensuche zu Fuß oder im Fahrradsattel.

■ Johanniskreuz 1a, 67705 Trippstadt, Tel. 063 06/921 01 30, So–Fr 10–17 Uhr, www.hdn-pfalz.de

④ Wappenschmiede, Elmstein

Verdammt schwer ist so ein Schmiedehammer. Und dann soll man mit dem unhandlichen Gerät noch einen Nagel treffen. Wenn die Besucher in der Elmsteiner Wappenschmiede selbst an die Geräte dürfen, wird sehr schnell klar, wie viel Kraft und Geschick es zum Schmieden braucht. 1975 wurde die historische wassergetriebene Hammerschmiede aus dem 18. Jh. stillgelegt. Als eine der letzten ihrer Art verfügt sie aber immer noch über funktionierende Hämmer, und die setzen sich seit einigen Jahren wieder regelmäßig in Bewegung, seit sich ein engagierter Förderverein um den Erhalt dieses »arbeitenden Museums« kümmert. Regelmäßig gibt es Vorführungen, Kurse und Mitmachangebote und nebenbei viele Informationen zur einstigen Bedeutung der Wappenschmiede, in der Werkzeug für die Sägemühlen und Forstbetriebe im waldreichen Tal gefertigt wurden. Geht es nach dem Förderverein, ist das erst der Anfang einer umfangreichen Sammlung, die mehrere historische Werkstätten und Orte zu neuem Leben erwecken möchte.

■ Wappenschmiede, Möllbachstr. 7, 67471 Elmstein, 06 21/57 48 97, jeden 3. So im Monat 11–17 Uhr und nach Vereinbarung, www.wappenschmiede-elmstein.de
■ Tourist Info, Bahnhofstr. 14, 67471 Elmstein, Tel. 063 28/234, Mo, Di, Do, Fr 9–13 Uhr, www.elmstein.de

⑤ Weinessiggut Doktorenhof, Venningen

Allein der Anblick der Gefäße ist ein Genuss. Die filigranen, langhalsigen Flaschen, kleinen Flacons und Fläschchen, die an alte Apotheken erinnern, enthalten edle Tropfen, die Namen wie »Acetum Royal«, »Balsam des Heiligen Damian« oder »Paradisius Elixier« tragen. Vor mehr als 20 Jahren hat Georg Wiedemann begonnen, auf dem alten ökologisch bewirtschafteten Familienweingut Essig zu produzieren. Nicht irgendein saures Zeug, sondern hochwertige Spezialitäten, die als Würzmittel wie auch als Digestiv genossen werden. Die Trauben dafür kommen vom Hof. Die Verarbeitung erfolgt per Hand. Neben den Trauben wächst auf dem Doktorenhof auch wieder Safran, der natürlich mit dem Essig eine wunderbare Liaison eingeht. Bei Führungen durch Essigstube und Kräuterkammern kommt man dem Geheimnis der Essigproduktion ein Stück näher. Gemütlich auf der Landstraße und nach Landau auf der B272 geht es weiter zu den nächsten kulinarischen Highlights.

■ Raiffeisenstr. 5, 67482 Venningen, Tel. 063 23/55 05, Sa 9–13 Uhr, www.doktorenhof.de

> **Tipp:** Mitnehmen oder mitbringen? Oder ein Überraschungsabo, mit dem die Pfalz auch nach der Reise noch regelmäßig nach Hause kommt? Die Wahl muss man selbst treffen, dann packt Anna Köhr die kartonbraune Pfalzbox voller Spezialitäten. Hinein kommen besondere Leckereien kleiner regionaler Produzenten. So geht die Pfalz durch den Magen – ob mit Rosenzucker, Traubennudeln, schokosüßer »Landauer Herzkersch«, Streuobstwiesen-Apfelsaft oder prickelndem Pfälzer Crémant.
> Annas Landpartie – Feines aus der Pfalz, Theaterstr. 18, 76829 Landau in der Pfalz, Tel. 063 41/959 65 00, Mo–Fr 10–18, Sa 9.30–14 Uhr, www.annas-landpartie.de

⑥ Zum Alten Engel und Dom, Speyer

»Ehrliche Qualität und Tradition« leitet Philipp Rumpf, der überzeugt die Idee von »Slow Food« lebt. Wo immer es möglich ist, bezieht er seine Ware von Erzeugern aus dem Umland. Und das sind nicht nur die immer gleichen Klassiker. In den gediegenen Stuben des Alten Engel wird das ursprünglich pfälzische Glanrind serviert, Krokant-Blutwurst und zartes Pferdefilet. Die Forellen kommen frisch aus dem Elmsteiner Tal und die Kartoffel direkt aus Speyer. Gestärkt kann man direkt zum 800 m entfernten Dom spazieren. Wo der Speyerbach in den Rhein mündet, gab es bereits Stützpunkte der Römer und Franken. Zur Metropole wurde Speyer im Mittelalter. In dieser Zeit wurde auch der Kaiserdom gebaut. Damals war er das

ZWISCHEN WORMS UND HERXHEIM AM BERG

Feste und Events

Wochenende vor Ostern
- Herxheim, Frühlingsmarkt, buntes Programm rund um die jungen Weine, mit Livemusik und Kunsthandwerk, www.wg-herxheim.de

April
- Gimmeldingen, Mandelblütenfest, genauer Termin je nach Blüte, www.mandelbluetenfest.de

Mai
- 2. Wochenende, Herxheim, Kulinarische Weinwanderung durchs Himmelreich (siehe auch Tipp 7)
- Langes Wochenende an Fronleichnam, Rüdesheim am Rhein, Magic-Bike-Festival, internationales Motorradtreffen mit Bikeshow und Rock-Konzerten, www.magic-bike-ruedesheim.de

Juli
- 2. Wochenende, Herxheim, Wein- und Sekt-Symposium, www.wg-herxheim.de

Juli/August
- Worms, Nibelungen-Festspiele vor dem Dom unter freiem Himmel, mit Theateraufführungen, Lesungen, Konzerten und Podiumsdiskussionen, www.nibelungenfestspiele.de

August
- 1. Wochenende, Herxheim, Weinkerwe
- Speyer, Kaisertafel zwischen Dom und Postplatz, www.kaisertafel.com

Oktober
- 3. Wochenende, Landau, Fest des Federweißen, www.landau.de

Tipp: Für Pfälzer Familien ist das gern absolviertes Pflichtprogramm. Wenn die Mandelbäume blühen, fahren sie nach Gimmeldingen, das sich jedes Jahr in ein zartrosa Blütenmeer verwandelt. Nach einer Anordnung Kurfürst Friedrichs IV. von der Pfalz (1574–1610) wurden zwischen den Weinbergen Mandeln und Walnüsse gepflanzt, um den Bauern nach der Weinlese noch einen zweiten Ertrag zu bescheren. Ursprünglich ausschließlich Essmandeln, sind mittlerweile fast 75 Prozent der rund 3000 Mandelbäumchen durch Zier- und Bittermandeln ersetzt, weil diese üppiger blühen. Die Blüte lockt seit 1934 zum Mandelblütenfest, bei dem jedes Jahr mehr als 20 000 Gäste den Frühling feiern. Ein schöner Spaziergang führt durch die zu Beginn des 20. Jh. gepflanzte Mandelallee vom Hildenbrandseck über Gimmeldingen bis Neustadt.

größte Gotteshaus des Abendlandes und noch heute ist man beeindruckt von den Dimensionen des dreischiffigen, sechstürmigen und ungewöhnlich hohen Doms. Seit dem 7. Jh. ist Speyer Bischofssitz, vom 13. bis 18. Jh. war es Freie Reichsstadt, in der 50 Reichstage stattfanden – u. a. der im Jahr 1529, der zur Spaltung der römischen Kirche führte.

- Restaurant, Bar und Hotel Zum Alten Engel, Mühlturmstr. 7, 67346 Speyer, Tel. 062 32/709 14, tgl. ab 18, Weinbar ab 17 Uhr, www.zumaltenengel.de
- Tourist Info, Maximilianstr. 13, 67346 Speyer, Tel. 062 32/14 23 92, ganzjährig Mo–Fr 9–17, Nov.–März auch Sa 10–12, April–Okt. Sa 10–15, So 10–14 Uhr, www.speyer.de
- Historisches Museum der Pfalz, Domplatz 4, 67346 Speyer, Tel. 062 32/132 50, Di–So 10–18 Uhr, www.museum.speyer.de

7 Weindorf Herxheim am Berg

Wenn das kein Versprechen ist: Die berühmteste Weinlage von Herxheim am Berg heißt Himmelreich. Für Weinliebhaber ist der ganze Ort, dessen Weinbautradition auf einen fränkischen Adelshof zurückgeht, ein Himmelreich. Nicht nur, weil er am höchsten Punkt der Deutschen Weinstraße gelegen ist. Insbesondere im Herbst, wenn in den Weingütern, die zu beiden Seiten die Straße säumen, der junge Wein ausgeschenkt wird, trifft man sich zum Probieren und Philosophieren; je nach Vorliebe direkt beim Weinbauern am Küchentisch oder in einem der neuen, eleganten Läden, etwa der Weinlounge und Vinothek der Winzergenossenschaft, der 50 Winzerfamilien mit 190 ha Weinbergen angehören.

- Winzergenossenschaft Herxheim am Berg, Weinstr. 1, 67273 Herxheim am Berg, Vinothek 212 NN: Tel. 063 53/98 91 00, Mo–Fr 8–18, Sa 9–18, So 10–18 Uhr, www.wg-herxheim.de, Alexweinlounge: Tel. 063 53/932 56 30, Mi–Fr 15–22, Sa, So, 11–22 Uhr, www.alexweinlounge.de
- Gutsausschank Petri, Weinstr. 79, 67273 Herxheim am Berg, Tel. 063 53/20 92, Mo–Fr 9–12, 13.30–18, Sa 9–12, 13.30–17 Uhr, www.weingut-petri.de

22 Von Heilbronn über Heidelberg bis Marbach

Romantik ist das große Thema dieser Tour. Dabei begegnet sie einem in ganz unterschiedlicher Ausprägung. Am offensichtlichsten in den Städten, die als Synonym dafür gelten. In Heidelberg etwa, wo der literarische Begriff entscheidend mitgeprägt wurde, als Dichter und Denker im Dunstkreis von Achim von Arnim und Clemens von Brentano ein neues Ideal suchten. Optisch fanden sie dieses in den zahlreichen Schlössern und Burgen, die sich entlang des Neckars erheben. Romantisch sind aber auch die tiefen Wälder der Ausläufer des Odenwaldes, Lichtungen mit klappernden Mühlrädern und beeindruckende Naturschauspiele wie die Buntsandsteinfelsen in der Margarethenschlucht bei Neckargerach. Wer sich dann noch einer Nachtwächtertour anschließt, wie sie unter anderem in Neckargemünd angeboten wird, kann sich der besonderen Atmosphäre kaum entziehen.

- Heilbronner Land, Lerchenstr. 40, 74072 Heilbronn, Tel. 071 31/994 13 90, www.HeilbronnerLand.de
- Marbach-Bottwartal, Marktstr. 23, 71672 Marbach am Neckar, Tel. 071 44/10 22 50, www.marbach-bottwartal.de

Heidelberger Ensemble: die Alte Brücke über den Neckar, die Heiliggeistkirche und die ehemalige Residenz der Kurfürsten von der Pfalz.

Gesamtlänge: 199 km

Heilbronn ①	Mosbach ②	Waldbrunn ③	(via Bad Wimpfen) Heidelberg ④	Maulbronn ⑤	Marbach ⑥
37 km	21 km	39 km	60 km	42 km	

① Seifen Reinhardt, Heilbronn
② Mosbach
③ Zur Mühle, Waldbrunn
④ Philosophenweg, Heidelberg
⑤ Kloster Maulbronn
⑥ Schillerstadt Marbach
🛏 Hotel Altes Badhaus, Eberbach
⛺ Camping Haide, Neckargemünd

① Seifen Reinhardt, Heilbronn

Wenn da das moderne Warensortiment nicht wäre, könnte man glauben, in eine andere Epoche versetzt worden zu sein – vor allem, wenn Hans Reinhardt die alte Registrierkasse bedient. Hier gibt es (nahezu) alles: mehr als 5000 Artikel auf gut 500 qm Verkaufsfläche, die sich vom Keller bis zum Dachboden, über eine ehemalige Wohnung und in Schuppen, Garage und Hof erstreckt. Wer eine Mausefalle braucht, ist bei Seifen Reinhardt ebenso richtig wie für eine elegante Glasschale zum Servieren von Spargel. Hier darf man stöbern, kann vieles entdecken und wird fachkundig beraten. Es gibt Fliegengitter am laufenden Meter, Fußmatten nach Maß, und wenn Besen- oder Schaufelstiel kaputt sind, bekommt man passenden Ersatz. Der Hase im Logo neben dem Namenszug erinnert übrigens an den Ursprung der Firma. Die wurde 1893 als Seifensiederei Schneehase gegründet. Sein Opa habe noch mit dem Pferdefuhrwerk im Heilbronner Umland Waschpulver, Kern- und Schmierseife ausgeliefert, erinnert sich Hans Reinhardt, der mit Nichte Angelika und fünf Mitarbeitern die Familientradition fortführt, getreu dem Motto: Hier wird mit der Hand registriert und mit dem Herzen bedient.

■ Bismarckstr. 72/2, 74074 Heilbronn, Tel. 071 31/17 55 13, Mo–Fr 8.30 bis 12.30, 14–18, Sa 8.30–13 Uhr, www.seifen-reinhardt.de

② Mosbach

Mit dem Palm'schen Haus steht eines der kunstvollsten Fachwerkgebäude am südlichen Ausläufer des Odenwaldes. Mosbach besitzt generell eine sehr reizvolle Altstadt mit zahlreichen sorgfältig restaurierten Wohnhäusern aus dem 15.–19. Jh. Da gibt es das älteste sichtbare Fachwerk am Salzhaus, das einst Salzlager war. Im weitläufigen Gebäude des Alten Hospitals aus dem 15. Jh. sind Stadtmuseum und Fayencensammlung untergebracht. Kaum größer könnte der Kontrast sein, als zum hübschen Haus Kickelhain, in dem sich nur 52 qm Wohnfläche auf drei Etagen erstrecken. Kurios ist die Geschichte der im 14. Jh. von Benediktinern erbauten Stiftskirche, die nach der Reformation zeitweise von Katholiken und Protestanten – wenig probat – simultan genutzt wurde. Nach der per kurfürstlicher Verordnung erfolgten Teilung in den Chor für die Katholiken und das Kirchenschiff für die Protestanten wurden 1708 mit einer Trennmauer im Kirchenraum eindeutige Verhältnisse geschaffen. Seit 2008 verbindet eine Tür die Bereiche beider Konfessionen.

■ Tourist Info, Marktplatz 4, 74821 Mosbach, Tel. 062 61/918 80, Mai–Sept. Mo–Fr 9–17, Sa 9–13, Okt.–April Mo–Fr 9–13, 14–17 Uhr, www.mosbach.de

■ Stadtmuseum, Hospitalgasse 4, 74821 Mosbach, Tel. 062 61/89 92 40, April–Okt. Mi, So 15–18 Uhr, www.mosbach.de

VON HEILBRONN ÜBER HEIDELBERG BIS MARBACH

Tipp: Es war Kaiser Friedrich Barbarossa (1122–1190), der den Grundstein zu Bad Wimpfen als größte Kaiserpfalz nördlich der Alpen legte, und auch seine Nachfahren kehrten häufig und gerne an den Neckar zurück. Auf Barbarossas Spuren begibt sich eine Landpartie, die mit einem Spaziergang durch die Stadt mit der einprägsamen Silhouette beginnt. Mit mittelalterlichen Befestigungsanlagen, blumengeschmückten Fachwerkhäusern und dem 58 m hohen Blauen Turm, auf dem mit Blanca Knodel Deutschlands einzige Türmerin wohnt, nimmt Bad Wimpfen schnell für sich ein. Etappe zwei führt mit dem Schiff durch das burgenreiche Neckartal nach Gundelsheim, von wo aus es mit der S-Bahn zurückgeht. Für Gruppen ab 10 Personen besteht die Möglichkeit, einen Planwagen zu buchen, um zu reisen wie einst. Natürlich gibt es auch weniger zeitaufwendige Alternativen, sich die Zeit der Staufer zu erschließen. Tourist Info, Hauptstr. 45, 74206 Bad Wimpfen, Tel. 07 63/972 00, Mo–Fr 10–12, 14–17, Ostern–Okt. auch Sa 10-12 Uhr, www.badwimpfen.de

③ Landgasthaus Zur Mühle, Waldbrunn

Hier klappert wirklich noch das Mühlrad am Bach, und in der Mühle wird das Mehl für das knusprige Steinofenbrot gemahlen, das Gästen im Landgasthaus serviert wird. Rainer Holzner führt den Hof mit Eltern und Schwester in sechster Generation. Im abgelegenen Oberhöllgrund haben sie ihr eigenes Vieh: Pferde, Kühe, die stolz ihre Hörner tragen, und Schweine, die draußen in der Erde wühlen dürfen. Milch und Fleisch verarbeiten die Holzners zu Butter, Käse, über Buchensägemehl geräuchertem Schinken und Wurst. Das Obst aus dem Garten wird zu Most. Alles auf der Karte ist köstlich. Und zum Verdauen kann man sich gemütlich auf die Sonnenterrasse setzen oder einen Spaziergang im Odenwald unternehmen. Und irgendwann die Weiterreise, am nördlichen Ufer des Neckars entlang, nach Heidelberg antreten.

■ Oberhöllgrund 3, 69429 Waldbrunn, Tel. 062 74/356, Mi–So 11–21.30 Uhr, warme Küche Mi–Sa 11.30–14, 17–20.30, So 11.30–14, 17–20 Uhr, www.landgasthaus-zurmuehle.de

④ Philosophenweg, Heidelberg

Granatapfel, Spanischer Ginster, Portugiesischer Kirschlorbeer und Japanische Wollmispel sind nur einige der exotischen Pflanzen, die am Philosophenweg über Heidelberg gedeihen. Die »Klima-Insel« am Hang zählt zu den wärmsten Orten Deutschlands und inspirierte schon die gemeinhin als Philosophen titulierten Studenten vergangener Tage zu geistig anregenden Spaziergängen. Mit Gehrock und Gehstock flanierten sie an gründerzeitlichen Villen vorbei und genossen den Blick auf Altstadt, Neckar, Schloss und Königsstuhl. Eine Büste Eichendorffs (1788–1857) und der Hölderlinstein erinnern an zwei der berühmtesten Studenten. Die ehemalige kurpfälzische Residenzstadt gilt als eine der Wiegen der deutschen Romantik und begeistert mit Renaissance-Architektur. Ein 4 km langer Rundgang verbindet die Heidelberger Altstadt mit dem Philosophengärtchen und bietet unterwegs immer wieder schöne Stadtansichten. Anschließend geht es auf der B3 und B35 nach Maulbronn.

■ Ausgangspunkt des Rundgangs, Neuenheimer Landstr. 5, 69120 Heidelberg
■ Tourist Info, Willy-Brandt-Platz 1, 69115 Heidelberg, Tel. 062 21/584 44 44, April–Okt. Mo–Sa 9–19, So 10–18, Nov.–März Mo–Sa 9–18 Uhr, www.heidelberg-marketing.de

⑤ Kloster Maulbronn

Es herrscht weitgehend Einigkeit darüber, dass die am vollständigsten erhaltene

---

Übernachten

Hotel Altes Badhaus
Schnörkellos-moderne Zimmer unter Fachwerk im denkmalgeschützten Haus – mitten in der Altstadt.
Lindenplatz 1, 69412 Eberbach, Tel. 062 71/945 64 06, www.altesbadhaus.de

Camping Haide
Direkt am Neckar befindliche, zweckdienliche, aber durchaus hübsch gelegene Campinganlage. Es gibt auch Blockhäuser und zwei Matratzenlager.
Ziegelhäuserstr. 91, 69151 Neckargemünd, Tel. 062 23/21 11, www.camping-haide.de

VON HEILBRONN ÜBER HEIDELBERG BIS MARBACH

mittelalterliche Klosteranlage gleichzeitig auch die schönste im Land ist. Von der Unesco im Jahr 1993 zum Weltkulturerbe erhoben, beeindruckt Maulbronn vor allem mit seinem archaischen mittelalterlichen Gesicht. Das war auch Drehort für Margarethe von Trottas Hildegard-von-Bingen-Film, der 2009 in den Kinos lief. Hier durch die Kreuzgänge zu schlendern, lässt einen die Welt außerhalb der Mauern schnell vergessen. Gegründet im 12. Jh. von Zisterziensern, entstand die Abtei »Mulenbrunnen«. Mit weiten Ländereien und großem wirtschaftlichem Potenzial gewann sie rasch an Bedeutung. Nach der Auflösung des Klosters im Zuge der Reformation entstand ein Evangelisches Seminar, das noch immer Schüler ausbildet. Über die Landstraßen L1131 und L1125 via Sersheim wird das letzte Ziel der Route erreicht.

- Klosterhof 5, 75433 Maulbronn, Tel. 070 43/92 66 10, März–Okt. tgl. 9–17.30, Nov.–Feb. Di–So 9.30–17 Uhr, letzter Einlass je 45 Min. vor Schließung, www.kloster-maulbronn.de

6 Schillerstadt Marbach

Wie lebte man in einem Ackerbürgerstädtchen des 18. Jh.? Und lebte man anders, wenn später einer der bedeutendsten Dichter aus einem werden würde? Bei einem Stadtrundgang auf Schillers Spuren entdeckt man Marbach (nicht nur) mit Blick auf den berühmtesten Sohn, der am 10. November 1759 in einem Handwerkerhaus in der Niklastorstraße geboren wurde. Schon vierjährig verließ

Nicht weit von der berühmten Klosteranlage liegt das Zentrum von Maulbronn mit seinen eindrucksvollen Fachwerkhäusern.

er mit seiner Familie die Stadt, doch Spuren der Schillers findet man nicht nur in dem 1859 zur Gedenkstätte umgebauten Geburtshaus. Literaturbegeisterte zieht es in das 1903 im Beisein von König Wilhelm II. (1848–1921) eröffnete Schiller-Nationalmuseum, das mit dem Literaturmuseum der Moderne unter dem Dach des Deutschen Literaturarchivs untergebracht ist. Auf »die Seele der deutschen Literatur« hat man es dort abgesehen. Was ist sie? Was kann sie? Was macht sie aus, abgesehen von den vielen Büchern und ergänzenden Schriften, die unter perfekten Bedingungen in der Sammlung lagern? Dauer- und Wechselausstellungen animieren zum Entdecken, Ausprobieren und Nachdenken. Auf Knopfdruck kann man sich von Hans Magnus Enzensbergers Poesieautomaten ein mögliches Orakel dichten lassen. Ob daraus aussagekräftige Gedichte entstehen, entscheidet der Betrachter. Man kann sich aber auch nur auf einen der bunten Stühle im Lese-Garten-Café setzen, die Atmosphäre genießen und die Architektur wirken lassen – der dem Pantheon nachempfundene Kuppelbau wird seit 2009 um einen zeitgenössisch klaren Museumsanbau nach Plänen von David Chipperfield Architects ergänzt.

- Tourist Info, Marktstr. 23, 71672 Marbach, Tel. 071 44/10 20, www.marbach-bottwartal.de, www.schillerstadt-marbach.de
- Schillers Geburtshaus, Niklastorstr. 31, 71672 Marbach, Tel. 071 44/175 67, April bis Okt. tgl. 9–17, Nov.–März tgl. 10 bis 16 Uhr, www.schillersgeburtshaus.de
- Schiller-Nationalmuseum und Literaturmuseum der Moderne, Deutsches Literaturarchiv Marbach, Schillerhöhe 8–10, 71672 Marbach, Tel. 071 44/84 80, Di–So 10–18 Uhr, www.dla-marbach.de

Feste und Events

Juni/Juli
- Heidelberg, Festival für Urbane Kunst, www.metropolink-festival.net

Letztes Wochenende im August
- Bad Wimpfen, Zunftmarkt, www.zunftmarkt.de
- Markgröningen, Heimatfest mit historischem Schäferlauf barfuß über ein Stoppelfeld, www.markgroeningen.de

23 Franken von Heroldsberg bis nach Bayreuth

Natur, Kultur, Kunst und Kulinarik begleiten Reisende unterwegs in Franken. Genuss steht hier an erster Stelle. Egal, ob bei der Kirschblüte in der Fränkischen Schweiz, bei einem Spaziergang durch die Teichlandschaften im Aischgrund oder einem Bummel durch Dörfer und Städte, die optisch meist vom Fachwerk geprägt sind. Biertrinker und Weinliebhaber finden hier ihre Hochburgen. Kulturbeflissene haben die Wahl zwischen barocken Schmuckstücken wie der Würzburger Residenz, Wallfahrtskirchen und geradlinig-imposanten Bauwerken wie dem Bamberger Dom oder der Abtei Münsterschwarzach, die am Zusammenfluss von Schwarzach und Main an überdimensionale Bauklötzchen erinnert.

- Tourismuszentrale Fränkische Schweiz, Oberes Tor 1, 91320 Ebermannstadt, Tel. 091 91/86 10 54, www.fraenkische-schweiz.com
- Franken Tourismus, Wilhelminenstr. 6, 90461 Nürnberg, Tel. 09 11/86 10 54, www.frankentourismus.de

Hoffest, modern interpretiert: die fünfte Winzergeneration im Weingut am Stein sorgt baulich und im Fass für frischen Wind.

Gesamtlänge: 278 km

Heroldsberg	Uehlfeld	Gutenstetten	(via Neustadt an der Aisch)	Würzburg	Bamberg	Bayreuth
❶	❷	❸		❹	❺	❻
	56 km	7 km	71 km	87 km	57 km	

❶ Sosein, Heroldsberg
❷ Karpfen aus dem Aischgrund
❸ Privatbrauerei Hofmann, Pahres
❹ Weingut am Stein, Würzburg
❺ Rauchbier, Bamberg
❻ Bayreuth
🛏 Hotel Tandem, Bamberg
⛺ Steigerwald Camping, Münchsteinach

❶ Sosein, Heroldsberg

Zwei Voraussetzungen braucht es, um einen Abend bei Felix Schneider zu genießen: Zeit und die Bereitschaft, sich unvoreingenommen auf ein etwas anderes Menü einzulassen. 15 Gänge in vier Stunden ist die Grundformel im Sosein, das im Dezember 2016 seinen ersten Michelin-Stern bejubeln durfte. Erkocht mit der fränkischen Antwort auf die aus Kopenhagen stammende »new nordic cuisine«, die vorzugsweise aus der Mode gekommene Zutaten wie Wurzelgemüse, Pilze, Beeren, Hülsenfrüchte, Kohl und Kartoffeln in den Mittelpunkt stellt und zu einem geschmacklichen Erlebnis macht. Bei Felix Schneider kommt vieles dafür aus dem eigenen Gemüsegarten. Er experimentiert an Zusammenstellungen und Konsistenzen, bis überraschende Geschmackser-

FRANKEN VON HEROLDSBERG BIS NACH BAYREUTH

Tipp: Wenn Pfingsten naht, beginnt in Erlangen das Bangen um gutes Wetter. Seit 1755 pilgert die Stadt an den Burgberg, um über den ehemaligen Eis- und Lagerkellern der Erlanger Brauereien die Bergkirchweih zu feiern. Unter freiem Himmel wird zwölf Tage lang gegessen, getrunken und entlang der Stände flaniert. Riesenrad und Fahrgeschäfte sorgen für Abwechslung und Nervenkitzel am »Berch«, dessen Wurzeln zurückreichen auf die Vogelschießen der Altstädter Schützen und die Pfingstjahrmärkte. Als beide Traditionsveranstaltungen zusammengelegt werden, ist das der Beginn der Bergkirchweih, die über die Jahrhunderte nichts an ihrer Faszination eingebüßt hat.
Erlanger Bergkirchweih,
www.berch.info

❷ Karpfen aus dem Aischgrund

Wer den Aischgrund aus der Vogelperspektive betrachtet, der staunt über die unglaubliche Menge kleiner Gewässer. Mehr als 5000 Teiche gibt es hier, die ursprünglich als Viehtränken angelegt wurden. Im Mittelalter begann die Zucht des Aischgründer Spiegelkarpfens, der seither in allen Monaten mit »r« im Namen als Spezialität auf den Speisekarten steht. Seit Oktober 2016 darf der beliebte Speisefisch stolz ein »g.g.A.« als Namenszusatz tragen, das ihn als geografisch geschützte Angabe ausweist. Dabei wird er nicht nur auf dem Teller hochgeschätzt, etwa im Wirtshaus am Dorfbrunnen in Schornweisach klassisch zubereitet, als Karpfenchips, -klößchen und sogar -schnaps. Auch ein Museum widmet sich dem Karpfen.

- www.karpfenland-aischgrund.de
- Wirtshaus am Dorfbrunnen, Schornweisach 91, 91486 Uehlfeld, Tel. 091 63/80 66, Do 17–22, Fr 11–14, 17–24, Sa, So 11–24 Uhr, www.wirtshaus-am-dorfbrunnen.de
- Aischgründer Karpfenmuseum, Im Alten Schloss, Untere Schlossgasse 8, 91413 Neustadt/Aisch, Tel. 091 61/662 09 05, Mi, Fr–So 14–17 Uhr, www.karpfenmuseum.de

Tipp: »Wir sind Franken« sagen sie selbstbewusst, und dass Müller-Thurgau und Bocksbeutel absolut keine Auslaufmodelle sind. Um das auch Weinliebhabern fern des Mains zu zeigen, schloss sich kurz vor der Jahrtausendwende ein Dutzend junger Winzer zur Vereinigung »Frank & Frei« zusammen. Sie verpassten den alten Flaschen ein elegantes Etikett, nannten ihren Müller-Thurgau ein bisschen geheimnisvoll »M-TH«, stellten ihm einen trockenen Secco Saignée zur Seite und gingen auf Tour. So rückten die Winzer, die sich kollegial austauschen und gemeinsam auftreten, aber ihre Weine selbst ausbauen und vermarkten, zunehmend ins allgemeine Bewusstsein. Aktuell gehören 14 Betriebe dazu. In einigen ist schon die nächste Generation dabei, die sich experimentierfreudig gibt. Ihr jüngster Coup ist ein »Frank & Frei M-TH Craft«, bei dem sie mit den jungen Braumeistern Erik Löschner und Bastian Kiemer vom Albertshöfer Sternbräu Bier und Wein zusammenbrachten. Nach Art belgischer Wit-Biere entstand ein sommerleichtes Weizenbier, das an Aprikosen und tropische Früchte erinnert.
Frank & Frei, Tel. 093 33/90 46 20,
www.frank-und-frei.de

lebnisse entstehen. Die fest vorgegebenen Menüs richten sich dabei immer nach dem saisonalen Angebot, und was nicht aus dem eigenen Garten kommt, wie Fisch oder Wollschwein, besorgt der Sternekoch von Produzenten vor Ort. Wer genau wissen möchte, wie Felix Schneider fermentiert, Sauerteig ansetzt und Brot bäckt oder ihn zum Pilze-, Kräuter- und Beerensammeln begleiten möchte, der kann sich einer seiner »Eskapaden« anschließen, bei denen er mehrmals im Jahr Neugierigen seine Idee von moderner Küche vermittelt. Im Gegensatz zur A3 geht es auf der B470 gemütlich in Richtung Uehlfeld.

- Hauptstr. 19, 90562 Heroldsberg, Tel. 09 11/95 69 96 80, Di–Sa ab 19 Uhr, www.sosein-restaurant.de

❸ Privatbrauerei Hofmann, Pahres

Bei den Einheimischen hat es Tradition, das Wochenende in Pahres zu beginnen. Genau genommen in der Gaststätte der traditionsreichen Privatbrauerei Hofmann. Sie ist die älteste in der Region, bis ins Jahr 1639 zurückzuverfolgen und seit mehr als 333 Jahren in Familienbesitz. Gebraut wird mit Quellwasser aus dem eigenen Brunnen, ausschließlich heimischer Braugerste, feinem Hopfen und Reinzuchthefe. Zu den Spezialitäten gehören helles Landbier, Alt Pahreser Dunkel und hefetrübes Weißbier. Dazu kommen die saisonalen Besonderheiten. Jeden

FRANKEN VON HEROLDSBERG BIS NACH BAYREUTH

zweiten Donnerstag – die heißen Sommermonate ausgenommen – gibt es ein traditionelles Schlachtschüsselessen mit deftigen Fleischspezialitäten. Am ersten Augustwochenende wird mit speziellem Bier vom Fass die Pahreser Kirchweih gefeiert. Der Ort liegt an der Aischgründer Bierstraße, die zwischen Bad Windsheim und Uehlfeld verläuft. Acht kleine und mittelständische Privatbrauereien säumen diesen Weg. Jedes Jahr lädt ein anderer Ort zum Aischgründer Bierfest. Wer mag, fährt noch bis Bad Windsheim – und auf der B8 führt der Weg nach Würzburg.

- Dettendorfer Str. 1, 91468 Gutenstetten OT Pahres, Tel. 091 63/99 87 20, Do, Fr ab 18 Uhr, www.hofmann-bier.de
- Aischgründer Bierstraße, www.bierstrasse.de

Feste und Events

Mitte Juni
- Neustadt/Aisch, Kerwa, insgesamt acht Tage Haupt- und Nachkirchweih

Ende Juni/Anfang Juli
- Würzburg, Musikfestival Hoffest am Stein, www.hoffest-am-stein.de

Juli
- Forchheim, Annafest, Kirchweih im Kellerwald, www.annafest-forchheim.de

Juli/August
- Bayreuther Festspiele, www.bayreuther-festspiele.de

4 Weingut am Stein, Würzburg

Als man allgemein für Bio-Weine gerade mal ein mildes Lächeln übrig hatte, praktizierte der junge Ludwig Knoll ökologischen Weinbau. Als andernorts zünftige Weinfeste gefeiert wurden, lud Sandra Knoll zum Theater im Weinberg, organisierte Jazz und Samba statt Volksmusik. Dass die fünfte Winzergeneration an der muschelförmigen Steillage über der Stadt mit neuen Ideen frischen Wind ins traditionsreiche Gewerbe brachte, war auch optisch bald zu sehen. Mit minimalistischen Gebäuden aus Holz und Stein erinnern sie an die Versorgungshütten im Weinberg und die Familientradition als Küfer. So schnörkellos wie Weinwerk und Gästehaus sind die Weine und Winzersekte. Regelmäßig werden sie hochdekoriert. Und regelmäßig inspirieren sie Ludwig Knoll zu Neuem, wie jüngst den überdimensionalen Steineiern, in denen besondere Weine reifen. Im »Reisers« nebenan kann man nicht nur fränkisch verwurzelte Sterneküche genießen. Bei Küchenpartys und Kochkursen wird man von Bernhard Reisers Begeisterung angesteckt und lernt dabei ganz entspannt allerhand. Das Gästehaus ist in einem Würfel aus Muschelkalkgestein untergebracht. In der minimalistisch-modernen Variante eines traditionellen Weinberghauses kann man mit Blick über Rebstöcke und Main mitten im Weinberg logieren. Nur ein paar Schritte sind es bis zum aussichtsreichen Steinweinpfad. Auf unterschiedlich langen Strecken führt er durch die fränkische Parade-Lage Würzburger Stein. Um weiter nach Bamberg zu kommen, empfiehlt sich die B22, die schnellere Variante wäre über die A70.

- Weingut und Gästehaus, Mittlerer Steinbergweg 5, 9780 Würzburg, Tel. 09 31/258 08, April–Dez. Mo–Fr 14–20, Sa 10–17, Jan.–März Mo–Fr 12–18, Sa 10–14 Uhr, www.weingut-am-stein.de
- Reisers Genusszeiten, Mo–Sa ab 17.30 Uhr, www.der-reiser.de
- Führungen auf dem Steinweinpfad Mai–Okt., Sa 15 Uhr, Treffpunkt am Info-Pavillon Mittlerer Steinbergweg, gegenüber der Einfahrt des Weinguts am Stein, www.wuerzburger-steinweinpfad.de

5 Rauchbier, Bamberg

Der erste Schluck irritiert. Alle weiteren genießt man und erinnert sich an den im Traditionsgasthaus »Schlenkerla« gelesenen Spruch: »Dieweilen aber das Gebräu beim ersten Trunk etwas fremd schmecken könnt', laß dir's nicht verdrießen, denn bald wirst du innehaben, dass der Durst nit nachlässt, sintemalen dein Wohlbehagen sichtlich zunimmt.« Die Rede ist vom Rauchbier, das an Räucherschinken erinnert und zwischen mild- und kräftig-rauchig variiert. Früher war es aus technischer Notwendigkeit üblich, weil man das Malz nur im Rauch trocknen konnte. Als zu Beginn des 19. Jh. mit dem Darren eine rauchfreie Trocknungstechnik möglich war, blieben nur die Bamberger dem offenem Holzfeuer treu. Seit den 1940er-Jahren sind es mit den Brauereien Schlenkerla und Spezial nur noch zwei, die die lokale Spezialität pflegen, die 2017 von Slow Food in die »Arche des Geschmacks« aufgenommen wurde. Heute

FRANKEN VON HEROLDSBERG BIS NACH BAYREUTH

sind sie weltweit die Einzigen, die nach der alten Technik brauen; das Schlenkerla für einen weltweiten Markt, die Spezial-Brauerei nur für heimische Biertrinker. Beide arbeiten mit einer mit großen Holzscheiten geschürten hauseigenen Rauchdarre, in der ausschließlich Gerstenmalz gedarrt wird. Wie genau, ist gut gehütetes Betriebsgeheimnis. Auf der Burgenstraße geht es weiter nach Bayreuth.

- Brauerei Schlenkerla, Dominikanerstr. 6, 96049 Bamberg, Tel. 09 51/560 60, tgl. 9.30–23.30 Uhr, warme Küche 12–22 Uhr, www.schlenkerla.de
- Brauerei Spezial, Obere Königstr. 10, 96052 Bamberg, Tel. 09 51/243 04, So–Fr 9–23, Sa 9–14 Uhr, www.brauerei-spezial.de

 Bayreuth

Bei Bayreuth denkt man zuerst an Oper und Richard Wagner. Doch die Festspielstadt hat mehr als das alljährliche Schaulaufen von Klassikliebhabern und Prominenz auf dem Grünen Hügel. Die Barock- und Rokokobauten der Residenz prägen das Bild der Universitätsstadt, die unter Markgräfin Wilhelmine (1709–1758) aufblühte. Die Lieblingsschwester Friedrichs des Großen (1712–1786) vergrößerte und verschönerte die im Mittelalter begründete Eremitage, Altes und Neues Schloss und Hofgarten. Das von ihr als ein Barockjuwel errichtete Markgräfliche Opernhaus bewegte Richard Wagner (1813–1883) dazu, sich in Bayreuth niederzulassen. Auch wenn es ihm letztendlich nicht gefiel. Nach drei Jahren Bauzeit ist seit 2015 Richard Wagners Wohnhaus »Wahnfried« wieder öffentlich zugänglich und vermittelt auf drei Etagen einen Eindruck vom Leben des Komponisten. Im denkmalgeschützten Haus seines Sohnes Siegfried steht Richard Wagners Beziehung zu den Nationalsozialisten im Mittelpunkt, während im Museumsneubau historische Bühnenbilder, Originalkostüme und Bühnentechnik ausgestellt sind. Die Ausstellung im Untergeschoss widmet sich der Aufführungsgeschichte der Bayreuther Festspiele.

 Übernachten

Hotel Tandem
Kleines familiengeführtes Hotel mit modernen Zimmern mit Regnitzblick und der Bamberger Innenstadt vor der Tür. Untere Sandstr. 20, 96049 Bamberg, Tel. 09 51/51 93 58 55, www.tandem-hotel.de

Steigerwald Camping Münchsteinach
Zentral gelegen im Grünen in den Steinachauen, mit 180 Stellplätzen und angrenzendem Kinderspielplatz sowie einem Angel- und Freizeitsee. Badstr. 10, 91481 Münchsteinach, Tel. 091 66/750, www.muenchsteinach.de

Markgräfin Wilhelmine ließ im 18. Jh. das Neue Schloss in Bayreuth bauen. Herzstück der Anlage ist der Sonnentempel, auf dessen Kuppel ein goldener Apoll mit seinem Wagen thront.

- Tourist Info, Opernstr. 22, 95444 Bayreuth, Tel. 0921/88588, Mo–Fr 9–19, Sa 9–16, Mai–Okt. auch So 10–14 Uhr, www.bayreuth-tourismus.de
- Richard Wagner Museum, Richard-Wagner-Str. 48, 95444 Bayreuth, Tel. 09 21/757 28 16, Juli, Aug. tgl. 10–18, Sept.–Juni Di–So 10–17 Uhr, www.wagnermuseum.de

Eine der sehenswerten Städte auf dieser Tour ist Tübingen – auf dem Neckar können Gäste eine Fahrt im Stocherkahn unternehmen.

24 Von der Schwäbischen Alb bis nach Langenburg

Vom nordöstlichen Teil der Schwäbischen Alb bis ins Stammland der Stauffer führt die Reise durch hügelige Bilderbuchlandschaft und Städte, die mit Fachwerk und Bürgerhäusern wie aus dem Märchenbuch anmuten: die Universitätsstadt Tübingen mit Hölderlin-Turm, die einstige Residenzstadt Bad Urach mit Schloss und Fachwerkhäusern oder Geislingen mit Deutschlands steilster Eisenbahntrasse am Hang. Es lässt sich gut bummeln, wandern und hervorragend essen. Premium-Wanderwege und Genießerland sind nur logische Auszeichnungen für das besondere Angebot. Nicht zuletzt locken auch die Outlets in Metzingen und Geislingen zu einer Stippvisite.

■ Schwäbische Alb Tourismus, Bismarckstr. 21, 72574 Bad Urach, Tel. 071 25/93 93 00, www.schwaebischealb.de

Gesamtlänge: 182 km

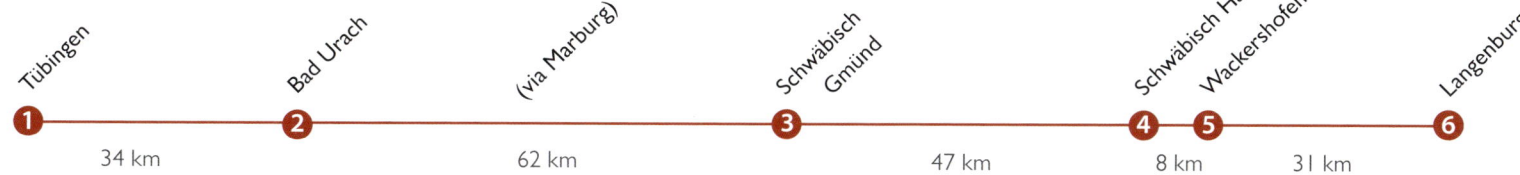

Tübingen ① — 34 km — Bad Urach ② — 62 km (via Marburg) — Schwäbisch Gmünd ③ — 47 km — Schwäbisch Hall ④ — 8 km — Wackershofen ⑤ — 31 km — Langenburg ⑥

① Der Kartoffelladen, Tübingen

Rund 55 kg Kartoffeln lässt sich jeder Deutsche jährlich schmecken. 5000 Sorten gibt es weltweit. Aber im Laden landen zumeist nur ein paar Standardsorten und es bleibt oft nur die Wahl zwischen mehlig, speckig und festkochend. »Schade«, findet Werner Tress, der Gärtnermeister in dritter Generation ist. Nach Lehre, Aufenthalten in Italien, Mexiko und auf Gran Canaria und 17 Jahren im elterlichen Betrieb verkaufte er seine Gewächshäuser und widmete der Kartoffel in Tübingens Altstadt einen ganzen Laden. Etwa 30 Sorten hat Werner Tress vorrätig und freut sich, dass es immer mehr Genießer gibt, die diese Vielfalt schätzen und mit Bedacht aus seinen Kisten voll roter, violetter, kleiner, großer, krummer, dicker oder ovaler Erdäpfel sorgfältig auswählen, wonach ihnen gerade der Geschmackssinn steht. Dazu gibt es jede Menge Tipps zur richtigen Lagerung und köstlichen Zubereitung von Kartoffeltorte bis zu Polsterkartoffeln mit Zimt. Neben Bamberger Hörnchen, Finka und wie sie alle heißen führt der Kartoffelladen auch alles, was man braucht, um Kartoffeln oder anderes Gemüse zu ziehen und zu verarbeiten – insbesondere ein großes Sortiment schöner Werkzeuge.

■ Metzgergasse 11, 72070 Tübingen, Tel. 070 71/407 68 89, Mo–Fr 10–18, Sa 10–16 Uhr, www.derkartoffelladen.de

② Wasserfallsteig, Bad Urach

Man kann den Weg gut in etwas mehr als drei Stunden schaffen. Aber man sollte unbedingt viel mehr Zeit einplanen, denn

> **Tipp:** Die Gegend um Kocher, Jagst und Tauber gilt als »Feinkostladen Baden-Württembergs«. Eine außergewöhnlich hohe Anzahl von Biobauern ist hier ansässig, schon lange kümmern sie sich in der »Genießerregion Hohenlohe« leidenschaftlich um vom Aussterben bedrohte und in Vergessenheit geratene Lebensmittel, Tierrassen und Zubereitungsarten. Der Klassiker ist das Schwäbisch-Hällische Landschwein mit schwarzem Kopf und schwarzem Po und viel geschmacksintensivem Speck auf den Rippen. Hier darf es über Koppeln rennen, seinen Rüssel in die Erde graben und Eicheln fressen, während die Hohenloher Landgockel unter Obstbäumen scharren und in aller Ruhe Fleisch ansetzen. Fleisch, das wie das von Hohenloher Lamm und Limpurger Weideochsen nicht zuletzt in der Spitzengastronomie geschätzt wird. Dabei muss Genuss nicht zwangsläufig Fleisch sein. Vom Holundersekt bis zum Grünkern reicht die Palette der wiederentdeckten Köstlichkeiten.
> Genießerregion Hohenlohe, Tel. 079 40/ 182 06, www.geniesserregion-hohenlohe.de, www.hohenlohe.de

Märchenhaft, wie das Wasser in Bad Urach in Kaskaden die bemoosten Hänge hinabfließt.

der Wasserfallsteig in Bad Urach ist eine sehr abwechslungsreiche Runde. Er bietet immer wieder Aussichten und Ansichten, die man genießen möchte, anstatt rasch weiterzueilen. Am Schlossberg im Maisental geht es los. Noch ist der Weg breit und gut frequentiert, aber bald schon fordern viele Stufen am Rand des Uracher Wasserfalls, dem höchsten in der Schwäbischen Alb, Kondition und gutes Schuhwerk. Ab hier wird es ruhiger auf dem Premium-Wanderweg, den auch die Leser des »Wandermagazin« zu Deutschlands schönstem Weg erkoren haben. Mal fällt

VON DER SCHWÄBISCHEN ALB BIS NACH LANGENBURG

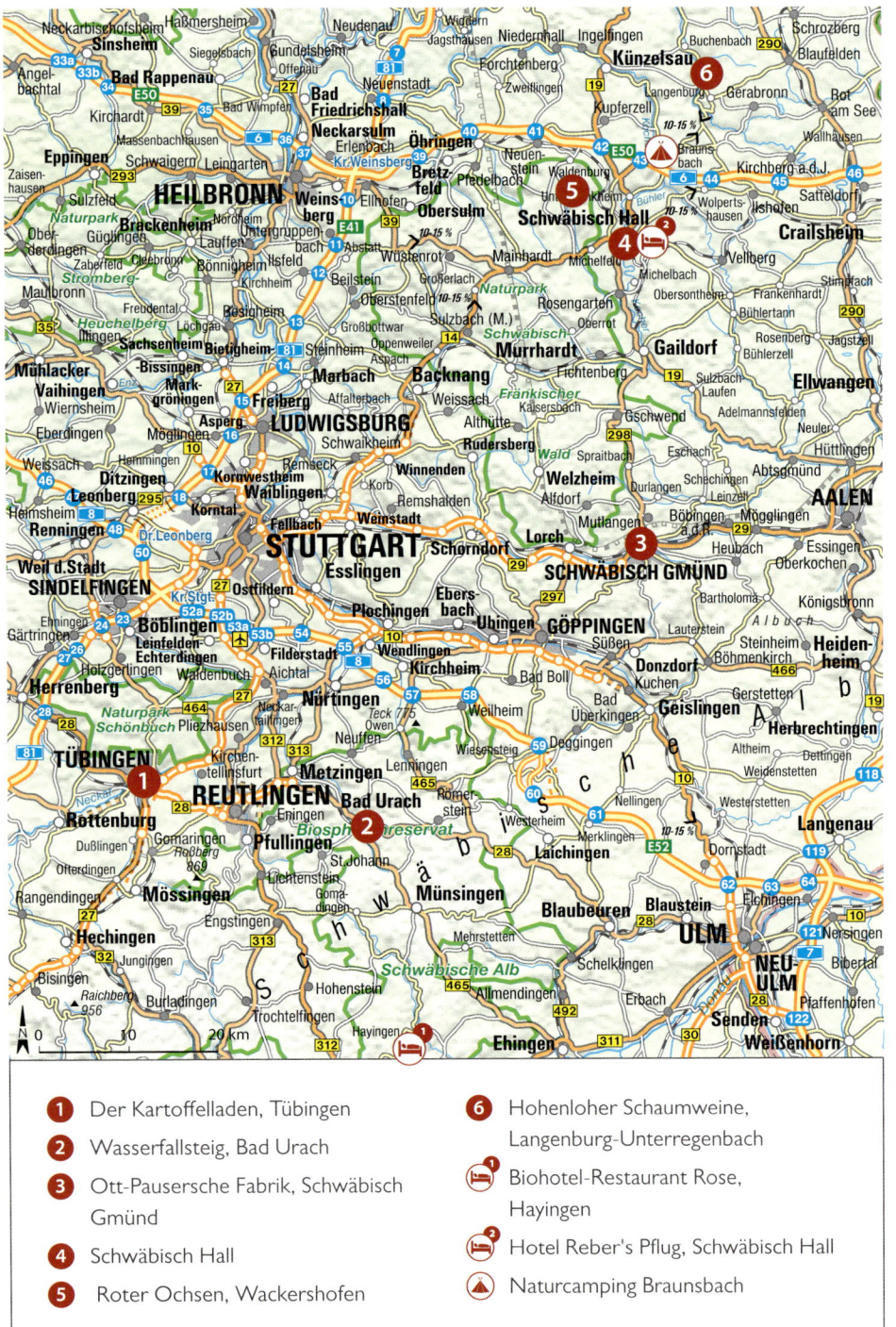

1. Der Kartoffelladen, Tübingen
2. Wasserfallsteig, Bad Urach
3. Ott-Pausersche Fabrik, Schwäbisch Gmünd
4. Schwäbisch Hall
5. Roter Ochsen, Wackershofen
6. Hohenloher Schaumweine, Langenburg-Unterregenbach
   1. Biohotel-Restaurant Rose, Hayingen
   2. Hotel Reber's Pflug, Schwäbisch Hall
   - Naturcamping Braunsbach

der Blick ins Maisental und auf die Ruine Hohenurach, mal ist es einfach nur schön an einem vermoosten Felsen zu sitzen und ins glucksende Wasser zu schauen. Wald wechselt sich ab mit Streuobstwiesen. Über Rutschenfelsen und Güteresteiner Wasserfall schließt sich langsam die Runde. Der Grillplatz Viehstelle ist nach Rutschenfelsen und Fohlenhof der letzte von drei offiziellen Plätzen, an denen man Mitgebrachtes auf den Rost legen kann, um für die letzten Kilometer gestärkt zu sein. Für ein entspanntes Bad danach oder einen Gang in die Sauna bieten sich die AlbThermen an. Die Weiterfahrt erfolgt via Kirchheim unter Teck. Zwischen Göppingen und Schwäbisch Gmünd folgt man der »Straße der Staufer«, die über Hohenstaufen, Wäschenbeuren und Lorch führt und mit einem gekrönten Löwen auf braunem Grund ausgeschildert ist.

- Tourist Info, u. a. Bei den Thermen 4, 72574 Bad Urach, Tel. 071 25/943 20, Mo–Sa 9–12, Mo–Fr 14–17 Uhr, www.badurach-tourismus.de
- Ausgangspunkt am Wanderparkplatz Maisental P23, Vorderes Maisental, 72574 Bad Urach, Anfahrt über Bahnhof Bad Urach Wasserfall, www.badurach-tourismus.de/Media/Touren/Wasserfallsteig-Bad-Urach
- Einkehr unterwegs im Naturfreundehaus Rohrauer Hütte nahe dem Rutschenfelsen, 72813 St. Johann/Bleichstetten, Tel. 071 22/97 63, Mo–Do 10–19, Fr–So 10–20 Uhr, www.rohrauer-huette.de
- Einkehr am Ausgangs-/Endpunkt im Maisentalstüble, Vorderes Maisental 3, 72574 Bad Urach, Tel. 071 25/42 41, Di–So 10–22 Uhr

VON DER SCHWÄBISCHEN ALB BIS NACH LANGENBURG

Feste und Events

März
- Schwäbisch Hall, internationales Jazz Art Festival, www.jazzart-hall.de

1. Wochenende im Juli
- Öhringen, Hohenloher Weindorf, www.hohenloher-weindorf.de

August
- Schwäbisch Hall, Hoolgaaschtfest auf der Stadtmauer in Erinnerung an den guten Haalgeist als Bewacher der Salzquelle, www.schwaebischhall.de

September
- Schwäbisch Hall/Wackershofen, Backofenfest im Hohenloher Freilandmuseum mit frisch gebackenem Brot, traditionellem Handwerk, Markt und alten Haustierrassen, www.wackershofen.de

■ AlbThermen, Bei den Thermen 2, 72574 Bad Urach, Tel. 071 25/943 60, Mo–Do 8.30–22, Fr, Sa 8.30–23, So 8.30–16 Uhr, Sauna ab 9.30 Uhr, www.albthermen.de

❸ Ott-Pausersche Fabrik, Schwäbisch Gmünd

Es ist, als hätten die Goldschmiede, Graveure, Ziseleure und Poliererinnen in der Ott-Pauserschen Fabrik nur für die Vesperpause die Werkstatt verlassen und würden jeden Moment zurückkommen, um an den Werkbänken ihre Arbeit wieder aufzunehmen. Doch das passiert hier nur noch zu besonderen Anlässen, wenn am historischen Gerät demonstriert wird, was den Wohlstand von Stadt und Region begründete. 1372 ist der erste Goldschmied von Schwäbisch Gmünd urkundlich erwähnt. Ab Mitte des 17. Jh. wird das Gold- und Silberschmiedehandwerk zum bestimmenden Gewerbe. 1870 sind 36 Fabriken, 65 Handwerksbetriebe und 40 Hilfsbetriebe mit der Herstellung von Bijouterie beschäftigt. Im Umfeld siedeln sich Emailleure, Graveure und Vergolder an. Damals verkaufte Nikolaus Otts Werkstatt für Bijouterie als Vorgänger der Silberwarenfabrik Ott-Pauser allein Goldwaren für 200 000 Gulden nach Kuba. In der Folge durchlebten Branche und Betrieb wechselvolle Jahre. Als die J. Pauser KG 1979 ihren Betrieb einstellte, glich die einstmals florierende Fabrik einem Museum. Als solches wurde sie bald genutzt und vermittelt seitdem mit Friktionsspindelpressen, Drahtziehbänken und Walzwerken einen bleibenden Eindruck auf Besucher.

■ Milchgäßle 10, 73525 Schwäbisch Gmünd, Tel. 071 71/389 10, während der Sommerzeit Di, Mi, Fr 14–17, Do 14–19, So 11 bis 17 Uhr, 1. So im Monat 15 Uhr Vorführung der Technik, www.museum-galerie-fabrik.de

■ Tourist Info, Marktplatz 37/1, 73525 Schwäbisch Gmünd, Tel. 071 71/603 42 50, Mo–Fr 9–17.30, Sa 9–13 Uhr, www.schwaebisch-gmuend.de

❹ Schwäbisch Hall

Das schon in vorchristlicher Zeit gewonnene Salz brachte der Stadt am Kocher großen Wohlstand. Vor allem am Markt-

Übernachten

Biohotel-Restaurant Rose
Baden-Württembergs erstes bio-zertifiziertes Hotel war seit 1950 Demeter-Landwirtschaft; einfache Zimmer, ambitionierte Küche.
Aichelauer Str. 6, 72534 Hayingen/Ehestetten, Tel. 073 83/949 80, www.tress-gastronomie.de

Hotel Reber's Pflug
Altes Haus mit modern eingerichteten Zimmern und coolen Parksuiten. Regelmäßig Kochkurse im angeschlossenen Restaurant.
Weckriedener Str. 2, 74523 Schwäbisch Hall, Tel. 07 91/93 12 30, www.rebers-pflug.de

Naturcamping Braunsbach
Ideale Ausgangslage am Kocher-Jagst-Radweg und zum Kanufahren auf der Kocher (Touren mit www.hohenlohe-aktiv-tours.de, Infos zu den Pegelständen www.hvz.baden-wuerttemberg.de).
Im Brühl 1, 74542 Braunsbach, Tel. 079 06/94 06 73, www.camping-braunsbach.de

platz, der mit seinem barocken Rathaus und den prächtigen Bürgerhäusern als einer der schönsten in Deutschland gilt, wird das sichtbar. Viele mittelalterliche Häuser vernichtete der verheerende Stadtbrand von 1728, sodass barocke Gebäude das Bild von Schwäbisch Hall prägen. Nahe der Tourist Information sieht man noch die Brandmauer, die zumindest die

VON DER SCHWÄBISCHEN ALB BIS NACH LANGENBURG

obere Stadt vor den Flammen bewahrte. Zur Bühne werden die Stufen der Freitreppe vor der Michaelskirche jeden Sommer bei den Schwäbisch Haller Freilichtspielen (www.freilichtspiele-hall.de), die hier eine imposante Kulisse haben.

- Tourist Info, Am Markt 6, 74523 Schwäbisch Hall, Tel. 07 91/75 12 46, Mai–Sept. Mo–Fr 9–18, Sa, So 10–15, Okt.–April Mo–Fr 9–17 Uhr, www.schwaebischhall.de

⑤ Gasthaus Roter Ochsen, Wackershofen

In einer Zeit, in der alles schneller und hastiger wird, versucht Familie Gehr ein wenig die Uhr anzuhalten. Im sehr sorgfältig restaurierten Landgasthof von 1715 gibt es keinen Schnickschnack, dafür aber sorgfältig zubereitete, regionale Gerichte, deren Zutaten von Erzeugern aus der Umgebung kommen. Bei schönem Wetter draußen serviert, wo man obendrein den Blick auf das hübsche Fachwerkhaus mit den leuchtend roten Balken genießt. Gestärkt lohnt sich ein Bummel durch das Freilandmuseum, auf dessen Areal das Gasthaus steht (ohne Museumsbesuch Zugang über den Biergarten möglich, wenn man klingelt). In mehreren schmucken Gebäudeensembles wird die Vergangenheit lebendig; nicht nur bei Führungen, Ausstellungen und Mitmachaktionen.

- Dorfstr. 51, 74523 Schwäbisch Hall, Weiler Wackershofen, Tel. 07 91/946 88 86, Di–Sa 10–21, So 10–18 Uhr, www.roter-ochsen-wackershofen.de
- Hohenloher Freilandmuseum, Dorfstr. 53, 74523 Wackershofen, Mai–Sept. 9–18, Mitte März–April, Okt.–Anfang Nov. 9 bis 18 Uhr, www.wackershofen.de

⑥ Hohenloher Schaumweine, Langenburg-Unterregenbach

Mit dem »Hohenloher Pyrus« fing alles an. 240 Flaschen der Cuvée aus Schweizer Wasserbirne und Kirchensallerbirne bildeten den Beginn der Erfolgsgeschichte von Hans-Jörg Wilhelm. Seit 2007 stellt er in Handarbeit und im Champagnerverfahren prickelnde Schaumweine in extravaganten Zusammensetzungen her. Der »Pyrus« steht immer noch hoch im Kurs, wenngleich es längst eine breite Palette interessanter Alternativen gibt. Den »Hohenloher Tribun« etwa, eine sortenreine Rieslingbirne, die 18 Monate in der Flasche reift. Äpfel, Quitten und Birnen bilden die Basis. Duftrosen, Erdbeeren und Melonen sorgen für ungewöhnliche Geschmacksnuancen. Was alle Schaumweine aus Unteregggenbach eint: Hans-Jörg Wilhelm stellt sie aus Streuobst in Bioqualität her. Dafür gab es u. a. schon zweimal den goldenen Apfel »Pomme d'Or« bei der internationalen Apfelweinmesse in Frankfurt.

- Mühlgasse 4, 74595 Langenburg OT Unterregenbach, Tel. 079 05/94 06 00, Do 12–20 Uhr (ausgenommen Feiertage) und nach Vereinbarung, www.hohenloher-schaumweine.de

> **Tipp:** An eine Acht ohne Löcher oder zwei zusammengeklebte Tropfen erinnern die Langenburger Wibele. »Geduldszeltle« nannte der fürstliche Hofkonditor Jakob Christian Carl Wibel das 22 mm lange und 12 mm kleine Feingebäck aus hellem Biskuitteig in Anspielung auf seine mühsame Herstellung. Weil das aus Wibeles Backstube dem Fürsten Karl zu Hohenlohe-Langenburg am besten schmeckte, soll es dessen Namen bekommen haben. Seit 1763 wird das Dessertgebäck in der Hofbäckerei G.F. Bauer gefertigt. 1911 hat sich der Familienbetrieb die Wibele patentrechtlich schützen lassen. Mittlerweile wird nur noch hier produziert. 300 000 Stück, rund 130 kg, backen Andrea Meidinger und ihr Team täglich.
> Hauptstr. 28, 74595 Langenburg, Tel. 079 05/363, Di–Sa 9.30–17.30, So und Feiertage 12–17.30 Uhr, wp.echte-wibele.de

In diesem Schloss wohnt die Familie Hohenlohe-Langenburg. Nur 5 km entfernt kreiert Hans-Jörg Wilhelm Hohenloher Schaumweine.

25 Schwaben von Biberach bis nach Augsburg

Fast zwangsläufig hat man das Lied von der »Schwäbsche Eisenbahne« im Kopf, wie sie fröhlich nach Ulm und Biberach dampft. Und so modern und zeitgemäß Schwaben heute ist, ein bisschen von der Eisenbahn-Romantik verströmen die schmucken Städte und die Bilderbuchlandschaft noch heute. An wichtigen Straßen wie der Via Claudia Augusta und intensiv genutzten Wasserläufen gelegen, entwickelten sich früh Handel und Handwerk.
Die Route führt übers Land, durch das Biosphärengebiet Schwäbische Alb durch historische Städte bis in die Renaissance- und Fuggerstadt Augsburg, in der u. a. im Jahr 1523 mit der Fuggerei die erste Sozialwohnungssiedlung der Welt entstand.

- Tourist Info Biberach, Marktplatz 7/1, 88400 Biberach an der Riß, Tel. 073 51/511 65, Mo, Mi 9–18, Di, Do, Fr 9–12.30, 14–17, Sa 9–12.30 Uhr, www.biberach-tourismus.de
- Tourist Info Augsburg, Rathausplatz 1, 86150 Augsburg, Tel. 08 21/50 20 70, Mo–Fr 8.30–17.30, Sa 10–17, So 10–15 Uhr, www.augsburg-tourismus.de

Das Ulmer Münster besitzt den höchsten Kirchturm der Welt. Geplant wurde er schon im 15. Jh., fertiggestellt allerdings erst 400 Jahre später.

Gesamtlänge: 221 km

- 1 Biberach an der Riß — 38 km
- 2 Zwiefalten — 78 km
- 3 Blaubeuren (via Hohenstein und St. Johann) — 21 km
- 4 Ulm — 27 km
- 5 Günzburg — 57 km
- 6 Augsburg

- ① Biberach an der Riß
- ② Barockmünster, Zwiefalten
- ③ Blautopf, Blaubeuren
- ④ Ulm
- ⑤ Stadtturm, Günzburg
- ⑥ Respekt, Augsburg
- 🛏 Hotel Reblaus, Ulm
- ⛺ Reisemobilstellplatz Am Donaustadion, Ulm

① Biberach an der Riß

Wo sich Oberschwäbische Barock- und Schwäbische Dichterstraße kreuzen, liegt Biberach. Vom Wohlstand der Tuchmacherstadt zeugen die Patrizierhäuser am Marktplatz. Den überragt nicht nur der Turm der ursprünglich gotischen Simultankirche St. Maria und Martin, die gleichzeitig von Katholiken und Protestanten genutzt wurde, seit 2000 erinnert die auf einem Stab thronende Eselsskulptur an die Satire »Der Prozess um des Esels Schatten«, in der nach Schildbürger-Art das Recht am Schatten eines Langohrs ausgefochten wird. Autor ist Christoph Martin Wieland (1733–1813), dem die ehemals Freie Reichsstadt ihren Beinamen »Riß-Athen« verdankt und nach Goethes Ansicht »das ganze obere Deutschland seinen Stil«. In Biberach verbrachte Wieland seine Jugend

SCHWABEN VON BIBERACH BIS NACH AUGSBURG

und die literarisch sehr produktive Zeit als Senator und Kanzleiverwalter, ehe ihn Herzogin Anna Amalia (1739–1807) als Erzieher ihres Sohnes nach Erfurt berief. An den Aufklärer und Denker, der in der alten Stadtmetzig (städtische Metzgerei) das erste Shakespeare-Stück in Deutsch inszenierte und dessen Werke in alle Weltsprachen übersetzt wurden, erinnern Museum und Gartenhäuschen, in das er sich zur ungestörten Arbeit zurückzog. Süßschnäbel gedenken seiner bei einem Stück Wielandtorte im Café Kolesch. Danach ist man gestärkt für einen Spaziergang auf den Spuren von Webern und Weißgerbern, deren Tradition die letzte Sämische Gerberei Deutschlands aufrechterhält.

- Tourist Info, Marktplatz 7/1, 88400 Biberach an der Riß, Tel. 073 51/511 65, Mo, Mi 9–18, Di, Do, Fr 9–12.30, 14–17, Sa 9–12.30 Uhr, www.biberach-tourismus.de
- Wieland-Museum Biberach, Wieland-Gartenhaus, Saudengasse 10/1, 88400 Biberach an der Riß, Tel. 073 51/513 36, April–Nov. Mi–So 14–17 Uhr, www.biberach-riss.de
- Conditorei Café Confiserie Kolesch, Gymnasiumstr. 24, 88400 Biberach an der Riß, Tel. 073 51/720 29, Mo–Fr 8.30–19, Sa 8.30–18, So und Feiertage 10–18 Uhr, www.cafe-kolesch.de

❷ Barockmünster, Zwiefalten

Südlich des Großen Lautertales, das eines der schönsten Täler der Schwäbischen Alb ist, liegt das imposante Barockmünster Zwiefalten. Schon im 12. Jh. war die Klosterkirche Unserer Lieben Frau besonders groß und prunkvoll. Als Johann Michael Fischer (1692–1766) die mittelalterliche

Imposantes Gotteshaus in einem kleinen Ort auf der Schwäbischen Alb: Zwiefalten mit dem Münster Unserer Lieben Frau, das seit 1785 nicht mehr verändert wurde.

> **Tipp:** Große Kugelaugen und seidig glänzendes schwarzes Fell (wenn sie sich nicht gerade im Matsch gesuhlt haben) – das sind die Kennzeichen von Deutschlands ältester Wasserbüffelart. Der »Bubalus Albensis« (Albbüffel), von dem es zeitweise nur noch ein paar Exemplare im Zoo gab, ist Markenzeichen des Biosphärengebiets Schwäbische Alb (www.biosphaerengebiet-alb.de). Einige Gemeinden im Landkreis Reutlingen setzten vor Jahren auf die Tiere, siedelten sie an und förderten verarbeitende Betriebe. Einer der rührigsten Kämpfer für ihren Erhalt ist Willi Wolf, der mittlerweile eine Herde von knapp 300 Mutterkühen und Kälbern versorgt. Die vergleicht er schmunzelnd mit den Äblern selbst – »genauso stur, aber auch genauso liebenswert«.
> Albbüffel, Steinhilber Str. 28, 72531 Hohenstein, OT Meidelstetten, Tel. 073 87/579, jeden 2. Sa im Monat Führung zu den Büffeln, www.albbueffel.de
> Fleisch und Wurst: Albmetzgerei Failenschmid, Landgasthof Hirsch und Metzgerei, Parkstr. 2, 72813 St. Johann OT Gächingen, Tel. 071 22/828 70, Mi Ruhetag, www.failenschmid.de
> Käse: Hohensteiner Hofkäserei, Heidäcker 1, 72531 Hohenstein, OT Ödenwaldstetten, Tel. 073 87/12 97, www.albkaes.de
> Lederwarenmanufaktur Göppel, Leutkircher Str. 30, 88450 Berkheim, OT Illerbachen, Tel. 083 95/941 50, www.lederwaren-goeppel.de
> Trommeln aus Albbüffelhaut: Stephan Bergmann, Im Malerwinkel 9, 71566 Althütte, www.muttertrommel.de

SCHWABEN VON BIBERACH BIS NACH AUGSBURG

Kirche durch ein barockes Gotteshaus ersetzen ließ, entstand ein besonderes Schmuckstück, dessen Deckenfresken und Stuckausschmückungen Betrachter bis heute staunen lassen. Wer den Abstecher zu den Albbüffeln (Tipp) auslässt, erreicht Blaubeuren auf direktem, 44 km langem Weg über die B311 und die B492.

- Beda-Sommerberger-Str. 3, 88529 Zwiefalten, Tel. 073 73/205 20, www.zwiefalten.de
- Klosterbräu, Hauptstr. 24, 88529 Zwiefalten, tgl. ab 9.30 Uhr, im Winter Mi Ruhetag, www.klosterbraeu-gaststaette.de

3 Blautopf, Blaubeuren

Wenn es lange genug nicht regnet und die Sonne scheint, nimmt der kleine Quelltopf am mittelalterlichen Kloster Blaubeuren am intensivsten Farbe an. Dann strahlt sein Blau um die Wette mit dem satten Grün der Bäume, die das Ufer säumen. Auch in unseren aufgeklärten Zeiten ist der Blautopf ein magischer Ort, und es braucht nicht viel Fantasie, um zu verstehen, warum sich so viele Sagen um die 21 m tiefe Karstquelle ranken. Die bekannteste ist die von der schönen Nixe Lau, die in die unergründlichen Tiefen verbannt war, nachdem sie nur tote Kinder gebar. Eduard Mörike (1804–1875) hat in einer Erzählung beschrieben, wie die Nixe durch die dicke Wirtin vom Nonnenhof so zum Lachen gebracht wird, dass sie erlöst ist. Hermann Hesse schreibt 1953 über die »nach Roggenbrot und Märchen« riechende Idylle: »Überall duftete es nach Jugend und Kindheit, Träumen und Lebkuchen, Hölderlin und Mörike.« Während versierte Taucher das Unterwasser-Höhlensystem lockt, lohnt überirdisch ein Besuch im alten Gerberviertel, das Blaubeuren den Beinamen »Klein-Venedig« einbrachte.

- Blautopfstr. 9, 89143 Blaubeuren, Tel. 073 44/96 69 90, www.blaubeuren.de/de/Tourismus/Blautopf
- Hammerschmiede direkt am Blautopf, Tel. 073 44/96 69 90, Palmsonntag–Okt. tgl. 9–18 Uhr, Schauschmieden und Schmiedekurse, www.blaubeuren.de

4 Ulm

766, 767, 768 – endlich geschafft. Es ist ein gutes Stück bis zur obersten Aussichtsplattform des Ulmer Münsters auf 143 m. Doch dafür liegen einem danach nicht nur die als Kurpfalz gegründete baden-württembergische Stadt an der Donau und ihr bayerischer Nachbar Neu-Ulm zu Füßen. An klaren Tagen sieht man vom höchsten Kirchturm der Welt (161,5 m), an dem 513 Jahre lang gebaut wurde, bis zu den Alpen. Von unten wirkt das auf dem höchsten Punkt der Stadt errichtete gotische Gotteshaus noch imposanter. Ohne den Kopf in den Nacken legen zu müssen, geht es durchs Fischer- und Gerberviertel mit seinen schmucken Fachwerkhäusern.

- Ulmer Münster, Münsterplatz 1, 89073 Ulm, Tel. 07 31/379 94 50, April–Sept. tgl. 9–19, Okt.–März 10–17 Uhr, geänderte Öffnungszeiten während des Weihnachtsmarkts und an Feiertagen, Turmbesteigung April–Sept. Mo–Fr 9–18, Sa, So, Feiertage 10–18, Okt.

Die Fuggerei in Augsburg gilt als erste Sozialsiedlung der Welt. Der Kaufmann und Bankier Jakob Fugger stiftete sie im Jahr 1521 für Handwerker und Tagelöhner.

tgl. 10–18, Nov.–Jan. 10–15.45, Febr., März 10–16 Uhr, Orgelmusik am Mittag, Mo–Sa 12 Uhr, www.ulmer-muenster.de

5 Stadtturm, Günzburg

Einen aussichtsreicheren Ort für ein Weißwurstfrühstück gibt es kaum. Jeden Dienstag laden die Turmdamen der Günzburger Altstadtfreunde ins Wahrzeichen der Stadt. In der einstigen Türmerstube im sechsten Stockwerk servieren sie Würste, Brezen und Getränke und erklären dazu, wo man beim Blick aus dem Fenster bei klarem Himmel über das Donaumoos bis in die Alpen schauen kann. Und sie erzählen, wie der Türmer seinen kargen Lohn mit Musikunterricht im benachbarten Piaristenkolleg aufbesserte und die Piaristen in klaren Nächten zur Sternenbeobachtung in die oberste Turmstube kamen. Auf dem Weg nach unten lohnt ein Blick in den »Raum der Zeit« im vierten Stock. Hier befinden sich die großen Zifferblätter der Turmuhr, die man vom Marktplatz und Schnöllermarkt aus sieht, sowie eine Sammlung von Großuhrwerken und kleinen Preziosen. Zu Füßen des Turmes liegt die Altstadt, die die Günzburger liebevoll als längstes Straßencafé Schwabens beschreiben. Nicht nur dienstags, wenn einer der ältesten Wochenmärkte der Region abgehalten wird und während der Open-Air-Veranstaltungen beim Kultursommer, herrscht lebhaftes Treiben am Haltepunkt an der einstigen Postroute zwischen Wien und Paris. Pflichtstopp in Günzburg ist die von Rokoko-Baumeister Dominikus Zimmermann (1685–1766) errichtete Frauenkirche mit ihrem opulenten Deckengemälde. Wer entdeckt hier das Krokodil? Danach will die letzte Station der Tour entdeckt werden – Augsburg, erreichbar via A8, oder entspannter auf der Landstraße u. a. über Röfingen, Glöttweng und Horgau.

■ Altstadtfreunde Günzburg, Marktplatz 43, 89312 Günzburg, Weißwurstessen Di 10–14 (Reservierung erforderlich), Kaffee und Kuchen 1. So im Monat 14–17 Uhr, Tel. 08 221/20 04 44, www.altstadtfreunde-guenzburg.de

■ Tourist Info, Am Schlossplatz 1, 89312 Günzburg, Tel. 08 221/20 04 44, Mo–Fr 10–18, Sa 9–12 Uhr, www.guenzburg.de

Feste und Events

Mai
- Neu-Ulm, Markt der kleinen Brauereien, www.kleinbrauer.de, www.kleinbrauermarkt.de

Juli
- Biberach, Schützenfest, www.biberacher-schuetzenfest.com
- vorletzte Woche im Juli, Ulm, Schwörwoche mit dem karnevalistischen Umzug Nabada auf der Donau als Höhepunkt und Abschluss (Mo 16 Uhr), www.schwoermontag.com

September
- Zwiefalten, Klosterbräu-Festspiele mit Strohfigurenkunst, www.zwiefalter.de

Ende Oktober/Anfang November
- Biberach, Filmfestival, www.filmfest-biberach.de

Übernachten

Hotel Reblaus
13 individuell eingerichtete Zimmer im historischen Fachwerkhaus zwischen Ulmer Münster und Donau.
Kronengasse 8, 89073 Ulm, Tel. 07 31/96 84 90, www.reblausulm.de

Reisemobilstellplatz Am Donaustadion
Weitläufiger, kostenloser Wohnmobilstellplatz mit guter Anbindung an den öffentlichen Nahverkehr. Für die Anfahrt braucht man die grüne Umweltplakette.
Wielandstr. 74, Kontakt über die Tourist Info, Münsterplatz 50, 89073 Ulm, Tel. 07 31/161 28 30, www.tourismus.ulm.de

6 Respekt, Augsburg

Sonja Reininghaus ist Modedesignerin und Adele Volz hat schon in der Kindheit leidenschaftlich genäht. »Respekt genäht in Augsburg« prangt stolz am Etikett der Unikate, die in ihrem Atelier hängen – Dirndl, Tracht, Elegantes und Extravagantes, Klassisches und raffiniert Geschnittenes. Alle vier Monate bringen die beiden eine neue Kollektion heraus. Nichts davon ist Massenware, vieles maßgeschneidert und alles direkt in Augsburg produziert, das schon in vorchristlicher Zeit ein Zentrum der Textilindustrie war.

■ Hunoldsgraben 43, 86150 Augsburg, Tel. 08 21/540 77 20, Mo–Fr 9–12.30, 14–18, Sa 10–14 Uhr, www.respekt-design.de

26 Die Isar entlang bis Deggendorf

Drei Quellen im Tiroler Karwendel speisen die Isar, die nach 22 km bei Mittenwald als stattlicher Fluss die Grenze nach Bayern überfließt. Seit jeher prägt »die Grüne« oder »die Reißende« die oberbayerische Kulturlandschaft. War sie früher ein wichtiger Handelsweg, ist sie heute Erholungsraum auf und am Wasser. An ihren Ufern entwickelten sich quirlige Städte, aber bis heute gibt es dort auch ruhige, ursprüngliche Orte wie die Pupplinger Au. Auf fast 300 km findet jeder seinen Lieblingsplatz, um das von Willy Michl besungene, berühmte »Isarflimmern« zu spüren.

■ Alpenwelt Karwendel, Dammkarstr. 3, 82481 Mittenwald, Tel. 088 23/339 81, www.alpenwelt-karwendel.de

Vor der Kulisse des Karwendelgebirges grasen die Ziegen der Goas-Alm, deren Milch vor Ort zu Käse verarbeitet wird.

Gesamtlänge: 248 km

Krün ①—— 47 km ——② Wackersberg ③ Bad Tölz —— 120 km ——④ Landshut —— 75 km ——⑤ Deggendorf

① Goas-Alm, Krün
② Tölzer Schießstätte, Wackersberg
③ Tölzer Kasladen, Bad Tölz
④ Landshut
⑤ Isarmündung, Deggendorf
🛏 Hotel Moarwirt, Dietramszell
⛺ Campingplatz Königsdorf am Bibisee

① Goas-Alm, Krün

Bei dieser Wanderung ist Meckern erlaubt. Wenngleich sicher keiner auf die Idee käme, das angesichts von Strecke und Bergpanorama zu tun. Von Krün aus geht es über die Buckelwiesen, die vor hunderttausend Jahren von den Isargletschern in die Landschaft gedrückt wurden, zunächst Richtung Süden und dann, kurz hinter der Staatsstraße, zur Kapelle Maria Rast. Mit Blick auf Karwendel und Wettersteingebirge führt der Weg durch blühende Wiesen bis zu der Goas-Alm von Gabi und Adi Seiler. 40 Ziegen schnuppern hier klare Bergluft und rupfen saftige Wiesenkräuter, was ihre Milch besonders gut schmecken lässt. Zusammen mit Käser Alexander machen die Seilers daraus köstlichen Käse wie Alm-Öhi- oder Pilger-, Pfeffer- oder Waldpilzkäse. Dazu extrem gutes Eis. Mit Brotzeit, Kuchen und einem Eintopf an kalten Tagen stärken sich Wanderer für den Rückweg, der ein Stück weiter westlich verläuft, den Tennsee passiert und zuletzt dem Kranzbach bis zurück nach Krün folgt. Hierher schaute 2015 alle Welt, als sich Angela Merkel und Barack Obama anlässlich des G7-Gipfels auf dem nahen Schloss Elmau bei strahlendem Sonnenschein auf dem Rathausplatz zum Weißwurstfrühstück trafen.

■ Buckelwiesen 5, 82481 Mittenwald, Tel. 088 23/25 73, Di–So 11–16 Uhr, www.goas-alm.de

■ Ausgangsort Krün, Rathausplatz 1, 82494 Krün, Tel. 088 25/10 94, für die 8,5 km ohne große Herausforderungen ist die reine Gehzeit knapp 2 Std., www.kruen.de

② Tölzer Schießstätte, Wackersberg

Mit vier Jahren fasste Michaela Hager ihren Berufswunsch: Köchin wollte sie werden. »Schon um meiner Oma zu beweisen, dass ich besser wüsste, wie man Pfannkuchen macht«, lacht sie heute, da sie und ihr Mann Andreas die Tölzer Schießstätte zu einer der besten kulinarischen Adres-

🛏 Übernachten

Hotel Moarwirt
Das engagierte, junge Besitzerpaar hat 18 Zimmer modern-alpin eingerichtet und bietet eine sensationelle Küche.
Sonnenlängstr. 26, 83623 Dietramszell OT Hechenberg, Tel. 080 27/10 08, www.moarwirt.de

Campingplatz Königsdorf am Bibisee
Ruhig gelegener Platz mit eigenem Badesee, Kinderspielplatz, Laden und Restaurant.
Zum Lindenrain, 82549 Königsdorf, Tel. 081 71/815 80, www.camping-koenigsdorf.de

DIE ISAR ENTLANG BIS DEGGENDORF

Tipp: Es gab Zeiten, da hatte Bad Tölz 22 Brauereien. Das war Ende des 18. Jh. Die Isar war ein schneller Handelsweg, auf dem man den Gerstensaft frisch in die Hauptstadt transportieren konnte. 1782 etwa gingen 8730 Eimer Bier (5600 hl) auf Flößen nach München. Nun lebt die Tradition wieder auf, und man erfährt all das und viel mehr beim neu gegründeten Binderbräu. Hier wird nicht nur vor Publikum gebraut, auch die Historie einer Stadt wird lebendig, deren Biertradition viel weiter zurückreicht als das Reinheitsgebot von 1476. Hausherr Andreas Binder ist als langjähriger Leiter des Tölzer Stadtmuseums ein profunder Kenner dieser Geschichte. Gemeinsam mit Schwiegervater Johann Weber hat er spannende Exponate zusammengetragen. Einmal quer durch die Stadt geht es zum Mühlfeldbräu, der 2008 als erster wiedereröffnete und stolz im Logo »unser neues Tölzer Bier« anpreist. Grundsolide, was die Qualität angeht, aber mit ausgesprochen stylishem Braugasthaus.
Broschüre »Historische Brauereien« bei der Tourist Info im Stadtmuseum, Marktstr. 48, 83646 Bad Tölz, Tel. 080 41/793 51 56, www.bad-toelz.de
Tölzer Brau- und Volkskunsthaus, Ludwigstr. 12, 83646 Bad Tölz, Tel. 080 41/26 09, Di 17–23, Mi–So 10–23 Uhr, warme Küche 11.30–21.30 Uhr, www.toelzer-binder-braeu.de
Tölzer Mühlfeldbräu, Bahnhofstr. 4, 83646 Bad Tölz, Tel. 080 41/796 05 71, Mi–Mo 9–1 Uhr, www.tmb.de, Gewölbekeller und Bar Mi–So 19–1 Uhr, www.gasthaus-toelz.de

sen im bayerischen Oberland gemacht haben. Die Auswahl ist klein, aber fein. Die Leidenschaft für die sorgfältige Zubereitung so groß wie eh und je. Die Hagers verwenden ausschließlich frische Produkte, ihre Lieferanten kennen sie persönlich und gekocht wird erst, wenn etwas bestellt ist. Frischer könnte ein Gericht nicht auf den Tisch kommen. Obwohl übersichtlich, stellt die Speisekarte vor eine echte Qual der Wahl. Die Lösung heißt: wieder kommen und sich durchprobieren oder sich ein Kochbuch von Michaela Hager besorgen und sein Lieblingsgericht daheim nachkochen.

■ Kiefersau 138, 83646 Wackersberg, Tel. 080 41/35 45, Di–So 11.30–15.30, Di–Sa auch 18–24 Uhr, www.michaela-hager.de

③ Tölzer Kasladen, Bad Tölz

In die Käserei ist Susanne Hofmann buchstäblich hineingeboren. Nach einer Kindheit zwischen Molkerei und Reifekeller, dem Käsen-Lernen auf einer französischen Ziegenfarm und dem Verkaufen im Großmarkt Rungis in Paris stieg sie mit ihrem Bruder in den elterlichen Laden ein. Heute ist Susanne Hofmann die Koryphäe, wenn es um Käse geht. Seit 1972 pflegt ihre Familie handwerklich hergestellte Käsesorten von höchster Qualität bis zur perfekten Reife. 200 Sorten aus zehn europäischen Ländern umfasst das aktuelle Sortiment im kleinen Laden mit der großen Auswahl. Dazu gehört der Frischkäse vom Murnau-Werdenfelser Rind aus dem nahen Gut Kerschlach ebenso wie ein südkampanischer Büffelkäse. Und nebenbei

Tipp: Als Waren noch nicht mit Containerschiffen und Flugzeugen quer durch die Welt transportiert wurden, waren Flüsse die Transportwege der Wahl. Die Flößerei auf der Isar garantierte einen regen Handel zwischen Karwendel und Donau. Vom 13. bis ins 19. Jh. wurden Holz, Baumaterial und Waren vornehmlich in die Residenzstädte München und Landshut sowie in die Bischofsstadt Freising gebracht. Befahrbar war die Isar ab Mittenwald, und vieles, was zu Fuß über die Fernhandelswege aus Italien kam, ging hier aufs Floß. Das war nicht nur schneller, sondern oft auch sicherer. An den Zielorten gab es Floßländen, an denen die Waren an Land gebracht und die aus langen Stämmen zusammengesetzten Flöße geteilt und als Bauholz eingelagert wurden. Ihre Blüte erlebte die Isarflößerei von 1860–1870, mit mehr als 10 000 Flößen im Jahr. Heute erinnern touristische Varianten an die einstige Tradition. Während der Sommermonate gibt es regelmäßig feucht-fröhliche Fahrten zwischen Wolfratshausen und München. Wenn die mit 345 m längste Floßrutsche Europas passiert wird, kreischen die Passagiere und die Passanten amüsieren sich (www.flossfahrt.de).

gibt es über die Ladentheke viele Tipps von der optimalen Lagerung bis zur idealen Verwendung. Wer mehr wissen oder selber Käse herstellen möchte, ist in einem der Kurse gut aufgehoben, die mehrmals im Jahr stattfinden. Auf der Weiterfahrt folgt man der B13 und umgeht dann die Nähe zu München und den Autobahnen

DIE ISAR ENTLANG BIS DEGGENDORF

via Landstraßen/Flughafentangente über Aying, Zorneding und Erding.

- Marktstr. 31, 83646 Bad Tölz, Tel. 080 41/793 84 47, Mo–Fr 9–18, Sa 8.30–16 Uhr, weitere Filialen u. a. in Landshut und Bad Heilbrunn, www.toelzer-kasladen.de

4 Landshut

In der alten Herzogstadt, Sitz der Regierung von Niederbayern, teilt sich die Isar für ein kurzes Stück in zwei Arme. An der heutigen Heilig-Geist-Brücke entstand um 1150 eine Siedlung, die einen raschen Aufstieg erlebte. Die von der Burg Trausnitz überragte Altstadt mit ihren hoch aufragenden Giebelhäusern aus dem 15. und 16. Jh. lohnt einen Bummel. Am besten, man holt sich in der Chocolat-Manufaktur in der Neustadt eine delikate Wegzehrung wie Brombeereis mit Lavendel und streift durch die beiden parallel verlaufenden Hauptstraßen. Bis zum Männerladen am Dom ist auch das größte Eis verzehrt. Hier findet Mann alles, was sein Herz begehrt: stilvolle Kleidung, handgemachte Gürtel, Lederbälle in allen Größen, witzig-nützliche Accessoires, einen Barbier, der den Bart nach klassischer Methode auf die richtige Länge stutzt, und das Herrenzimmer mit Kaffee- und Whiskybar. Begonnen hat alles auf einer Reise, die Christoph Jung vor 30 Jahren nach Australien führte und mit Lederbearbeitung in Kontakt brachte. Nach und nach kamen zu den hochwertigen Ledersachen immer mehr schöne Produkte, die längst nicht nur Männern gefallen. Parallel zur A92 verlaufen Landstraßen nach Deggendorf. Auf diesem Streckenabschnitt wird der eine oder andere die Autobahn und damit ca. 30 Min. weniger Fahrtzeit bevorzugen.

- Chocolat Manufaktur & Laden, Neustadt 442, 84028 Landshut, Tel. 08 71/319 85 26, Mo–Fr 9–18, Sa 9–16, So bei Eiswetter 13–17 Uhr, www.chocolat-manufaktur.de
- Männerladen am Dom, Altstadt 18–20, 84028 Landshut, Tel. 08 71/294 75, Mo–Sa 9.30–18, Do bis 19 Uhr, www.maennerladen24.de

Bei Olaf Minet in der Landshuter Chocolat Manufaktur gibt es handgemachte Pralinen, Eis, Schokoladen, kleine Desserts ...

5 Isarmündung, Deggendorf

292 km nach ihrer Quelle mündet die Isar in Deggendorf in die Donau. Auf den letzten acht Kilometern darf der Gebirgsfluss frei fließen. Große Auwälder, Sumpfwiesen und Altwasser charakterisieren das Mündungsgebiet vor der Kulisse des Bayerischen Waldes, als dessen Tor die Hochschulstadt bezeichnet wird. Vor allem Fische, Vögel und Pflanzen finden hier Lebensbedingungen, die woanders zumeist zerstört sind. Schmetterlinge flattern zu Orchideen. Springfrösche quaken. Wer hier genau hinschaut, kann auf Wanderwegen oder im Infohaus viel Neues entdecken. Von hier aus kann man auch die Heckrinder beobachten, eine Rückzüchtung von Auerochsen, die in einer wilden Herde die Aufgabe der Landschaftsgärtner im Auengebiet erfüllen.

- Infohaus Isarmündung, Maxmühle 3, 94554 Moos bei Deggendorf, Tel. 099 38/91 90 98, Mi–So 10–17 Uhr, www.infohaus-isarmuendung.de
- Tourist Info, Oberer Stadtplatz 1, 94469 Deggendorf, Tel. 09 91/296 05 35, Mo–Fr 9–17, Sa 10–12 Uhr, Okt.–Mai Mo–Fr 12–13 Uhr geschlossen, www.deggendorf.de

Feste und Events

2. Do nach Pfingsten
- Fronleichnam mit prächtigen Prozessionen in vielen Orten, u. a. in Mittenwald und Wallgau

Juni
- 23., Johannifeuer im Werdenfelser Land
- Bis Juli: Landshuter Hochzeit, alle vier Jahre mehrwöchiges historisches Fest, das nächste Mal 2021, www.landshuter-hochzeit.de

Wer das hölzerne »Ei« im Baumwipfelpfad von Neuschönau erklimmt, nimmt eine Baumgruppe quasi unter die Lupe.

27 Bayerischer Wald und Passau

»Zauberwald« nennen die Einheimischen den Bayerischen Wald. Wer ihn bereist, wird viele Gründe dafür finden: Tiere, die andernorts längst ihren Lebensraum verloren haben, Menschen, die mit viel Leidenschaft ihre Heimat pflegen, und traumhafte Möglichkeiten für sportliche Aktivitäten. Dazu meist von Flüssen geprägte Städte mit langer Geschichte. Cham mit seinem mächtigen Burgtor, Bad Kötzting mit seiner hübschen historischen Altstadt, Frauenau mit der ältesten Glasmanufaktur der Welt und das mit vielen Prädikaten geschmückte Passau.

- Tourismusverband Ostbayern, Luitpoldstr. 20, 93047 Regensburg, Tel. 09 41/58 53 90, www.ostbayern-tourismus.de
- Nationalpark Bayerischer Wald, Nationalparkzentren und Infostellen: www.nationalpark-bayerischer-wald.de

Gesamtlänge: 195 km

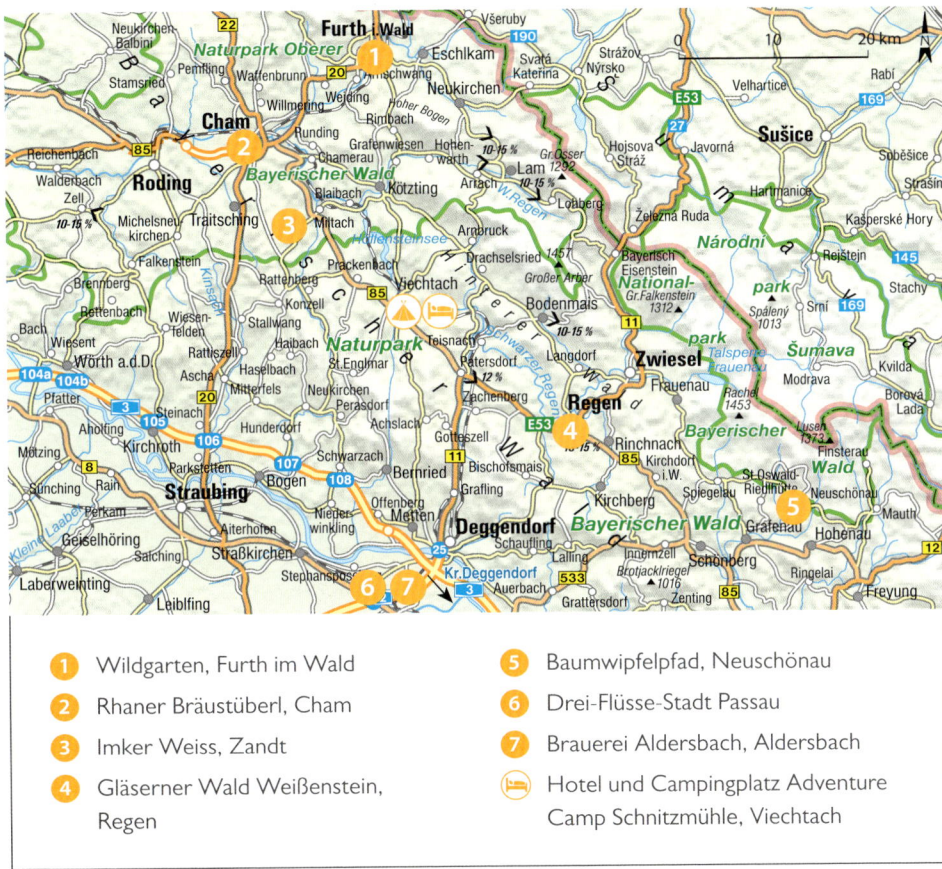

1. Wildgarten, Furth im Wald
2. Rhaner Bräustüberl, Cham
3. Imker Weiss, Zandt
4. Gläserner Wald Weißenstein, Regen
5. Baumwipfelpfad, Neuschönau
6. Drei-Flüsse-Stadt Passau
7. Brauerei Aldersbach, Aldersbach
- Hotel und Campingplatz Adventure Camp Schnitzmühle, Viechtach

1 Wildgarten, Furth im Wald

Natur begreifbar machen, das ist das Anliegen von Ulrich Stöckerl, einem Original in Outdoor-Hose und mit Trapperhut. Mit seinem Wildgarten in Furth im Wald hat er mit großer Akribie ein respektables Stück Wildnis gestaltet, in dem er mit ebenso einfachen wie eindrucksvollen Mitteln Gästen die Augen für die heimische Landschaft, Tier- und Pflanzenwelt öffnet und zeigt, dass vordergründiges Chaos auch große Schönheit bergen kann. Vor allem bietet sein verwunschener Garten mit Totholz, Gebüsch und Wiesenflächen vielen heimischen Tieren und Pflanzen einen Lebensraum. Und zwischen all dem Wildwuchs gibt es das ein oder andere Kunstwerk zu entdecken. Noch mehr sieht man bei einer Führung, wobei Stöckerls launige Sprüche allein einen Besuch wert sind. Dahinter versteckt sich großes Wissen, von dem durch die flapsigen Vergleiche allerhand hängen bleibt. Besonders spannend ist ein Besuch im Teich. Gleich einem der großen Zoo-Aquarien steigt man im Wildgarten in die Tiefe und findet sich Aug in Aug mit Hechten, Barschen und Bitterlingen, den heimischen Fischen der Region. Bis zu 2,5 m tief ist der von Grundwasserquellen gespeiste Weiher, der einem einen Einblick in eine so nahe und doch so unbekannte Welt gibt. An den Further Drachenstich erinnert der 2009 entstandene Drachensee, ein 175 ha großer Hochwasserspeicher an der Chamb, der als Naherholungsgebiet und auch als ökologische Regenerationszone dient. Ein 5 km langer Spaziergang führt um den Drachensee, über den man vom stilisierten Drachenkopf aus einen besonders schönen Überblick genießt.

■ Wildgarten Furth, Daberger Str. 33, 93437 Furth im Wald, Ostern–Herbstferien 10–17 Uhr, außerhalb der Öffnungszeiten individuelle Besichtigung möglich, für den Kassenautomaten Euromünzen mitbringen, www.wildgarten-furth.de

■ Tourist Info, Schloßplatz 1, 93437 Furth im Wald, Tel. 099 73/509 80, Mo–Do 8–17 (Okt.–Mai 12–13 Uhr geschlossen), Okt.–Mai Fr 8–13, Juni–Sept. Fr 8–17, Sa, So 10–12 Uhr, www.furth.de

■ www.furth-drachensee.de

BAYERISCHER WALD UND PASSAU

❷ Rhaner Bräustüberl, Cham

Wer das Rhaner Bräustüberl betritt, fühlt sich augenblicklich in eine andere Zeit versetzt. Das denkmalgeschützte Haus im Jugendstil ist eines der ältesten Gasthäuser der Stadt, mit bunter Wandvertäfelung und Darstellungen exotischer Tiere, die den Betrachter schmunzeln lassen. Bei den Speisen wird der ein oder andere Klassiker raffiniert modern angeboten; etwa die Weißwurst als Carpaccio oder die Kalbsleber mit eingelegten Sauerkirschen. Eine Seltenheit ist die Oberpfälzer Spezialität Schornbladl, dünne Teigfladen, die früher aus den Resten vom Brotbacken zusammengekratzt und dünn ausgewalkt gebacken wurden. Mit Kartoffeln, Birnen, Ei und Salat sind sie eine Delikatesse. So wie der Braten, der sonntags auf der Karte steht. Gebraut wird in der ältesten Familienbrauerei Ostbayerns seit jeher im 20 km entfernten Rhan. Die Idee, die komplette Produktion nach Cham zu verlagern, verwarf man in den 1940er-Jahren – wegen des besonders guten Rhaner Felsquellwassers, das dem Bier und den traditionell bairisch als »Kracherl« benannten Limonaden ihren besonderen Geschmack verleiht. Als Mitglied der Erzeugergemeinschaft Landgenuss Bayerwald macht man sich stark für Erhalt und Pflege regionaler Produkte. Dazu gehören auch die besonderen Gourmet-Biere, die seit 2014 in der Rhaner Biermanufaktur gebraut werden.

■ Ludwigstr. 5, 93413 Cham, Tel. 099 71/70 09, Mi–So 10–14, 18–22 Uhr, www.rhaner-braeustueberl.de

❸ Imker Weiss, Zandt

Ein bisschen erinnert das Bienenmuseum in Zandt an ein altes Schulhaus. Doch wenn Thomas Weiss seine Gäste Platz nehmen lässt und an Schaukästen, historischen Geräten und bei einem Blick in den Bienenstock zu erklären beginnt, hat das gar nichts Schulmeisterliches. Man spürt seine Leidenschaft für Bienen und seinen Beruf und staunt, wie viel Neues er zu erzählen weiß. Von der Historie der Imkerei und wie er als Wanderimker mit etwa 250 Bienenvölkern an unterschiedliche Orte reist, um verschiedene Sortenhonige in Bioqualität zu erzeugen. So geht es zur Obstblüte ins Rheinland, zur Sonnenblumenblüte nach Berlin und für die Tanne in den Schwarzwald. Neben Honig, Pollen, Propolis, duftenden Seifen und echten Bienenwachskerzen schätzt Thomas Weiss noch ein anderes Produkt der Bienen: die Luft aus dem Bienenstock. Früh habe man um den Nutzen der ätherischen Öle aus Honig, Pollen, Wachs und Propolis gewusst. In den Sommermonaten kann man bei ihm die traditionelle Bienenstockluft-Therapie machen, die bei Atemwegserkrankungen, Allergien und anderen Beschwerden eingesetzt wird.

■ Wolfersdorfer Str. 30, 93499 Zandt, Tel. 099 44/514, Laden Mo–Fr 8–12, 13 bis 17 Uhr, Führung im Bienenmuseum Mai bis Aug. Do 11.30 Uhr (telefonische Anmeldung ratsam), www.weiss-natur-idee.de

> **Tipp:** Man bohrte nach Öl und fand sprudelndes, heilkräftiges Thermalwasser, das dem Niederbayerischen Bäderdreieck längst weit über die Region hinaus zu Beachtung verhalf. Bad Birnbach hat mit Chrysanti- und Konradsquelle zwei der wärmsten Thermal-Mineralquellen Europas. In Bad Füssing, wo sich ein Kuraufenthalt auch mit einem Spielbank-Besuch kombinieren lässt, bringt eine Thermalwasser-Ringleitung das heilkräftige Nass direkt in zahlreiche Hotels am Ort. Im Dreiquellenbad von Bad Griesbach lassen sich Bäder mit Trinkkuren verbinden. Dabei muss man nicht zwingend kuren, um die Wohltaten der Thermalquellen im Bäderdreieck zu genießen. Vor allem Golfer kombinieren entspannende Bäder mit einer Runde auf einem von mehreren 18-Loch-Plätzen in der Region.

Das Untier beim Further Drachenstich ist nicht echt – vermutlich ist das Spektakel deshalb ein so großer Spaß.

BAYERISCHER WALD UND PASSAU

■ Api-Therapie (Bienenstockluft-Therapie), BayVital, Wolfersdorfer Str. 30, 93499 Zandt, Tel. 099 44/30 20 60, April–Sept., www.bayvital.de

④ Gläserner Wald Weißenstein, Regen

Espe, Buche, Fichte, Kiefer und unterschiedlichste Tannen. Besser könnte ein Wald kaum gemischt sein, als der direkt am Fuß der Burg Weißenstein in Regen. Keinesfalls aber kunstvoller. Was hier seit 2000 wächst, ist der »Gläserne Wald«, der zu den größten Attraktionen entlang der »Glasstraße« zählt, vielfach Kulisse für Fernsehaufnahmen war und prominente Besucher wie Bundeskanzler Helmut Kohl anzog. Bis zu 7 m hohe Bäume aus 1 cm dickem, speziell gehärtetem Glas pflanzte Rudi Schmid auf dem 2000 qm großen Areal. Scherzhaft bezeichnet sich der Glaskünstler als »ersten Förster der Welt, der einen Borkenkäfer-resistenten Wald hat«. Seine Bäume sind allesamt Unikate, mal rund, mal eckig, schlicht angeordnet oder kunstvoll verzwirbelt. Besonders schön ist es, wenn sich die Sonne im Glas bricht oder das bunte Glas nachts vom Boden her beleuchtet ist. Der Ort für diesen ungewöhnlichen Wald ist nicht von ungefähr gewählt. Im Hintergrund erhebt sich die Burgruine Weißenstein. Die Degenberger, ihre einstigen Burgherren, waren die ersten Glashüttenbesitzer im Bayerischen Wald.

Tipp: Kenner vergleichen den Schwarzen Regen mit Kanada und Colorado-River. Einer der Kajak-Tourenklassiker durch wildromantische Landschaft beginnt am Bootsfahrerparkplatz in Regen-Metten. Gleich zu Beginn geht es durch eine schöne, einsame Waldschlucht. Nach gut 2 Std. ist Auerkiel erreicht und die Strecke wird anspruchsvoller. Ab hier gilt Helm- und Schwimmwestenpflicht. Das Bärenloch fordert mit starker Strömung und Felsen im Flussbett. Zum Ende der Tour muss man das Wehr der Papierfabrik Teisnach mit seinem Fabrikkanal aus Sicherheitsgründen auf einem Feldweg umtragen. Für die 18,5 km ist man etwa 4,5 Std. unterwegs.
Schneider Events, Kanuverleih und geführte Touren, Eschenweg 7c, 94209 Regen, Tel. 099 21/902 10, www.kanu-regen.de

■ Gläserner Wald, Weißenstein 16, 94209 Regen, www.glaeserner-wald.de
■ Burgruine Weißenstein, Weißenstein, 94209 Regen, Tel. 099 21/604 26, April–Okt. Di–Do 10–16.30, Fr–So 10–17.30 Uhr, Mo in den bayerischen Schulferien geöffnet, bei Regenwetter aus Sicherheitsgründen geschlossen, Führungen nach telefonischer Anfrage, www.burgverein-weissenstein.de
■ Tourist Info, Schulgasse 2, 94209 Regen, Tel. 099 21/604 26, Mo–Fr 8–17, Sa, So 10–17 Uhr, www.regen.de

⑤ Baumwipfelpfad, Neuschönau

Wer hat schon einmal einen Baum geschüttelt? Nicht das kleine Apfelbäum-

 Übernachten

Hotel und Campingplatz Adventure Camp Schnitzmühle
Im Hotel nächtigt man in modern-ausgefallen möblierten Zimmern in Hacienda und Lodge mit Wellness und bayerisch-thailändischer Küche. Für Camper gibt es wahlweise feste Parzellen oder freie Platzwahl unter altem Baumbestand direkt am Fluss.
Schnitzmühle 1, 94234 Viechtach, Tel. 099 42/948 10, www.schnitzmuehle.de

chen im Garten oder den Fichtensetzling, der einem gerade bis zur Nasenspitze reicht, sondern eine ausgewachsene Tanne. Es geht ganz leicht. Vorausgesetzt, man stupst den Stamm weit genug oben an. In Neuschönau spaziert man auf Augenhöhe mit Wipfeln und Kronen und fühlt sich ein bisschen wie ein Vogel oder ein Eichhörnchen. Ganz neue Einblicke erhält man dadurch. 1300 m ist die sanft ansteigende Rampe lang, die in eine Kuppel mündet, die wiederum ein Tannen- und Buchen-Ensemble umschließt. Mit jeder Etage, die man sich auf insgesamt mehr als 40 m hinaufschraubt, sieht man mehr von der sanften Hügellandschaft: Lusen, Rachel, Kirchtürme mit Bilderbuchdörfern drum herum und den Bayerischen und Böhmischen Wald, die sich über Hunderte von Kilometern zu einem grünen Meer vereinen. An klaren Tagen spannt sich sogar der nördliche Alpenhauptkamm als Kulisse auf. Am Eingang zum Baumwipfelpfad liegt das Hans-

BAYERISCHER WALD UND PASSAU

Eisenmann-Haus als Anlaufstelle für Besucher im Nationalparkzentrum Lusen mit Lesegalerie, Ausstellungsraum, Sonnenterrasse und Freigehegen für Luchse und Wildkatzen.

- Böhmstr. 43, 94556 Neuschönau, Tel. 085 58/97 40 74, Mai–Sept. 9.30–19, Nov.–März 9.30–16, April, Okt. 9.30 bis 18 Uhr, www.baumwipfelpfad.by
- Hans-Eisenmann-Haus, Böhmstr. 35, 94556 Neuschönau, Tel. 085 58/961 50, Mai bis 8. Nov. 9–18, 26. Dez.–April 9–17 Uhr, www.nationalpark-bayerischer-wald.de

6 Drei-Flüsse-Stadt Passau

Das grün-schimmernde Gletscherwasser des Inns aus dem Süden, die von Westen kommende blaue Donau und die schwarze Ilz aus den Bergen des Bayerischen Waldes im Norden vereinen sich an der spitzen Landzunge von Passaus Drei-Flüsse-Eck. Hier siedelten sich schon früh Menschen an (die ältesten Zeugnisse konnten auf das 5. Jh. v. Chr. datiert werden), weil ihnen das Wasser Schutz vor Angreifern bot. Später schätzten die Bewohner die Flüsse als Verkehrsweg. Insbesondere das Salz, das hier angelandet und auf dem »Goldenen Steig« nach Böhmen transportiert wurde, war ein einträgliches Geschäft für die Stadt, die inzwischen zum Bischofssitz geworden war. Bis zur Säkularisierung im Jahr 1803 war das Bistum das flächenmäßig größte im Heiligen Römischen Reich. Der an höchster Stelle errichtete Stephansdom lässt die einstige Bedeutung erahnen. In seinem Umfeld soll um 1200 auch das Nibelungenlied entstanden sein, der in Worms angesiedelte Heldenepos um Macht, Verrat und Loyalität, der Passau zu einem seiner Beinamen verhalf: »Nibelungenstadt«. Für das »Venedig Bayerns« stand u. a. der von Weitem sichtbare Campanile des Rathauses Pate, natürlich das Wasser sowie die verwinkelten Gässchen und romantischen Plätze in der Altstadt.

- Tourist Info, Rathausplatz 2, 94032 Passau, Tel. 08 51/95 59 80, Ostern–Sept. Mo–Fr 8.30–18, Sa, So 9–16, Okt.–Ostern Mo–Do 8.30–17, Fr 8.30–16, Sa, So 10–15 Uhr, www.passau.de

Feste und Events

Mitte Mai
- Kloster Aldersbach, Kunst- und Handwerkermarkt

Pfingsten
- in den geraden Jahren, Regen, Volksmusikfestival und Kunsthandwerkermarkt Drumherum, www.drumherum.com
- Bad Kötzting, Pfingstritt

Juni
- in geraden Jahren, Ritterspektakel Weißenstein, www.ritterspektakel-weissenstein.de

2.–3. So im August
- Furth, Drachenstich, das seit 500 Jahren zelebrierte, älteste Volksschauspiel Deutschlands mit Mittelalter-Lager Cave Gladium, www.drachenstich.de

7 Brauerei Aldersbach, Aldersbach

Craftbier trinken ist das eine. In Aldersbach darf man seinen persönlichen Haustrunk auch brauen. Regelmäßig setzen die Braumeister Peter Wagner und Lorenz Birnkammer mit Interessierten einen Sud an. Malz schroten, einmaischen, beobachten, wie Stärke zu Zucker wird, gehört an diesem Tag ebenso dazu, wie verschiedene Biere zu degustieren und auszuprobieren, wie sich unterschiedliche Glasformen auf den Geschmack auswirken. Während die Hobbybrauer vier bis sechs Wochen Geduld haben müssen, bis ihr eigenes Bier trinkfertig ist, gibt es in Aldersbach einige Alternativen. Besonders angenehm genießt man an einem lauen Sommerabend im Rosengarten, wo man nach alter Biergarten-Tradition auch seine Brotzeit mitbringen darf. So, wie auch im Bräustüberl, in dem sich jeder Gast im Steinkrug sein Bier direkt vom Zapfhahn holt. Unbedingt lohnenswert ist ein Blick in die Klosterkirche Mariä Himmelfahrt mit ihrem goldglänzenden Hochaltar und dem Deckenfresko, auf dem die Weihnachtsgeschichte dargestellt ist. Wie häufig üblich hat auch hier der Künstler eine kleine Fleißaufgabe eingebaut. In dem Fall ist es ein kleiner Vogel: »Wer in Aldersbach war, muss die Schwalbe gesehen haben«.

- Freiherr-von-Aretin-Platz 1, 94501 Aldersbach, Tel. 085 43/960 40, Stüberl Mo–Sa 13–24, Mitte April–Okt. auch So 13–20 Uhr, www.aldersbacher.de

28 Von Wolnzach bis nach Straubing

Zwischen meterhohen Hopfenstangen beginnt die Tour durch Ober- und Ostbayern. Allein der Anblick der hoch in den Himmel rankenden Pflanzen fasziniert im weltweit größten Hopfenanbaugebiet. Weniger spektakulär, aber nicht minder delikat ist der Spargel, der auf den sandigen Böden um Schrobenhausen und Abensberg wächst. Etwas nördlich kommt die Donau ins Spiel, mit landschaftlichen Reizen und schönen Städten. Ingolstadt lohnt einen Halt – nicht nur zum Outlet Shopping. Die gut erhaltene Stadtmauer und eines der schönsten Stadttore Deutschlands sind in der einstigen Herzogresidenz zu entdecken. Kelheim trumpft mit dem atemberaubenden Donaudurchbruch auf, hat aber durchaus auch ein hübsches Zentrum. So folgt man dem Fluss via Regensburg bis in den Gäuboden, die fruchtbare Kornkammer Bayerns, dessen Zentrum Straubing ist.

■ Tourismusverband Ostbayern, Luitpoldstr. 20, 93047 Regensburg, Tel. 09 41/58 53 90, www.ostbayern-tourismus.de

Manche halten sie für die schönste Stadt Bayerns: Regensburg mit dem Dom St. Peter und der verwinkelten Altstadt.

Gesamtlänge: 191 km

1 Wolnzach — 36 km — 2 Schrobenhausen — 74 km — 3 Kelheim — 30 km — 4 Regensburg — 12 km — 5 Donaustauf — 39 km — 6 Straubing

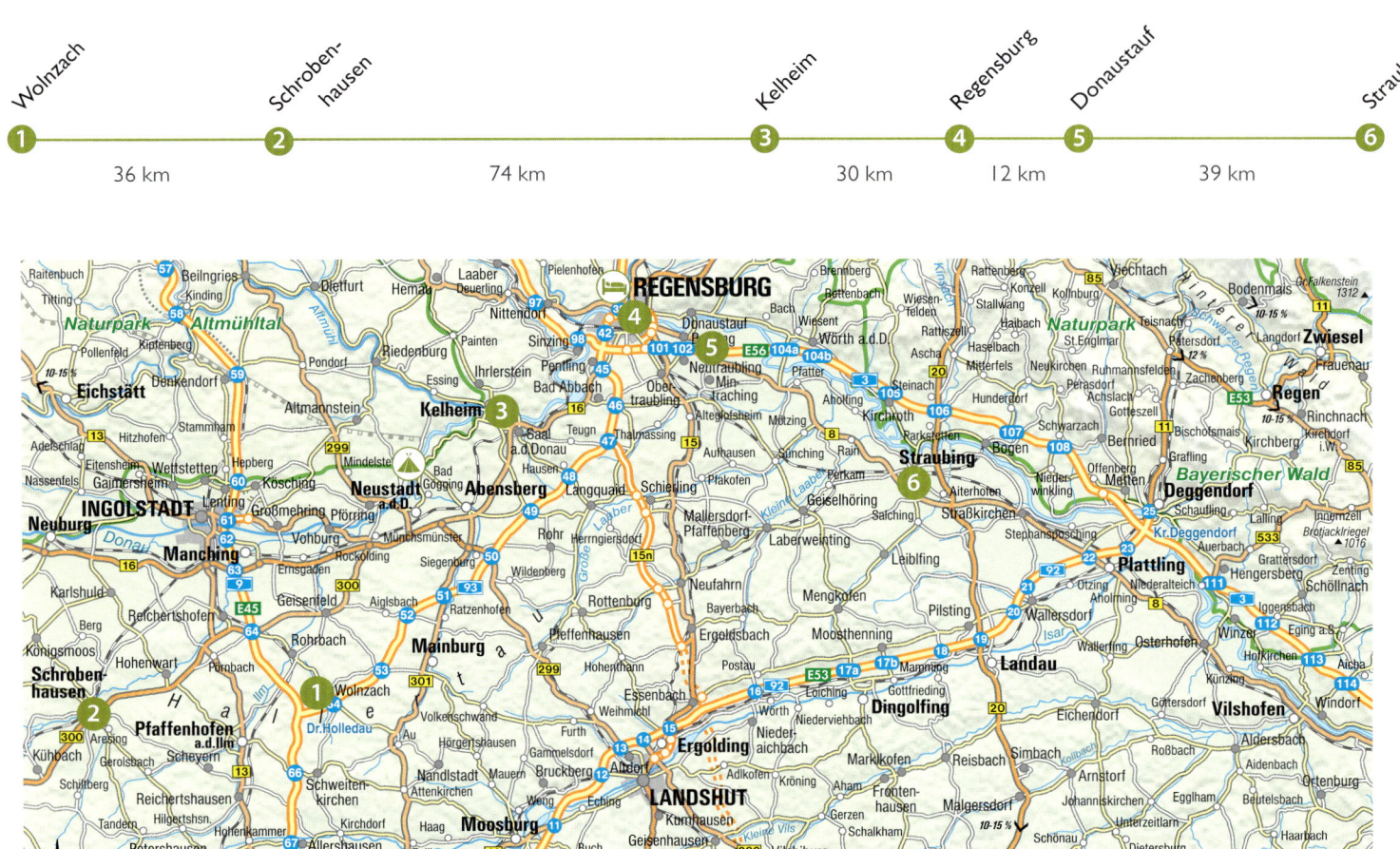

- 1 Hopfenmuseum, Wolnzach
- 2 Spargel, Schrobenhausen
- 3 Donaudurchbruch bei Kelheim
- 4 Regensburg
- 5 Walhalla, Donaustauf
- 6 Straubing
- 🛏 Hotel Goliath, Regensburg
- ⛺ Campingplatz Felbermühle, Neustadt an der Donau

1 Hopfenmuseum, Wolnzach

Zum Bierbrauen gehört Hopfen. Und der kommt, nicht nur für bayerischen Gerstensaft, zumeist aus der Hallertau, wo er seit mehr als 200 Jahren angebaut wird; in größerer Menge als irgendwo sonst auf dem Globus. Ein Viertel des weltweiten Bedarfs wird in Wolnzach und Umgebung gedeckt. Es gibt ein Hopfeninstitut sowie ein Wissenschaftszentrum für Hopfenzüchtung. Seit 2005 widmet sich ein modernes Museum allen Facetten der Kletterpflanze mit den grün-gelben Zapfen. Angefangen vom wild wachsenden Arzneikraut über historische Gerätschaften wie eine Presse von 1880 bis zur neuen Sorten-Riechstation, an der auch Laien erstaunlich differenziert die Unterschiede verschiedener Pflanzen erschnuppern können. Selbstverständlich gibt es auch Gelegenheit zu einem Praxistest.

▪ Elsenheimerstr. 2, 85283 Wolnzach, Tel. 084 42/75 74, Di–So 10–17 Uhr, einmal im Monat Bierverkostung zu bestimmtem Thema, www.hopfenmuseum.de

VON WOLNZACH BIS NACH STRAUBING

❷ Spargel, Schrobenhausen

1912 kaufte der Geometer Christian Schadt den Oberhaidhof und begann dort im mit Lehm durchsetzten Tertiärsand Felder zu bestellen. Mit Blick auf das Anwesen, das heute Schadts Enkel bewirtschaften, beginnt die 6 km lange Wanderung durch eines der berühmtesten Spargelanbaugebiete Deutschlands. Einen knappen Kilometer führt der Weg durch den Wald. Nach einem Hopfengarten kommen die ersten Spargelfelder um Gröbern, wo jeder Bauernhof die frische Ernte anbietet. Das Marterl an der großen Wetterfichte erinnert an den Mordfall von Hinterkaifeck, der die Vorlage zum Film und Theaterstück »Tannöd« gab. Noch einmal führt der Weg durch den Wald zurück zum Parkplatz. Wer nun Lust auf den typisch nussigen Schrobenhausener Spargel bekommen hat, kehrt bei einem der »Schrobenhauser Spargelspitzengastronomen« ein. Im Turm des ehemaligen Schrobenhauser Amtsgerichts widmet sich das Europäische Spargelmuseum dem edlen Gemüse und zeigt auch allerlei Kuriositäten wie die Meißener Spargeldeckeldose von 1780 oder die Spargelzange des russischen Hofjuweliers Carl Peter Fabergé. Auf der Weiterfahrt nach Kelheim kann man zwischen den ungefähr gleich langen Strecken via Brunnen und B16 (näher an Ingolstadt) sowie via B300 wählen.

■ Europäisches Spargelmuseum, Lenbachplatz 18, 86529 Schrobenhausen, Tel. 082 52/902 25, 15. April–Juni tgl. 10–17, Juli–14. April Sa, So, Mi 14–16 Uhr, www.museen-schrobenhausen.byseum.de/de/spargelmuseum, www.spargel.de

❸ Donaudurchbruch bei Kelheim

Am Zusammenfluss von Donau und Altmühl liegt Kelheim, eine der ältesten Wittelsbacher-Städte. Von Weitem sichtbar ist die Befreiungshalle, ein monumentaler Rundbau, den Ludwig I. (1786–1868) zum Gedenken an die Kriege gegen Napoleon auf dem Michelsberg errichten ließ. Von hier ist es nicht weit zur Weltenburger Enge und dem gleichnamigen Kloster, wo sich die Donau über 5 km durch mehr als 70 m hohe Steilwände aus Kalkstein fräst.

■ Befreiungshalle Kelheim, Befreiungshallestr. 3, 93309 Kelheim, April–5. Nov. 9–18, 6. Nov.–März 9–16 Uhr, www.kelheim.de

❹ Regensburg

Ihren nördlichsten Punkt erreicht die Donau in der ebenso traditionsreichen wie quirlig-modernen Universitätsstadt Regensburg. Nirgendwo sonst nördlich der Alpen prägen Kirchen, Geschlechtertürme und Patrizierhäuser aus dem 13. und 14. Jh. den Ortskern. Seit dem Jahr 2006 gehört die Altstadt mit verwinkelten Gassen, coolen Läden und einladenden Lokalen zum Unesco-Weltkulturerbe. Die im 13. Jh. wohlhabendste und bevölkerungsreichste Stadt Süddeutschlands begeistert ihre Gäste. Etwa mit dem Knick in der Steinernen Brücke, den der durch eine List verärgerte Luzifer zu verantworten hat. Oder mit den filigranen Figuren, die an den Fassaden des mächtigen Doms Geschichte und Geschichten lebendig werden lassen. Einen guten Überblick über die Historie bekommt man in der interaktiven Ausstellung im Besucherzentrum. Hinter den dicken Mauern des ehemaligen Salzstadels taucht man in die Vergangenheit ein. Sehr lebendig ist übrigens die Regensburger Musikszene (www.musikszene-regensburg.de).

■ Tourist Info, Rathausplatz 4, 93047 Regensburg, Tel. 09 41/507 44 10, Mo–Fr 9–18, Sa 9–16, April–Okt. So 9.30–16, Nov.–März 9.30–14.30 Uhr, tourismus.regensburg.de
■ Besucherzentrum Welterbe Regensburg, Im Salzstadel, Weiße-Lamm-Gasse 1, 93047 Regensburg, Tel. 09 41/507 44 10, tgl. 10–19 Uhr, www.regensburg.de/welterbe/besucherzentrum
■ Kunstforum Ostdeutsche Galerie, Dr.-Johann-Maier-Str. 5, 93049 Regensburg, Tel. 09 41/29 71 40, Di–So 10–17, Do bis 20 Uhr, www.kunstforum.net

---

Übernachten

Hotel Goliath
Das 4-Sterne-Superior-Hotel bietet 41 moderne, helle Zimmer in der Regensburger Altstadt.
Goliathstr. 10, 93047 Regensburg, Tel. 09 41/200 09 00, www.hotel-goliath.de

Campingplatz Felbermühle
Familiäre Anlage auf einer Insel in der Abens, am Donauradweg zwischen Neustadt an der Donau und dem Kurort Bad Gögging gelegen.
Felbermühle 1, Neustadt an der Donau, Tel. 094 45/516, www.felbermuehle.de

VON WOLNZACH BIS NACH STRAUBING

Feste und Events

April
- Schrobenhausen, Spargelmarkt zur Eröffnung der Spargelsaison
- bis Juni: Regensburg, deutsch-spanisches Filmfestival, www.cinescultura.de

Juni
- Regensburg, Tage alter Musik, www.tagealtermusik-regensburg.de

Ende Juni/Anfang Juli
- Straubing, Bluetone Festival, Jazz, Pop, Rock, Kabarett, www.bluetone.de

Juli
- Straubing, Agnes-Bernauer-Festspiele, alle vier Jahre (nächste 2019), www.agnes-bernauer-festspiele.com
- Regensburg, Bayerisches Jazzweekend, www.bayernjazz.de

August
- Straubing, Gäubodenfest, das zweitälteste und zweitgrößte Volksfest Bayerns, www.volksfest-straubing.de

5 Walhalla, Donaustauf

Nach den Napoleonischen Kriegen ließ König Ludwig I. von seinem Hofbaumeister Leo von Klenze eine Ruhmeshalle als zentrale Gedenkstätte des neuen Deutschen Bundes schaffen. Nach Vorbild des Parthenon in Athen entstand zwischen 1830 und 1842 am Donauufer östlich von Regensburg die imposante Walhalla, in der mit Marmorbüsten und Gedenktafeln Persönlichkeiten »teutscher Zunge« geehrt werden. Derzeit erinnern 130 Büsten und 64 Gedenktafeln an große Deutsche. Zu den jüngsten gehören der Mathematiker und Astronom Carl Friedrich Gauß (2007), die Philosophin und Ordensschwester Edith Stein (2009) sowie der Schriftsteller Heinrich Heine (2010). Alle fünf bis sieben Jahre entscheidet der Bayerische Ministerrat über Neuaufnahmen. Vorschläge kann jeder bei der Bayerischen Akademie der Wissenschaften einreichen; vorausgesetzt der zu Ehrende ist vor mindestens 20 Jahren verstorben, gehört der germanischen Sprachfamilie an und hat Bedeutendes geleistet. Noch mehr als die Ruhmeshalle lockt wohl die grandiose Aussicht.

- Walhallastr. 48, 93093 Donaustauf, April–Okt. 9–18, Nov.–März 10–12, 13–16 Uhr, Tel. 094 03/96 16 80, www.walhalla-regensburg.de

6 Straubing

Als der Straubinger Stadtturm 2016 seinen 700. Geburtstag feierte, strickten ihm die Straubingerinnen eine breite, rote Schleife, die ihn einen Sommer lang schmückte. Geschichten wie diese erfährt man auf dem Weg nach oben. Auch, dass Lukas Irmler im Jubiläumsjahr vom 169 m entfernten Turm der Basilika St. Jakob eine Slackline spannte, über die Dächer der Altstadt ins Türmerstübchen spazierte und damit einen Weltrekord aufstellte. Zunächst hatte der mittelalterliche Wach- und Feuerturm nur drei Etagen, doch je größer die Stadt wurde, desto höher wuchs er. Heute ist er 68 m hoch, hat neun Etagen, fünf Türme und Deutschlands zweitgrößte Turmuhr mit einem Ziffernblatt von 7,5 m Durchmesser. Die musste täglich per Hand aufgezogen werden, wofür der Türmer mit dem Gegenwert einer Semmel entlohnt wurde. Auch wenn es seit 1928 keinen Türmer mehr gibt, der in der Höhe Ausschau nach feindlichen Reitern, Handelsschiffen und Brandherden hält, genießen die Besucher den Blick über Theresien- und Ludwigsplatz mit der Löwenapotheke, in der Carl Spitzweg (1808–1885) einst Lehrling war.

> **Tipp:** Genussvolles, regionales und bewusstes Essen, das ist die Maxime von Slow Food, einer Bewegung, die der Piemonteser Carlo Petrini 1986 als Gegenbewegung zum Fast Food gründete, als McDonald's an der Piazza Navona in Rom eine Filiale eröffnete. Seither wächst die Gruppe derer, die sich unter dem Zeichen der roten Schnecke für lokale Produzenten, traditionelle Gastronomie und fast vergessene Rezepte engagieren. »(S)lower bavaria – Slow Food in Niederbayern« informiert über Produzenten, kulinarische Aktionen, erinnert an Speisen, die in Vergessenheit geraten sind, und liefert die passenden Rezepte dazu.
> www.slowerbavaria.de

- Tourist Info, Fraunhoferstr. 27, 94315 Straubing, Tel. 094 21/94 46 01 99, Mo–Mi, Fr 9–17, Do 9–18, April–Okt. Sa 10–14, Nov.–März Sa 10–13 Uhr, www.straubing.de
- Gäubodenmuseum, Fraunhoferstr. 23, 94315 Straubing, Di–So 10–16 Uhr, Tel. 094 21/94 46 32 22, www.gaeubodenmuseum.de
- Im Advent bis zum Dreikönigstag gibt es in der Innenstadt einen Krippenweg, www.krippenfreunde-straubing.de

29 Breisgau

Im äußersten Südwesten, begrenzt von Rhein und Schweiz, liegt der Breisgau, die wärmste und sonnenreichste Region Deutschlands. Südliches Flair verschmilzt hier mit Schwarzwaldidylle. Tiefe Wälder, blühende Hänge, sanfte Hügel und der Feldberg, die höchste Erhebung Baden-Württembergs, liefern beste Voraussetzungen für einen abwechslungsreichen Aufenthalt. Römische Relikte, alemannisches Brauchtum und das stolze Bewusstsein für Tradition sorgen für reichlich Abwechslung in einer Gegend, die stolz und ganz modern ihre Wurzeln präsentiert.

■ Hochschwarzwald Tourismus, Freiburger Str. 1, 79856 Hinterzarten, Tel. 076 52/120 60, www.hochschwarzwald.de, www.schwarzwald-tourismus.info, www.der-breisgau.de

Schon im März können die Kirschbäume im südlichen Schwarzwald blühen, der wärmsten Gegend Deutschlands.

Gesamtlänge: 167 km

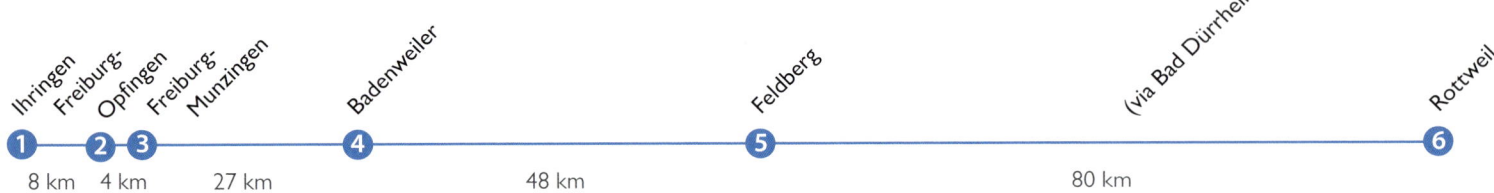

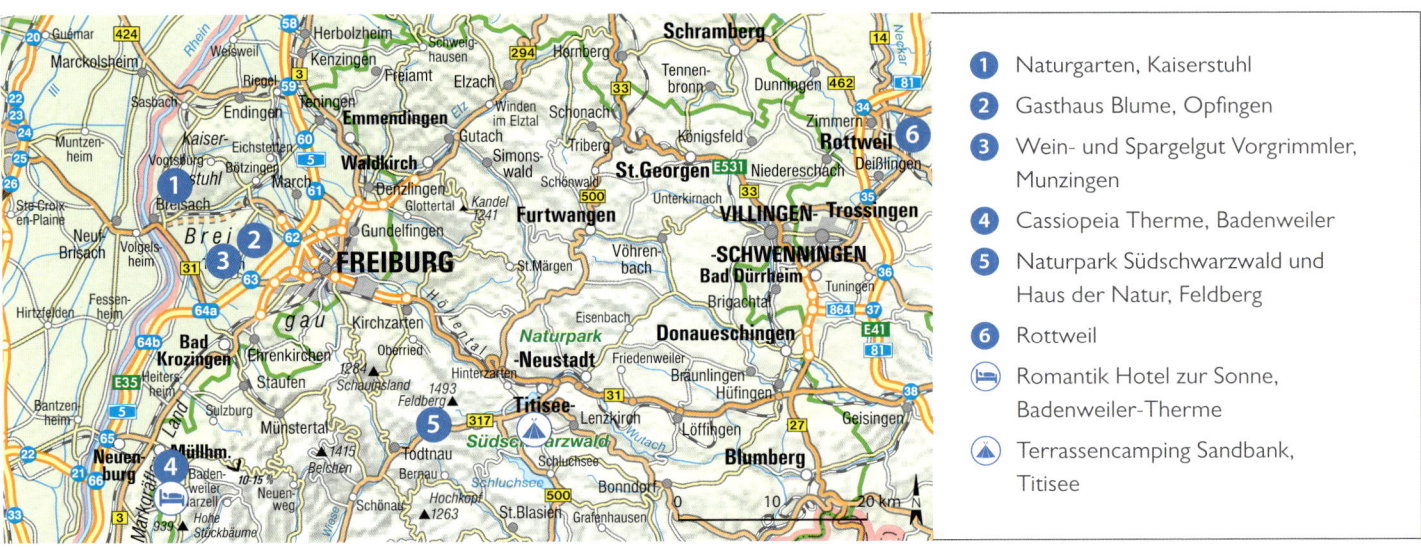

1. Naturgarten, Kaiserstuhl
2. Gasthaus Blume, Opfingen
3. Wein- und Spargelgut Vorgrimmler, Munzingen
4. Cassiopeia Therme, Badenweiler
5. Naturpark Südschwarzwald und Haus der Natur, Feldberg
6. Rottweil

🛏 Romantik Hotel zur Sonne, Badenweiler-Therme

⛺ Terrassencamping Sandbank, Titisee

1 Naturgarten, Kaiserstuhl

Der Kaiserstuhl ist Weinland. Auf vulkanischen, mineralreichen Böden wächst wunderbarer Riesling und immer mehr rubinroter, vollmundiger Rotwein, der es locker mit sehr guten Burgundern aufnehmen kann; vor allem der Spätburgunder vom Tuniberg. Doch nicht nur der Wein lockt an den Kaiserstuhl. 36 Orchideenarten, an die 750 Großschmetterlinge, mehr als 1000 verschiedene Käfer und die spektakuläre blau-grüne Smaragdeidechse haben hier ihr Zuhause. Besonders reizvoll ist es im Frühling. Während auf den Höhen von Schwarzwald und Vogesen noch Schnee liegt, überziehen die ersten Blütenteppiche den Kaiserstuhl. Zuerst beginnt es bei Oberrottweil mit der Mandelbaumblüte, die nach milden Wintern bereits Ende Februar einsetzt. Dann sind es Buschwindröschen, Bärlauch und Küchenschellen und Ende März die ersten Kirschblüten in den Tälern des Kasierstuhls und rund um Königsschaffhausen. Äpfel, Färberwaid, Schwertlilien und unzählige mehr tupfen den Kaiserstuhl mit ihren Farben, bis Anfang Juni die Reben blühen, die sich mehr durch ihren feinen Duft bemerkbar machen. Wer sich nicht spontan überraschen lassen möchte, bekommt im Naturzentrum Blühkalender, ausführliche Informationen und die Möglichkeit, sich einer geführten Tour durch die Natur anzuschließen. Zwischen Weingärten und Obstwiesen zieht bisweilen ein Kunstwerk die Blicke auf sich, denn der Kaiserstuhl ist außerdem Bühne für bildende Kunst, die auch an unerwarteten Orten auftritt.

■ Naturzentrum Kaiserstuhl, Bachenstr. 42, 79241 Ihringen, Tel. 076 68/71 08 80, März–Juli, Sept., Okt. Mo, Do 10–12, Di 17–18, Sa 15–17 Uhr, im Internet gibt es eine Foto-Chronik zum Blühverlauf, www.naturzentrum-kaiserstuhl.de, www.naturgarten-kaiserstuhl.de
■ www.kunst.natur.kaiserstuhl.de

2 Gasthaus Blume, Opfingen

In der »Blume« in Opfingen ist die Einrichtung rustikal und die Küche kreativ. Montags wird Brot gebacken, donnerstags ist

BREISGAU

> **Tipp:** Bei Markus Vienenkötter werden die Bollen aus dem Hut zum Schlüsselbrett. Hutmacherin Dagmar Ehemann pflanzt modebewussten Frauen kreative Blumen auf den Schopf. Raphael Much schnitzt lässige Cruiser und coole Mountainbikes aus Holz und Klaus Geiger schlachtet alte Rechner aus und veredelt sie mit Holz zu neuen Möbeln. Sie und noch ein Dutzend ideenreiche Handwerker, Produzenten und Veranstalter haben sich 2014 unter dem Label »Schwarz-Wald-Gut« zusammengeschlossen. Sie treten gemeinsam bei Messen und Veranstaltungen auf und präsentieren sich dann u. a. in der Rainhof-Marktscheune, in der Gäste den Schwarzwald in all seinen Facetten genussvoll erleben können. Das Anwesen an der Mühle von 1790 diente zu Zeiten der Pferdekutschen als letzte Umspannstation vor dem Anstieg durchs Höllental. Jetzt ist es ein besonderer Ort mit Buchhandlung, Ausstellungsräumen, Gastronomie und einem aparten Hotel (www.rainhof-hotel.de).
> Schwarz-Wald-Gut,
> Tel. 076 61/988 09 21,
> www.schwarz-wald-gut.de

Veggie angesagt, und jeden Tag gibt es die Spezialität des Hauses: Schwarzwald-Tapas. Jedes Gericht auf der Karte – ob warm oder kalt, ob Suppe oder Dessert – gibt es hier auch in klein. Bestellen kann man nach dem Baukastensystem von einem Tapa als Gustostückchen bis zur hübsch vorbereiteten Platte mit acht Schälchen. Allen, die zweifeln, hilft die Schwarzwald-Tapas-Formel weiter: zwei Tapas mit Beilage für »ein kleines Hüngerchen«, vier als Hauptgang, sechs, wenn noch ein Dessert dazukommen soll und sieben »wie bei einem klassischen Drei-Gänge-Menü, aber spannender«. Allen, die geneigt sind, das als Spinnerei abzutun, sei ein Blick auf die Teller empfohlen. Familie Halweg und ihre »Blumenkinder« schwören auf frisch zubereitete heimische Produkte von guter Qualität. Dazu gehören Klassiker wie heimische Linsen, Kräuterflädle, Maultäschle, Ochsenbäckchen und Dinkelspätzle wie raffinierte Kombinationen wie Spargel mit Avocado oder Champignons in Traubenmost. Natürlich gibt es all die Köstlichkeiten auch als normale Portion. Wahlweise auch als »Badisches Take-away« zum Essen im Wohnmobil.

■ Unterdorf 2, 79112 Freiburg-Opfingen, Tel. 076 64/612 38 89, tgl. 17–23, Sa, So auch 12–14.30 Uhr, www.blume-freiburg.de

③ Wein- und Spargelgut Vorgrimmler, Munzingen

»Wir haben das Privileg, den Reben sehr nahe sein zu können, und das jeden Tag im Jahreslauf«, sagt Klaus Vorgrimmler, der an der Südspitze des Tunibergs bei Freiburg Chardonnay, Spät-, Weiß- und Grauburgunder nach Demeter-Richtlinien kultiviert. Als diese Art der Landwirtschaft noch überwiegend milde belächelt wurde, bewirtschafteten die Vorgrimmlers ihre Weingärten ökologisch. Vor ein paar Jahren knüpften Klaus und Maj Britt Vorgrimmler an eine alte Familientradition an und bauen seither Spargel an. So wie die Vorfahren, die 1782 das erste »Weiße Gold« der Region ernteten. Noch älter ist der nächste Halt auf der Tour, der via Bad Krozingen und Staufen im Breisgau erreicht wird.

■ St. Erentrudis-Str. 63, 79112 Freiburg-Munzingen, Tel. 076 64/24 89, Verkauf, Weinproben, Weinbergwanderungen und im Frühsommer Führungen im Heilpflanzengarten nach Vereinbarung, www.vorgrimmler.de

④ Cassiopeia Therme, Badenweiler

1725 Glasscheiben bedecken den Bogen, der sich über die Ruinen des römischen

Übernachten

Romantik Hotel zur Sonne
Gemütliche Zimmer hinter geschichtsträchtigem Fachwerk. Die italienischen Gastgeber legen viel Wert auf Ruhe und Wellness, aber natürlich auch auf Kulinarik.
Moltkestr. 4–5, 79410 Badenweiler-Therme, Tel. 076 32/750 80, www.zur-sonne.de

Terrassencamping Sandbank
Schwarzwaldidylle am Titisee mit Badestrand. Rund 200 Stellplätze am Hang, daher alle mit Ausblick.
Seerundweg 9, 79822 Titisee-Neustadt, Tel. 076 51/82 43, www.camping-sandbank.de

BREISGAU

Wein, so weit das Auge reicht: Terrassen überziehen die Hänge des Kaiserstuhls. Auf über 4000 ha wächst hier ein Viertel des badischen Weins, vor allem Burgundersorten.

Badehauses aus dem 1. Jh. spannt. Die eindrucksvolle Anlage ist 93 m lang und 33 m breit und war eine der größten römischen Thermen nördlich der Alpen. Während man hier mit ein wenig Fantasie in die Historie des Bades eintaucht, kann man gleich nebenan in der Cassiopeia Therme die Wohltaten der warmen Quellen genießen. Etwa unter der von Säulen getragenen Kuppel des Marmorbades von 1875 oder im Außenbecken mit Blick auf die bewaldeten Hügel des Südschwarzwalds.

- Ernst-Eisenlohr-Str. 1, 79410 Badenweiler, Tel. 076 32/79 92 00, tgl. 9–20.45 Uhr, www.badenweiler.de/cassiopeia-therme
- Römische Badruine, neben der Therme, tgl. 10–19 Uhr, Führungen So 11, April–Okt. auch Di 11 Uhr

 Naturpark Südschwarzwald und Haus der Natur, Feldberg

Höher hinaus geht es nirgendwo sonst im Schwarzwald. Mit 1493 m ist der Feldberg der höchste Gipfel der Region und ein beliebtes Wanderrevier mit grandioser Aussicht. Vom Haus der Natur geht man auf einem einfachen Weg in etwa 40 Min. hinauf. Noch ein Stück höher kommt man im 45 m hohen Feldbergturm. Von dort sieht man die Zugspitze, bei extrem guter Fernsicht sogar das Schweizer Dreigestirn Eiger, Mönch und Jungfrau, die Vogesen und den Mont Blanc (Fernglas mitnehmen). Einen interessanten Überblick und jede Menge Informationsmaterial über den 394 000 ha großen Naturpark bekommt man im Haus der Natur. Auch zu den Naturpark-Wirten, die ihre

> **Tipp:** Wenn man einen typischen Schwarzwald-Baum benennen möchte, dann ist es die Weißtanne. »Albies alba« gilt als die Königin der Nadelhölzer, und während sie viele Jahre im Schatten der schnell wachsenden Fichten stand, erinnert man sich heute zunehmend ihrer Vorzüge: Mit ihren tiefen Wurzeln ist sie nämlich sehr sturmstabil. Für Bau und Innenausbau schätzt man wieder den eleganten Baum mit der hellgrauen Rinde. Möbeldesigner verarbeiten Weißtannenholz zu gar nicht rustikalen Einrichtungsgegenständen. Instrumentenbauer schätzen das Tonholz für Orgelpfeifen und Streichinstrumente. Aber nicht nur im Wald gibt es die Tannen. Berühmt ist das »Tannenzäpfle«, ein klassisches Pils der Badischen Staatsbrauerei, das in den deutschen Großstädten mittlerweile zum Kultgetränk avanciert ist. Nicht ganz so prominent, aber durchaus genussreich ist die »Tannenliebe«, ein Erfrischungsgetränk auf der Basis von Tannenspitzen (www.tannenliebe.de). Die Zukunft der Weißtanne sichern die Zapfenpflücker: Per Hand holen sie reife Tannenzapfen von den bis zu 60 m hohen Bäumen, ehe sie der Wind verweht. Mit ihnen wird in Baumschulen der Tannen-Nachwuchs gezogen. An guten Tagen ernten Pflücker wie die von den Baumpartnern Breisgau 100 bis 200 kg.

Gäste zu »Landschaftspflege mit Messer und Gabel« animieren wollen, denn nur wenn heimische Produkte nachgefragt werden, haben sie auch eine Chance zu überleben. Dazu gehören die blökenden

BREISGAU

Schafe, die mit ihrem Schäfer über den Feldberg ziehen ebenso wie das elegante kleine Vorder- und Hinterwäldervieh. Weiter verläuft die Route auf der B31 und B27, wer möchte, legt unterwegs einen Halt in Bad Dürrheim (s. Tipp im Kasten ganz rechts) ein.

- Haus der Natur, Dr.-Pilet-Spur 4, 79868 Feldberg, Tel. 076 76/93 36 10, tgl. 10–17 Uhr, www.naturpark-suedschwarzwald.de
- Aussichtsturm, auch erreichbar über Wanderweg oder Feldbergbahn: Seebuck, 79868 Feldberg-Ort, Juli–Sept. tgl. 9–17, Mai, Jun, Okt. Di, So 9–16.30 Uhr, www.feldbergbahn.de; im Turm befindet sich das Schwarzwälder Schinken-Museum, bedingt empfehlenswert für Vegetarier und Hungrige, www.schwarzwaelder-schinken-verband.de

6 Rottweil

Die älteste Stadt Baden-Württembergs wurde 73 n. Chr. als römischer Militärstützpunkt gegründet. Aus dem damaligen »Arae Flaviae« wuchs schnell eine Siedlung, deren Zentrum heute die Hauptstraße am Hang ist. Vom gedrungenen Schwarzen Tor aus dem 13. Jh. führen mehrere Straßen durch den Ortskern. Besonders schön in dieser »Guten Stube«, in der sich im Sommer das Leben draußen abspielt, ist das Alte Rathaus mit seiner spätgotischen Schauseite. Die römischen Legionen brachten übrigens auch den kräftigen schwarzen Hund mit über die Alpen, der hier zu seinem Namen kam. Als Metzgershund wurde er bekannt, weil er den Viehhändlern half, die am Markt in Rottweil erworbenen Herden zu ihren Käufern an den Bodensee, ins Elsass und Berner Oberland zu treiben. Lebensgroße Hunde aus Bronze erinnern in der Stadt an die Rottweiler und ihre blankpolierten Nasen zeugen von manchen Streicheleinheiten der Passanten.

- Tourist Info, Hauptstr. 21, 78628 Rottweil, Tel. 07 41/49 42 80, April–Sept. Mo–Fr 9.30–17.30, Sa 9.30 bis 12.30, Okt.–März Mo–Fr 9.30–12.30, 14–17 Uhr, www.rottweil.de

---

Feste und Events

Februar/März
- Elzach, Fasnetssonntag, 12 Uhr Fasnetsausrufen, nachmittags und abends Narrenlaufen, www.zweitaelerland.de
- Rottweil, Fasnetsmontag und -dienstag, Narrensprung, www.rottweil.de
- Bad Dürrheim, Fasnetsmontag, Fasnet-Mendig-Umzug, www.narrenschopf.de

Ende Mai/Anfang Juni
- Feldberger Vogeltag, www.naturpark-schwarzwald.de

Juni/Juli
- Rottweil, Musikfestival Sommersprossen, www.rottweil.de/sommersprossen

September
- Rottweil, in ungeraden Jahren Deutsch-Schweizer Autorentreffen, in geraden Jahren in der Partnerstadt Brugg

---

Tipp: Für Neulinge in Sachen alemannischen Frohsinns lohnt sich ein Abstecher ins Narrenmuseum im Niggelturm. Hier schläft der Schalk, bis er drei Wochen vor Fasnet von den »Hemdeglunkern« mit Radau geweckt wird. Und hier erfährt man auf sieben Etagen, dass ein »Spättle« aus 1200 bis 1500 ziegelförmig zugeschnittenen Stoffteilen genäht und eine Hexenmaske hauchdünn aus Lindenholz geschnitzt ist. Noch tiefer ins Detail geht es im Narrenschopf in Bad Dürrheim. Mehr als 400 lebensgroße Figuren zeigen die wichtigsten traditionellen Charaktere. Im echten Leben streifen jedes Jahr 50 000 bis 60 000 Menschen das klassische Kostüm über. In Elzach nur die Männer, die Anzüge aus leuchtend roten Flicken tragen und mit umgedrehtem Dreizack Napoleons Truppen verhöhnen. In Rottweil wurden Mehlsäcke umgenäht und Larven (Masken) vorgehalten, um einmal im Jahr auch heikle Dinge ungestraft anzusprechen. Am Fasnetsdienstag um 24 Uhr ist die närrische Zeit zu Ende. Auch in Gengenbach, wo auf dem Marktplatz der überdimensionale Hexenbesen verbrannt wird und der Schalk unter lautem Wehklagen wieder im Niggelturm verschwindet.
Narrenmuseum, Hauptstr. 39, 77723 Gengenbach, Tel. 078 03/57 49, April–Okt. Mi, Sa 14–17, So 11–17 Uhr, in der Adventszeit länger, www.narrenmuseum-niggelturm.de
Museum Narrenschopf, Luisenstr. 41, 78073 Bad Dürrheim, Tel. 077 26/64 92, Di–Sa 14–17, So 11–17 Uhr, www.narrenschopf.de

Schon vor über 6000 Jahren haben Menschen so gewohnt: Im Freilichtmuseum Unteruhldingen kann man rekonstruierte Pfahlbauten bestaunen.

30 Hegau und deutscher Bodensee

Das »Schwäbische Meer« und sein Umland üben nicht von ungefähr einen großen Reiz aus. Allein die Lage zwischen sanften Hügeln im Norden und den mächtigen Vorarlberger und Schweizer Bergen im Süden ist immer wieder ein erhebender Anblick. Im besonderen Klima am See wachsen Obst und Wein, und wer an den Promenaden spaziert, erlebt häufig ein geradezu mediterranes Flair. Man kann den Bodensee auf einem gut ausgebauten Radweg umrunden, ihn schwimmend oder vom Boot aus genießen und findet in den Orten rundum so viele Attraktionen, dass man auch gut einen längeren Urlaub dort verbringen kann. Diese Tour konzentriert sich auf die Regionen Hegau und deutscher Bodensee und verläuft von Singen über Konstanz nach Meersburg.

- Internationaler Bodensee Tourismus, Hafenstr. 6, 78462 Konstanz, Tel. 075 31/90 94 30, www.bodensee.eu
- Hegau Tourismus, Hohgarten 4, 78224 Singen, Tel. 077 31/852 62, www.hegau.de

Gesamtlänge: 112 km

1. Festung Hohentwiel, Singen
2. Mettnauturm und Naturschutzgebiet, Radolfzell
3. Inseln Reichenau und Mainau
4. Pfahlbauten, Unteruhldingen
5. Bodenseefisch Knoblauch, Überlingen/Uhldingen
6. Fürstenhäusle, Meersburg
- Hotel Riva, Konstanz
- Camping am See, Allensbach

1 Festung Hohentwiel, Singen

Auf einem 668 m hohen Vulkankegel erhebt sich in Singen die größte Festungsruine Deutschlands. Hier liegt einem der Bodensee zu Füßen und die Schweizer Berge spannen sich wie ein Bühnenprospekt dahinter. Bei gutem Wetter sieht man bis zum Mont Blanc. Schon Kelten, Römer, Alemannen und Karolinger schätzten den mit seltenen Halbedelsteinen, den Nanolithen, gespickten Kegelberg als Siedlungsplatz. Auf diesem wurde im Mittelalter eine schwer einnehmbare Burg errichtet. Über einen Zeitraum von mehreren Hundert Jahren wurde die Festung an- und ausgebaut. Zeitweise erhielten Gäste nur Einlass, wenn sie mindestens 40 Pfund Bausteine mitbrachten. Im Gegenzug bekamen sie einen Willkommenstrunk aus einem riesigen Silberhumpen und ihr Name wurde im Gästebuch verewigt. Von der so mühsam erbauten Anlage existiert heute nur noch eine Ruine. Entgegen einer Abmachung mit den französischen Truppen ließ Napoleon die Festung sprengen. Und auch das war eine langwierige Angelegenheit, die sich über sechs Monate hinzog. Ein 3 km langer Geschichtspfad führt über zwölf Stationen durch das Festungsgelände. Unterhalb der Ruine erstreckt sich mit Olga- und Elisabethenberg Deutschlands höchster Weinberg.

■ Auf dem Hohentwiel 2a, 78224 Singen, Tel. 077 31/691 78, April–15. Sept. tgl. 9–19.30, 16. Sept.–Okt. 10–18, Nov.–März 10–16 Uhr, letzter Einlass 1 Std. vor Schließung, www.festungsruine-hohentwiel.de

2 Mettnauturm und Naturschutzgebiet, Radolfzell

An der Spitze der Halbinsel Mettnau in Radolfzell liegt ein unzugängliches Naturschutzgebiet, in dem vor allem Wasservögel leben. Um diese zu beobachten, wurde in den 1950er-Jahren ein hölzerner Beobachtungsturm erbaut, der nicht nur Hobbyornithologen einen guten Blick ermöglicht. Aus 18 m Höhe sieht man auch über Markelfinger Winkel und Untersee auf die Hegauberge und die Insel Reichenau. Ein schöner Spaziergang führt vom Bahnhof des einst österreichischen Städtchens, das wegen seines Engagements für die Umwelt den Ehrentitel »Hauptstadt für Naturschutz« trägt, zum Turm. Nach einem Stück auf dem Bodensee-Rundweg bleibt man am Seeufer, während dieser einen Schwenk Richtung

HEGAU UND DEUTSCHER BODENSEE

> **Tipp:** In Läden, Lokalen und bei Direktvermarktern rund um den See fällt immer wieder eine Rosette mit grünem Band auf. Unter dem Emblem mit dem stilisierten See haben sich regionale Produzenten versammelt, die sich besonders dafür einsetzen, die Urtümlichkeit und Vielfalt der Bodenseelandschaft zu erhalten. Da werden Lebensmittel umweltschonend oder ökologisch produziert, Tiere artgerecht gehalten und regionale Kreisläufe gestärkt, wo es geht. Das Ergebnis kann man schmecken; in Gutes-vom-See-Gasthäusern oder wenn man mit den Produkten, für die es auch in einigen Supermärkten eine eigene Ecke gibt, selbst etwas zubereitet. Rezeptvorschläge liefert die Gemeinschaft gleich mit.
> Gutes vom See, Geschäftsstelle Fruchthof Konstanz, Horchstr. 8, 78467 Konstanz, Tel. 075 31/98 14 19, www.gutes-vom-see.com

Markelfingen macht. Knapp 3 km sind es, teilweise durch Auwald, bis zum Turm. Erweitern lässt sich die Wanderung, wenn man bei Radolfzell rechts abbiegt und entlang des Ufers in den Markelfinger Winkel geht. Über Mindelsee und Freizeit- und Wildpark Riedrain gelangt man nach knapp 18 km nach Allensbach, von wo aus einen der Zug zurück zum Ausgangspunkt bringt. Ohne zu wandern erreicht man den Aussichtsturm über einen zehnminütigen Spaziergang vom Strandbad Mettnau aus. In den Sommermonaten kann man das weitgehend unberührte Ried mit seinen Streuwiesen, Auwäldern und besonderen Tier- und Pflanzenarten bei geführten Kanutouren vom Wasser aus entdecken. U. a. geht es auch zur schwimmenden Beobachtungsstation »Netta«. Organisiert werden die Fahrten vom Naturschutzzentrum Wollmatinger Ried. Im »Henn House« des Max-Planck-Instituts für Ornithologie in Möggingen kann man in Filmen und Slideshows erleben, was die rund 20 Forschungsprojekte gerade untersuchen. U. a. gibt es eine beeindruckende Animation zu Vogelzugrouten. In die Praxis geht es bei Workshops und Führungen sowie auf der summenden Blumenwiese »Bee Marie« im Garten der Schlossmühle mit Insektenhotel, Eidechsenmauer, Vogelhäuschen und Wildhecken.

- Turm, Floerickeweg, 78315 Radolfzell, Tel. 077 32/815 00, www.radolfzell-tourismus.de
- Henn House, Schlossallee 1, 78315 Radolfzell OT Möggingen, Tel. 077 32/15 01 45, tgl. 9–18, Winter 11–17 Uhr, www.orn.mpg.de
- Naturschutzzentrum Wollmatinger Ried mit Dauerausstellung »Fang die Sonne ein«, Kindlebildstr. 87, 78479 Reichenau, Tel. 075 31/788 70, April–Sept. Mo–Fr 9–12, 14–17, Sa, So 13–15.30 Uhr, www.nabu-wollmatingerried.de

❸ Inseln Reichenau und Mainau

Von der Halbinsel Bodanrück zwischen Überlinger und Zeller See aus geht es über Landbrücken zu zwei Inseln, die vor allem Blumen- und Gartenfreunden ein Begriff sind: die Obst- und Gemüseinsel Reichenau und die Blumeninsel Mainau. Die unter Weltkulturerbe stehende »Reiche Au« war mit ihrem Kloster Mittelzell im Mittelalter eines der geistigen Zentren Europas. In ihrem klösterlichen Kräutergarten (den man besichtigen kann) begann auch der Gemüseanbau auf der durch mildes Klima, überdurchschnittlich viele Sonnentage, Alpenföhn und humusreiche Böden hervorragend dafür geeigneten Insel. Das Gemüse und die Salate werden in Baden-Württemberg und Bayern verkauft und sind am Etikett mit der blauen Welle unter dem roten Schriftzug erkennbar. In der Hauptsaison organisiert die Tourist Info Reichenau wöchentliche Führungen. 45 ha sattes Grün und opulente Blütenpracht begeistern auf der Insel Mainau, die das mit Abstand meist besuchte Ausflugsziel am Bodensee ist. Der in Stockholm geborene Graf Lennart Bernadotte (1909–2004) verwandelte die 1932 von der Großmutter geerbte Insel von einem, wie er es nannte, »Dschungel« in einen blühenden Blumengarten, den heute seine Kinder pflegen. Von Anfang März, wenn die ersten Schneeglöckchen durch den wintergrauen Boden brechen, beginnt es in Schlossgarten und Park zu blühen. Zuerst sind es Stiefmütterchen, Narzissen und Tulpen, später Rhododendren, Hortensien und Rosen. Man kann einfach nur schauen und staunen, bei einer Führung mehr über die Gärten und die Insel erfahren oder sich bei Fachführungen Tipps von den Profis holen.

- Tourist Info, Pirminstr. 145, 78479 Reichenau, Tel. 075 34/920 70, Mai–Sept. Mo–Fr 9–18, Sa 10–14, April,

HEGAU UND DEUTSCHER BODENSEE

Okt. Mo–Fr 9–12.30, 13.30–17, Nov. bis März Mo–Fr 9–12.30, 13.30–16 Uhr, www.reichenau-tourismus.de
- Mainau, tgl. von Sonnenaufgang bis Sonnenuntergang, Schloss tgl. 10–17, Schmetterlingshaus 24. März–22. Okt. tgl. 10–19, 24. Okt.–23. März tgl. 10–17 Uhr, www.mainau.de

❹ Pfahlbauten, Unteruhldingen

So schön die Häuser sind, es fällt schwer zu glauben, dass an allen größeren Voralpenseen Menschen einst in Pfahlbauhäusern wohnten. Viel zu exotisch muten sie an. Dabei sei das zwischen 4300 und 800 v. Chr. eine durchaus übliche Wohnform gewesen, erfahren Besucher im Freilichtmuseum Unteruhldingen. Im Jahr 1922 wurden hier in Zusammenarbeit mit dem urgeschichtlichen Institut Tübingen die ersten Häuser einer beeindruckenden Anlage rekonstruiert. Der Ort wurde dabei nicht von ungefähr gewählt. Bei Konstanz, Bodman-Ludwigshafen und Unteruhldingen gab es die größte Siedlungsdichte der prähistorischen Zeit. Begünstigt wurde dies durch gute Ackerböden, genug Frischwasser und wichtige Handelswege, die sich hier kreuzten. Ein Bild vom Alltag vermittelt der Blick in die sorgfältig eingerichteten, Schilf gedeckten Häuser.

- Strandpromenade 6, 88690 Uhldingen-Mühlhofen, Tel. 075 56/92 89 00, Nov. bis März Mo–Fr nur im Rahmen einer Führung um 14.30 Uhr, März, Nov. Sa, So 9–17, April–Sept. tgl. 9–18.30, Okt.–5. Nov. tgl. 9–17 Uhr, www.pfahlbauten.de

❺ Bodenseefisch Knoblauch, Überlingen/Uhldingen

Besonders genieße er es im Winter, sagt Andreas Knoblauch, wenn er vor Tagesanbruch mit seinem Sohn Marco ins Boot steigt, um die Netze, Reusen und Legschnüre einzuholen. Auch wenn es dann knackig kalt sein kann. Dafür sind sie ganz allein auf dem oft spiegelglatt daliegenden See, und den Zentner Eis können sie sich auch sparen, den sie im Sommer mitnehmen müssen, damit der Fang frisch bleibt. Die Knoblauchs sind seit Generationen Fischer am Überlinger See im Nordwesten des Bodensees. Vor allem Felchen sind es, die ihnen ins Netz gehen, um frisch auf dem Teller im Bistro in Überlingen zu landen oder in der eigenen Fischhalle per Hand verarbeitet zu werden. Wahlweise geräuchert über Buchen- oder Eichenholz, als weithin bekannte Fischsuppen-Spezialität oder als Felche nach Bratheringsart. Was tatsächlich in der Kühltheke oder auf der mit Kreide geschriebenen Speisekarte landet, kann man vorher nie genau sagen. So ist der Klassiker auch der Überraschungsteller, bei dem man nur weiß, dass es drei gegrillte Fischspezialitäten, eine Beilage nach Wahl und ein besonderes Gustostückchen gibt. Gegen Abend müssen die Knoblauchs noch einmal ins Boot, um

Überlingen ist Mitglied im Verband »Cittaslow«, also eine Stadt, die auf bewusstes Reisen und Genießen setzt.

Übernachten

Hotel Riva
Elegante Jugendstilvilla mit modernem Neubau direkt am See. Das Gourmetrestaurant Ophelia punktet mit zwei Michelin-Sternen und das hauseigene Spa mit einem 12 m langen Außenpool auf der Dachterrasse.
Seestr. 25, 78464 Konstanz,
Tel. 075 31/36 30 90,
www.hotel-riva.de

Camping am See
Schöne, moderne Anlage mit 135 Stellplätzen gegenüber der Insel Reichenau direkt am See. Wer keinen eigenen Camper mitbringt, kann in Hütten und Pfahlbauten nächtigen.
Strandweg 34, 78476 Allensbach,
Tel. 075 33/997 65 65,
www.campingamsee.com

HEGAU UND DEUTSCHER BODENSEE

Einen wuchtigen Kontrast zum Meersburger Fürstenhäusle bilden die Gebäude des Staatsweinguts, das schon im 13. Jh. erwähnt wurde. Davor legen die Schiffe ab.

ihre Schweb- und Stellnetze auszulegen. Und die Gäste können sich als kulinarisches Andenken eine Dose hausgemachte Lachsmaultaschen, Fischsuppe mit Bodensee-Hechtklößchen oder Fischfond mitnehmen, die es mit passenden Weinen und Gewürzen als »Sonja's Spezialitäten« gibt.

- Fischhalle Unteruhldingen, Ehbachstr. 3, 88690 Uhldingen-Mühlhofen, Tel. 075 56/ 55 30, April–Okt. ab 11 Uhr, www.knoblauch-bodensee.de
- Fischhaus und Bistro Löwenzunft, Hofstatt 7, 88662 Überlingen, Tel. 075 51/94 90 25, Mo–Fr 8.30–18.30, Sa 8–14.30 Uhr, warme Küche Mo–Fr 11–15, Sa 11–14.30 Uhr, www.knoblauch-bodensee.de

❻ Fürstenhäusle, Meersburg

Kein Wunder, dass man hier kreativ sein kann. »Um die Schönheit der Landschaft am Bodensee zu genießen« ließ der Domherr Jakob Fugger um 1600 das Fürstenhäusle oberhalb der Meersburger Altstadt bauen; ein hübsches Gebäude mit Sprossenfenstern und Spalierobst an der Hauswand. Solange Konstanz und Meersburg Bischofssitz waren, nutzten die Fürstbischöfe das Anwesen, das seine spätere Besitzerin, Annette von Droste-Hülshoff, als »hübsches, massiv gebautes und bewohnbares Gartenhaus« beschreibt. Das Spektakulärste am Haus, in dem die Schriftstellerin allerdings nur gelegentlich gearbeitet haben soll, ist der Blick auf den See. Die Meerseburger Bürger haben der auf dem 20-D-Mark-Schein verewigten »Königin der Dichterinnen« auf dem Friedhof ein Denkmal gesetzt. Dort liegt auch der Arzt Franz Anton Mesmer begraben, der den menschlichen Magnetismus entdeckte.

- Stettener Str. 11, 88709 Meersburg, Tel. 075 32/807 94 10, Öffnungszeiten nach Renovierung ab Frühjahr 2018 im Internet, www.fuerstenhaeusle.de

Feste und Events

Juni
- Konstanz, internationale Bodenseewoche mit allen Facetten des Wassersports und Rahmenprogramm an Land, www.internationale-bodenseewoche.com

Juli
- Hohentwiel, Musikfestival vor historischer Kulisse, www.hohentwielfestival.de
- 3. So, Radolfzell, Hausherrensonntag zu Ehren der Stadtheiligen Theopontus, Senesius und Zeno
- Mo nach dem 3. So, Moos, Mooser Wasserprozession, Wallfahrt mit geschmückten Booten nach Radolfzell, www.moos.de

Ende September/Anfang Oktober
- Insel Mainau, Gräfliches Schlossfest, www.mainau.de

Oktober
- 1. So, abwechselnd in verschiedenen Ortsteilen von Radolfzell, Büllefest zu Ehren der Zwiebel mit Zwiebelgerichten und Zwiebelfiguren

31 Oberschwaben

Sanfte Hügel, hübsche Dörfer, Fachwerkhäuser und immer wieder mächtige Klöster und Kirchen, die von der Tradition der Gegend zeugen. Oberschwaben ist eine Bilderbuchlandschaft, und selbst als auf- und abgeklärter Mensch des 21. Jahrhunderts kann man gut nachvollziehen, dass die Ahnen ehrfürchtig vom »Paradies auf Erden« schwärmten. Vieles hier ist geprägt vom Barock, dessen größte Preziosen durch die Oberschwäbische Barockstraße miteinander verbunden sind. Doch das ist nur eine von zahlreichen möglichen Routen zu besonderen Zielen, die zumeist auch etwas mit Genuss zu tun haben.

■ Oberschwaben-Tourismus, Neues Kloster 1, 88427 Bad Schussenried, Tel. 075 83/33 10 60, www.oberschwaben-tourismus.de

Der 51 m hohe Turm südlich der Altstadt Ravensburgs soll schon im 16. Jh. »Mehlsack« genannt worden sein.

Gesamtlänge: 155 km

1 Vogel Herrenmühle, Aulendorf

Seit 1606 klappert die Herrenmühle unterhalb des mächtigen Schlosses von Aulendorf. Sie ist die letzte ihrer Art im Kreis Ravensburg und wird in fünfter Generation von der Familie Vogel betrieben. Dass Aulendorfs ältester Handwerksbetrieb dem Mühlensterben der Nachkriegszeit trotzen konnte, liegt am Fleiß und der Leidenschaft der Vogels für das Müllerhandwerk und daran, dass sie die Durststrecke in den 1970er-Jahren mit Mosterei und Getränkemarkt überbrückten. Heute bedient der Betrieb mit seinen Spezialmehlen einen treuen Kundenstamm. Ausschließlich Getreide aus der Umgebung wird zu Mehl verarbeitet. Die Lieferanten kennt man seit Generationen. Und schon während die aktuelle Ernte vermahlen wird, gehen Müller und Bauer gemeinsam aufs Feld, um für das kommende Jahr zu planen. Während es in blitzblank glänzenden, zum Teil historischen Maschinen pustet, pfeifft und klappert, erzählt Karin Vogel, wie sie aus unterschiedlichen Getreiden optimale Mischungen für Brot, Spätzle oder Süßspeisen zusammenstellt. Heute schätzen das die Kunden, die von weither kommen und schon mal den ganzen Kofferraum mit Mehlsäcken beladen.

- Bachstr. 2, 88326 Aulendorf, Tel. 075 25/ 26 44, Mo–Fr 8–12.15, 14–18.15, Sa 7.30–13 Uhr, www.herrenmuehle.de

Tipp: Gegenüber der Herrenmühle wird man im Aulendorfer Ritterkeller unter dem historischen Gewölbe kulinarisch ins Mittelalter versetzt. Mit entsprechenden Themenzimmern ist auch das direkt angeschlossene Hotel Arthus ganz auf Ritter und Burgfräulein eingestellt, und wer mit dem Wohnmobil zur »Tafeley« anreist, findet sogar im Innenhof einen Stellplatz.
Radgasse 1, 88326 Aulendorf, Tel. 075 25/92 21 21, www.ritterkeller.de

2 Ravensburg

Die Türme Ravensburgs sind schon von Weitem sichtbar, mehr als ein Dutzend sind es an der Zahl. Wahrzeichen der alten Handelsstadt ist der 51 m hohe Mehlsack, ein Turm, der seinen Namen dem weißen Putz und seiner runden Form verdankt. Von droben konnten die Bürger einst in die Veitsburg sehen, in der bis ins 17. Jh. die Landvögte residierten. Heute blickt man auf das kleine, aber sehr feine Museumsquartier in der Oberstadt: Dass der Reichtum der Region aus dem Textilwesen stammt, erfährt man im Museum Humpis-Quartier. Die Fernhändlerfamilie Humpis war zwar weniger bekannt, aber ähnlich bedeutend wie die Fugger und hatte schon im Mittelalter beste Kontakte in die Welt. Auf der gegenüberliegenden Straßenseite wird die Geschichte der Ravensburger Spiele lebendig. Im Stammhaus des 1883 gegründeten Unternehmens mit der blauen Ecke schlüpfen Besucher in überdimensionale Spielsteine, werden zum Inventar eines Bilderbuchs oder entdecken in einer von unzähligen Schubladen, mit welchen Gesellschaftsspielen man sich einst die Zeit vertrieb. Zwei Eingänge weiter beherbergt die älteste Oberamtskasse Württembergs ein multimedial inszeniertes Wirtschaftsmuseum, das ein trockenes Thema lebendig vermittelt. Dem Expressionismus widmet sich das Kunstmuseum als weltweit erstes Passivhaus-Museum. Das Zentrum der 50 000-Einwohner-Stadt lässt sich gut zu Fuß entdecken, das nächste Ziel steuert man auf vier Rädern am besten über die B32 und B12 an.

- Tourist Info, Marienplatz 35, 88212 Ravensburg, Tel. 07 51/828 00, Mo–Fr 9.30–17.30, Sa 9.30–14 Uhr, www.ravensburg.de
- Mehlsack, Mehlsackweg 10, 88212 Ravensburg, Aug., Sept. Sa, So 11–16 Uhr, ebenfalls zu besteigen ist der nahe Blaserturm, April–3. Okt. tgl. 11–16 Uhr

3 Käse und Bier, Isny

»Mir machet unsren Käs selbscht!«, beschlossen die Bio-Bauern der Region Isny, als sie keinen Abnehmer für ihre Milch fanden, und gründeten im Jahr 1998 die

OBERSCHWABEN

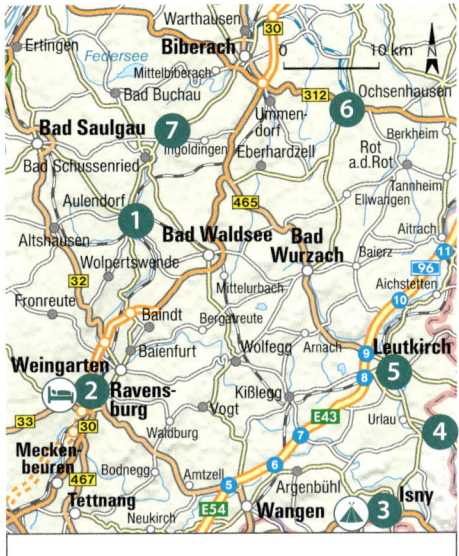

1. Vogel Herrenmühle, Aulendorf
2. Ravensburg
3. Käse und Bier, Isny
4. Glasmanufaktur Michaelis, Schmidsfelden
5. Rössle Haselburg, Leutkirch
6. Öchsle Schmalspurbahn, Ochsenhausen
7. Wallfahrtskirche Unserer Lieben Frau, Steinhausen
- Hotel Obertor, Ravensburg
- Wohnmobilstellplatz Untere Mühle Isny, Isny im Allgäu

tersud und Rotwein geschmierte Sternschnuppe oder cremiger Rahmkäs. Ein paar Schritte außerhalb der alten Stadtmauer von Isny liegt der Engel. Im mehr als 260 Jahre alten Gasthaus schmecken Maultaschen und Biergerichte aus Großmutters Rezeptsammlung sowie selbst gebrauter Gerstensaft: die leicht bittere Hopfenperle, das goldgelbe Blaubändele, dunkles Zunftratbier und eine ganze Reihe verschiedener Weizenbiere. Wer sich nicht für eines entscheiden kann, dem stellt Juniorchefin Christina Stolz eine ganze Reihe kleiner Degustationsbiere auf den Tisch und erklärt immer wieder mit Freude und Geduld die Eigenschaften der Spezialbiere aus der letzten von einst 15 Brauereien in Isny.

- Käsküche Isny, Maierhöfenerstr. 78, 88316 Isny im Allgäu, Tel. 075 62/91 27 00, Mo–Do 9–12.30, 14–18.30, Fr 9–18, Sa 9–14, So 14–18 Uhr, kostenlose Führung Fr 10.30 Uhr, www.kaeskueche-isny.de
- Brauereigasthof Hotel Engel, Bahnhofstr. 36, 88316 Isny im Allgäu, Tel. 075 62/97 15 10, Fr–Di 11–14, 17.30–23, Juli–Sept. auch Do 17.30–23 Uhr, Feiertage geöffnet, www.engel-isny.de

4 Glasmanufaktur Michaelis, Schmidsfelden

Auf den ersten Blick sieht man, worum es hier geht. Schon von Weitem leuchten die dicken Kugeln, wie man sie aus Bauerngärten kennt. Schaut man genauer hin, sieht man Windspiele in den Gärten und Glasbilder in den Fenstern. Selbst filigran

> **Tipp:** Oberschwaben trägt nicht von ungefähr den Beinamen »Wiege des Reisemobils«. Drei Marktführer für haben hier ihren Sitz. Nicht nur für alle, die gern mit Wohnwagen und Wohnmobil unterwegs sind, lohnt sich ein Besuch im 2011 eröffneten Erwin-Hymer-Museum in Bad Waldshut. Von den ersten fahrbaren Ferienhäuschen bis zu spannenden Zukunftsvisionen spannt das interaktive Museum einen interessanten Bogen (www.erwin-hymer-museum.de). Einen Blick hinter die Kulissen der Produktion werfen kann man bei Werksführungen bei Dethleffs in Isny (www.dethleffs.de) und Carthago in Aulendorf (Anmeldung drei Wochen vor Wunschtermin nötig, www.carthago.com). Dementsprechend bietet Oberschwaben für Wohnmobilisten ein dichtes Netz gut ausgebauter, zumeist zentral und recht idyllisch gelegener Stellplätze. Häufig gibt es neben der üblichen Ausstattung wie Strom, Wasser und Entsorgung zusätzliche Annehmlichkeiten, wie etwa vergünstigten Eintritt zu den örtlichen Bädern oder die Lieferung frischen Gebäcks zum Frühstück.

Käsküche. In Evelyn Wild fanden sie eine engagierte Partnerin mit dem notwendigen Know-how. Beim Einkauf in der Sennerei kann man zuschauen, wie hinter der Glasscheibe in großen silbernen Bottichen die Köstlichkeiten entstehen, die später appetitlich in der Vitrine liegen: würziger Isnyer Ur-Bergkäs, mit Kräu-

bemalte Perlen schmücken Bäume. Bis zur Industrialisierung war Deutschlands ältestes erhaltenes Glasmacherdorf ein belebter Ort. Bilder in Schwarz-Weiß sowie liebevoll zusammengetragene Werkzeuge und Alltagsgegenstände lassen erahnen, unter welch schweren Bedingungen die gläsernen Preziosen entstanden. Seit 2003 gibt es in Schmidsfelden wieder eine Glaswerkstatt, zumindest von Frühling bis Herbst. »Von Januar bis März haben wir

OBERSCHWABEN

Schmidsfelden war bis zum Ende des 19. Jh. ein Glasmacherdorf. In den 1970er-Jahren hat man begonnen, dieses Erbe zu pflegen, seit 2003 produziert hier die Glasmanufaktur Michaelis.

Winterschlaf, weil es zu kalt ist«, erklärt Beate Wirth, die hier mit zwei Kollegen arbeitet und nicht nur Kugeln, Vasen und Gläser formt, sondern dabei auch erklärt, wie sie das macht. Hier darf man zuschauen und anfassen, an extrem elastischen Glasfasern ziehen und ungehärtetes Glas spüren, das sich wie Zellophan anfühlt.

■ Schmidsfelden 9, 88299 Leutkirch im Allgäu, Tel. 075 67/18 20 42, Di–Fr 10–12.30, 14–17, Sa 14–17, So und Feiertag 10 bis 17 Uhr, Winterpause je nach Kälte, www.schmidsfelden.net

5 Rössle Haselburg, Leutkirch

An schönen Tagen sitzt man beim Rössle in Haselburg im Garten zwischen duftenden Blumen. Dann erzählt Wirtstochter Milena Pferd die Geschichte von der alten Wirtin, der Schwarzen Marie, und den neuen Ideen der LandZunge-Bewegung. Im Jahr 2001 in Ravensburg gegründet, will die Initiative regionale Produkte und deren Vermarktung fördern. Gasthäuser, die mit der dampfenden Stiel-Kasserole im Emblem werben, müssen mindestens drei Speisen aus regionalen Zutaten anbieten. So sollen Gästen fast vergessene Gerichte wie Tafelspitz oder Fisch aus dem Bodensee schmackhaft gemacht werden. Wenn sich Produzenten und Dorfgasthäuser der Idee von regionalen Zutaten und traditionellen Rezepten verpflichtet fühlen, kann das durchaus sehr modern daherkommen. Das geht vom raffinierten Fruchtessig über handgeschöpfte Marmeladen, von grobkörnigem Senf und prickelnden Limonaden in Bügelflaschen bis zu den typischen Knauzenseelen aus Dinkelmehl. Zahlreiche Gasthöfe bieten in einem »LandZunge-Schrank« ein entprechendes Sortiment an. Via B465 und ab Bad Wurzach über die Örtchen Ellwangen und Bellamont erreicht man Ochsenhausen, wo von Landstraßen auf Schmalspuren umgestiegen wird.

■ Haselburgweg 1, 88299 Leutkirch im Allgäu, Tel. 075 61/983 45 01, Mi–Sa 11–14, ab 17.30, So ab 11 Uhr, www.roessle-haselburg.de, www.landzunge.info

6 Öchsle Schmalspurbahn, Ochsenhausen

Wenn in Ochsenhausen das Öchsle startklar gemacht wird, begeben sich die Passagiere auf Zeitreise. Denn nun beginnt eine 70-minütige Fahrt in die Vergangenheit. Mit viel Dampf und Getute geht der historische Zug auf seine Reise zwischen Ochsenhausen und Warthausen durch kitschig-schöne Bilderbuchlandschaften. 1983 wurde das Öchsle als letzte Festland-Schmalspurbahn der Deutschen Bundesbahn eingestellt. Ein 19 km langes Teilstück durch sanfte Hügellandschaft,

Feste und Events

Juni
- Ochsenhausen, Öchslefest, www.öchslefest.info
- Ravensburg, Leibinger Bierbuckelfest, www.leibinger-feiert.de
- Bad Buchau, Musikfestwochen Young Artists, www.bad-buchau.de

OBERSCHWABEN

Die Wallfahrtskirche von Steinhausen steht am Oberschwäbischen Jakobsweg. Wer genau hinschaut, findet den Jünger Jakobus im Deckengemälde von Johann Baptist Zimmermann.

über die Wasserscheide von Riß und Iller und entlang hübscher Städtchen ist seit 1985 wieder befahrbar. Neben anderen Fahrzeugen kommt hier ein kompletter Originalzug nach Vorbild der Königlich Württembergischen Staatseisenbahn zum Einsatz. Jedes Jahr Mitte Juni wird beim Öchslefest die ganze Stadt zum Schauplatz eines historischen Handwerkermarkts. Im nördlichen Teil des Öchsle-Bahnhofs in Ochsenhausen lädt das liebevoll gestaltete Waschfrauen-Museum zu einem weiteren Blick in die Vergangenheit ein und die im Originalgewand gekleideten Waschfrauen zeigen, wie Hemden und Hosen ohne Waschmaschine richtig sauber wurden.

■ Bahnhof 1, 88416 Ochsenhausen, Buchungen über Tourist Info Ochsenhausen, Tel. 073 52/92 20 26, Saison Mai–Sept., dazu Winterdampffahrten und Sonderfahrten zu Anlässen wie Nikolaus, www.oechsle-bahn.de
■ Waschfrauenmuseum, Am Bahnhof 1, 88416 Ochsenhausen, Mitte Mai–Mitte Okt. So 11.30–16 Uhr, www.waschfrauen.de

Wallfahrtskirche Unserer Lieben Frau, Steinhausen

Oberschwaben gilt als Hochburg des Barock, der auch ein Manifest gegen den kühlen, klaren Baustil der Reformierten darstellte. Die Menschen sollten von der Schönheit der Gotteshäuser, von üppigen Formen und lebendigen Farben ergriffen werden. Sakrale und weltliche Bauwerke übertrafen sich gegenseitig in ihrer prächtigen Ausgestaltung, weil jeder Landesherr in den einst kleinen Territorien etwas besonders Eindrucksvolles sein Eigen nennen wollte. Was damals an Baumeistern und Künstlern Rang und Namen hatte, trug dazu bei, dass in der Gegend zwischen Ulm und Bodensee, Kempten und Konstanz eine Vielzahl architektonischer und künstlerischer Kostbarkeiten entstand. Johann Baptist Zimmermann etwa schuf die imposanten Deckengemälde der Wallfahrtskirche Steinhausen, die als Hauptwerk der Wessobrunner Schule gilt und von den Einheimischen liebevoll »schönste Dorfkirche der Welt« genannt wird.

■ Dorfstr., 88427 Bad Schussenried Teilort Steinhausen, tgl. 8–18 Uhr, www.kg-steinhausen.de

Übernachten

Hotel Obertor
In vierter Generation geführtes gemütliches 3-Sterne-Haus mit 30 Zimmern in der Altstadt. Von der Dachterrasse blickt man über die Dächer Ravensburgs.
Marktstr. 67, 88212 Ravensburg,
Tel. 07 51/366 70, www.hotelobertor.de

Wohnmobilstellplatz Untere Mühle Isny
Der idyllische Platz für 16 Wohnmobile zwischen Stadtmauer und Mühlbach liegt fußläufig zur Altstadt. Es gibt Stromanschlüsse, Frischwasser, Abwasser- und Müllentsorgung.
Seidenstr. 43, 88316 Isny im Allgäu,
Tel. 075 62/97 56 30, www.isny.de

Inbegriff des romantischen Deutschlandbilds: Neuschwanstein, unsterbliches Erbe von König Ludwig II.

32 Allgäu von Memmingen bis nach Bolsterlang

Memmingen, die ehemals Freie Reichsstadt mit mittelalterlichem Kern, ist der Ausgangspunkt für die Fahrt durchs Allgäu. Hier werden alle Klischees erfüllt von barocken Gotteshäusern, eleganten Städten und sanft gewellten Wiesen, auf denen die regionaltypischen grauen Kühe grasen. Im Hintergrund immer die imposante Kette der Allgäuer Alpen, dazwischen glasklare Seen, blumengeschmückte Landgasthäuser und Bilderbuchdörfer. Und natürlich das Bauwerk, dessentwegen das Allgäu zum Sehnsuchtsziel für Reisende aus aller Welt geworden ist: König Ludwigs II. Märchenschloss Neuschwanstein als Inbegriff des romantischen Deutschlandbilds. Insbesondere an schönen Tagen, wenn der weiß-blaue Himmel das kitschig-schöne Motiv perfektioniert, ist allein die Fahrt über das hügelige Land ein besonderes Vergnügen, das bei ausreichend Zeit immer auch einen Extra-Abstecher lohnt – etwa nach Oberstdorf oder ins österreichische Kleinwalsertal.

■ Gesellschaft für Standort und Tourismus, Allgäuer Str. 1, 87435 Kempten, Tel. 08 31/575 37 30, www.allgaeu.de

Gesamtlänge: 182 km

1. Memmingen
2. Kaufbeuren
3. Schlösser, Hohenschwangau
4. Füssen
5. Brau-Manufaktur Allgäu, Nesselwang
6. Käseladen Heimat, Kempten
7. s'handwerk, Sonthofen
8. Holzschuhmanufaktur, Bolsterlang
- Hotel Irseer Klosterbräu, Irsee
- Camping Hopfensee, Füssen

1 Memmingen

Die Lage am Handelsweg von Süddeutschland nach Italien brachte der »Stadt der Türme und Giebel« beträchtlichen Wohlstand. Zwischen den Kriegsschauplätzen des Dreißigjährigen Kriegs gelegen, diente sie außerdem als Rückzugsort für Verhandlungen. Alle vier Jahre erinnert ein Festival an diese Zeit der großen Politik. Egal, ob man den Abstecher nach Bad Wörishofen nimmt oder direkt nach Kaufbeuren fährt: Der entspanntere Weg führt via Ottobeuren.

■ Tourist Info, Marktplatz 3, 87700 Memmingen, Tel. 083 31/85 01 72, Mo–Fr 9–17, Sa 9.30–12.30 Uhr, www.memmingen.de

2 Kaufbeuren

»Ich wurde zu Kaufbeuren geboren ... Kein Wunder also, dass ich ein Optimist wurde«, sagte der Förstersohn Ludwig Ganghofer (1855–1920) über sich selbst. Die Stadt, in der er die ersten vier Jahre seines Lebens verbrachte, widmet dem zu seiner Zeit meistgelesenen deutschsprachigen Schriftsteller einen Raum im mehrfach ausgezeichneten Stadtmuseum. Nach Umbau und Wiedereröffnung 2013 liefert es einen luftig-leichten Rahmen für ein breites Spektrum von Volkskunst. Neben Ganghofers Arbeitszimmer und einem umfangreichen Nachlass widmet sich der Bereich »Mit spitzer Feder« den Kaufbeurern Sophie La Roche (1730–1807), Christian Jakob Wagenseil (1756–1839) und Hans Magnus Enzensberger (*1929). Ein Stadtspaziergang kann auf den Resten der Stadtmauer enden (Schlüssel bei der Tourist Info): Das Mauerstück zwischen der St. Blasius Kirche und dem 33 m hohen Fünfknopfturm ist noch erhalten. Nach ihrer Vertreibung aus dem Sudetenland ließen die Gablonzer in Kaufbeuren ihre Glas- und Schmuckindustrie wieder

ALLGÄU VON MEMMINGEN BIS NACH BOLSTERLANG

> **Tipp:** Als Sebastian Kneipp (1821–1897) als 21-Jähriger an Tuberkulose erkrankte und als hoffnungsloser Fall abgeschrieben wurde, begann er – inspiriert von Johann Siegmund Hahns »Unterricht von Krafft und Wirkung des frischen Wassers in die Leiber der Menschen insbesondere der Kranken« – sich mit Tauchbädern in der Donau selbst zu kurieren. Als Pfarrer in Wörishofen entwickelte er sein ganzheitliches Konzept der Lebensführung, basierend auf den Säulen Wasser, Ernährung, Bewegung, Kräuter und innere Ordnung. Seit 2015 ist »Kneippen als traditionelles Wissen« immaterielles Kulturerbe. Für die Kneippsche Philosophie muss man nicht zwangsläufig kuren. Zwischen Duftgarten, Barfußspaziergang und Tastgalerie kann man den Wohltaten unkompliziert nachspüren – 22 Kneippanlagen stehen in der Stadt für Armgüsse und zum Wassertreten zur Verfügung.
> Kneipp-Museum, Klosterhof 1, 86825 Bad Wörishofen, Feb.–15. Nov. Di–So 15–18, Mi zusätzlich 10–13, 26. Dez.–6. Jan. Di–So 15–17, Mi zusätzlich 10–12 Uhr, www.kneippmuseum.de

aufleben. Im Museum darf man anfassen, gravieren und allerlei ausprobieren.

- Tourist Info, Kaiser-Max-Str. 3a, 87600 Kaufbeuren, Tel. 083 41/43 78 50, Mo, Di, Do, Fr 9.30–17, Mi 9.30–14, Mai–Okt. auch Sa 9.30–12 Uhr, www.kaufbeuren-tourismus.de
- Stadtmuseum, Kaisergäßchen 12–14, 87600 Kaufbeuren, Tel. 083 41/966 83 90, Di–So 10–17 Uhr, www.stadtmuseum-kaufbeuren.de
- Erlebnisausstellung der Gablonzer Industrie, Neue Zeile 11, 87600 Kaufbeuren/Neugablonz, Tel. 083 41/989 03, Mo–Fr 9.30–12, Mo–Do auch 14–17 Uhr, www.erlebnisausstellung.info

❸ Schlösser, Hohenschwangau

Es gibt weltweit wohl kaum ein Gebäude mit so bekannter Silhouette wie Neuschwanstein. Von Wagneropern inspiriert, ließ sich König Ludwig II. (1845–1886) auf dem Fundament der Burg Vorderschwangau das Märchenschloss mit hohem Palas, Türmen im Zuckerbäckerstil und pompösem Inventar erbauen. Besonders schön ist der Blick von der Marienbrücke über die 90 m tiefe Pöllatschlucht. In Sichtweite befindet sich das neugotische Schloss Hohenschwangau, in dem der »Märchenkönig« in seiner Kindheit viele Sommer verbrachte. Drinnen gibt es viele Fresken und Gemälde, die Szenen aus deutschen Sagen darstellen.

- Besichtigung nur mit Führung, Karten nur am Besuchstag im Ticket-Center Hohenschwangau, Alpseestr. 12, 87645 Schwangau, Pendelbus, Pferdekutsche oder ca. 35-minütiger Fußweg ab Hohenschwangau zu den Schlössern, April bis 15. Okt. 8–17, 16. Okt.–März 9–15 Uhr, Schlösser öffnen und schließen jeweils 1 Std. später, www.neuschwanstein.de

❹ Füssen

Vom Park des auf einem steilen Fels thronenden Hohen Schlosses, das die Augsburger Fürstbischöfe als Sommerresidenz nutzten, hat man den beeindruckendsten Blick auf Altstadt und Umland. Tief unten schneidet sich der Lech ins Tal. Richtung Norden wird das Land sanft. Direkt zu Füßen liegt einem die Altstadt mit mittelalterlichen Bürgerhäusern, engen Gassen, kleinen Geschäften und dem ein oder anderen Sushi-Laden für die asiatischen Gäste, die einen Abstecher vom nahen Neuschwanstein machen.

- Tourist Info, Kaiser-Maximilian-Platz 1, 87629 Füssen, Tel. 083 62/938 50, Mo–Fr 9–18, Sa 9.30–13.30, So 9.30–12.30 Uhr, www.fuessen.de

❺ Brau-Manufaktur Allgäu, Nesselwang

Beim ersten Blick denkt man an Champagner. Doch es ist Bier, das in den dunklen Flaschen perlt. »Hopfen Royal« steht in goldener Schrift auf den Etiketten der Spezialität, die Kathrin und Stephanie Meyer als Apéro oder Digestif empfehlen. Biersom-

---

Feste und Events

Juli
- Memmingen, Wallensteinfestival, alle vier Jahre findet eine historische Woche statt, das nächste Mal 2020, www.wallenstein-mm.de
- Kaufbeuren, Tänzelfest, www.taenzelfest.de

September
- Viehscheid in den Bergdörfern

melieren sind beide Schwestern, Stephanie dazu Braumeisterin, die ihren Beruf mit Komposition vergleicht: »Die Rohstoffe sind meine Noten, die ich in unterschiedlichsten Kombinationen zusammenfüge.« So entstehen aus 100 möglichen Malz- und mehr als 200 Hopfensorten unterschiedlichste Biere – darunter spannende Kreationen vom »Allgäuer Kräutermärchen« mit Brennnessel, Holunder und Mädesüß über den im Eichenholz gereiften »Whiskey Bock« bis zum »allgäu-israelischen Mischgetränk«, wie sie das nach Datteln, Malz und Feigen duftende Gemeinschaftssud »Two cats on a camel« beschreiben. Wer jetzt noch weiterfahren möchte, dem sei die B309 nach Kempten empfohlen.

■ Hauptstr. 25, 87484 Nesselwang, Tel. 083 61/309 10, Besichtigung Fr 19, Sa 11 Uhr, www.brau-manufactur-allgaeu.de

6 Käseladen Heimat, Kempten

Im ehemaligen Bierkeller des Raphael-Klosters darf in Ruhe reifen, was Thomas Breckle und Martin Rösle bei ihren Mountainbike-Fahrten zu den Bergweiden mit Käserei für gut befunden haben. Hochwertiger Rohmilchkäse aus der Milch horntragender Kühe liegt hier bisweilen jahrelang, wird einmal die Woche geschmiert und ist irgendwann so weit, dass man ihn nur noch als »Laibspeis«, als Lieblingsgericht, bezeichnen kann. Über Sulzberg und Burgberg im Allgäu geht es auf kleinen Landstraßen weiter nach Sonthofen.

■ Hildegardplatz 3, 87435 Kempten, Mi, Sa 8–13, Fr 12–18 Uhr, www.jamei-laibspeis.de

Am kleinen Hopfensee bei Füssen kann man einen Badestopp einlegen.

7 s'handwerk, Sonthofen

Was er an Craft-Bieren und Speisen in seinem Restaurant anbietet, versteht Uli Brandl als Handwerk. Seine Produzenten hat er sorgfältig ausgewählt und besucht. Jeder einzelne wird ausführlich vorgestellt. Das schafft Vertrauen und macht Lust auf neue kulinarische Entdeckungen.

■ Rathausplatz 1, 87527 Sonthofen, Tel. 083 21/800 19 66, Mo 11–22, Di–Sa 11–23, So 9–22 Uhr, www.shandwerk.de

8 Holzschuhmanufaktur, Bolsterlang

»Wir wollen einfach nur gute Schuhe machen, die ein Leben lang halten«, sagt Schuhmacher Alfred Keller, der mit Frau Edith und den Söhnen Alexander und Marco ein altes Handwerk pflegt. Genagelte Bergschuhe und unverwüstliche Jägerstiefel kann man mit etwas Suchen auch anderswo noch bekommen. Einzigartig sind die handgemachten Holzschuhe. Vor allem die mit langhaarigem Kuhfell, das Keller in der Normandie entdeckte. Hatte er zuvor nur klassisches Leder benutzt, ist das robuste Fell inzwischen zum Markenzeichen geworden. Jeder in der Familie arbeitet daran, dass aus Pappelholz-Rohlingen vom Schreiner, Leder, Fell und Filz Schuhe werden, die warm halten, Schweiß aufsaugen, angenehm zu tragen und problemlos abwaschbar sind. Vor lauter Freude über ein neues Paar Schuhe sollte man aber auf keinen Fall den Blick über das Illertal verpassen.

■ Ortsstr. 21, 87538 Bolsterlang/Kierwang, Tel. 083 26/75 50, Mo–Fr 8–12, 13–18, Sa 8.30–12 Uhr, www.keller-schuh.de

---

 Übernachten

Hotel Irseer Klosterbräu
Modern-rustikale Zimmer sowie Sauna und Dampfbad im historischen Klostergebäude. Zum Ensemble gehört eine Brauerei mit Gasthof.
Klosterring 1–3, 87660 Irsee/Allgäu, Tel. 083 41/43 22 00, www.irsee.com

Camping Hopfensee
Herzlich geführter Familienbetrieb mit Wellnessbereich und direktem Seezugang.
Fischerbichl 17, 87629 Füssen, Tel. 083 62/91 77 10, www.camping-hopfensee.de

33 Von Landsberg am Lech bis nach Mittenwald

Von Landsberg am Lech mit seiner gut erhaltenen historischen Altstadt führt der Weg durch viel ländliches Gebiet in den Süden. Über den Pfaffenwinkel, den schmucke Kirchen und Klöster auszeichnen, erreicht man die Ammergauer Alpen und fährt weiter entlang der Berge bis ins Werdenfelser Land. Viele Aktivitäten locken entlang des Weges, etwa Wanderungen durch die Partnachklamm bei Garmisch-Partenkirchen oder aufs Schachenschloss mit Alpengarten und Traumblick. Auf den Spuren König Ludwigs II. bietet sich ein Abstecher nach Linderhof an, wo der »Kini« hinter vergleichsweise bescheidener Fassade mit dem Schwanen-Kahn durch die Venusgrotte ruderte. Wie normale Menschen lebten, erlebt man bei einem Spaziergang durchs Freilichtmuseum Glentleiten.

- Tourismusverband Pfaffenwinkel, Bauerngasse 5, 86956 Schongau, Tel. 088 61/211 32 00, www.pfaffen-winkel.de
- Ammergauer Alpen, Eugen-Papst-Str. 9 a, 82487 Oberammergau, Tel. 088 22/92 27 40, www.ammergauer-alpen.de

Die Wallfahrtskirche zum Gegeißelten Heiland auf der Wies, kurz Wieskirche, ist von außen lieblich anzusehen – ihr Inneres beeindruckt durch eine opulente Rokokoausstattung.

Gesamtlänge: 139 km

1. Landsberg am Lech — 42 km —
2. Weilheim in Oberbayern — 34 km —
3. Steingaden (via Oberammergau und Ettal) — 16 km —
4. Saulgrub — 29 km —
5. Garmisch-Partenkirchen — 18 km —
6. Mittenwald

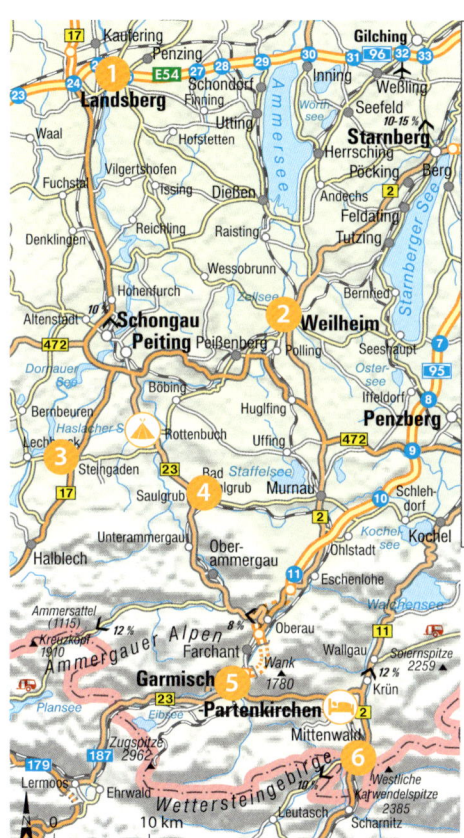

1. Hallingers Genuss-Manufaktur, Landsberg am Lech
2. Weilheim in Oberbayern
3. Wieskirche, Steingaden
4. Seifenmanufaktur Wurm, Saulgrub
5. Café Wildkaffee, Garmisch-Partenkirchen
6. Geigenbau, Mittenwald
- Hotel Das Kranzbach, Klais bei Garmisch-Partenkirchen
- Terrassencamping am Richterbichl, Rottenbuch

Feste und Events

Juni
- Weilheim, 25., Johannimarkt

August
- Mittenwald, Bozener Markt

1 Hallingers Genuss-Manufaktur, Landsberg am Lech

»Summerfeeling«, »Muntermacher« oder »Piratenschoki« heißen die verführerischen Tafeln. Oder lieber doch Pralinen oder dragierte Kaffeebohnen? Mit ihrer Genuss-Manufaktur haben sich Benimmtrainerin Karin Hallinger und ihr Mann Patrick, ein gelernter Wirtschaftsingenieur, einen Traum erfüllt. Das Pralinenhandwerk lernten sie von Profis in Paris und Belgien. Im Wohnhaus begannen sie zu produzieren, Kaffee zu rösten, Tee zu blenden. Irgendwann kamen Gewürze dazu, Sekt, Likör, sogar Badesalz. Alles leidenschaftlich gemacht, schön verpackt und stilvoll präsentiert. Direkt neben der Hallingers Altstadt-Filiale befindet sich die Johanneskirche. Von außen fällt das Gotteshaus kaum auf, weil es sich in die Häuserzeile einfügt. Im Inneren erkennt man die Handschrift des Baumeisters Dominikus Zimmermann (1685–1766), der einen ähnlichen Ovalraum konzipierte wie bei der berühmten Wieskirche.

- Zentrale, Hermann-Köhl-Str. 7, 86899 Landsberg am Lech, Tel. 081 91/33 11 60, Mo–Fr 9–17, Sa 10–14, Weihnachtszeit Sa 10–18 Uhr, Führungen nach Anmeldung, www.hallingers.de
- Altstadt-Filiale, Vorderer Anger 219, 86899 Landsberg am Lech, Mo–Fr 9.30–18.30, Sa 9–16, Weihnachtszeit Sa 9–18 Uhr

2 Weilheim in Oberbayern

Den gut situierten Bürgern des 17. und 18. Jh. verdankt die Kreisstadt die schmucken Häuser, die sich am Marienplatz aufreihen. Im Alten Rathaus wird über drei Etagen die Stadtgeschichte lebendig. Kleine Gassen, hübsche Läden und Grünflächen laden zum Bummel durch die Stadt. Ein Ziel könnte der Garten des traditionsreichen Dachsbräu-Bräustüberls sein, wo unter alten Kastanien bayerische Spezialitäten serviert werden. Auf Anfrage sind auch Brauereiführungen möglich.

- Stadtmuseum, Marienplatz 1, 82362 Weilheim, Tel. 08 81/68 26 00, Di–Sa 10–17, So 14–17 Uhr, www.weilheim.de
- Dachsbräu, Murnauer Str. 5, 82362 Weilheim, Tel. 01 51/42 47 76 68, www.dachsbier.de

VON LANDSBERG AM LECH BIS NACH MITTENWALD

Von Handwerk und Historie des Geigenbaus erzählt das Museum in Mittenwald.

③ Wieskirche, Steingaden

Man muss kein gläubiger Christ sein, um von ihrem Zauber berührt zu sein. Schon bei der Anreise beeindruckt die von den Brüdern Dominikus (1685–1766) und Johann Baptist Zimmermann (1680–1756) ausgestaltete, auf einem kleinen Hügel thronende Rokokokirche. Innen ist sie so opulent mit Malereien, Stuck und Plastiken ausgestaltet, dass die Unesco sie als »Meisterwerk menschlicher Schöpferkraft und ein außergewöhnliches Zeugnis einer untergegangenen Kultur« rühmt. Sehr stimmungsvoll sind die Orgel- und die festlichen Sommerkonzerten.

- Wies 12, 86989 Steingaden,
  Tel. 088 62/93 29 30, Sommerzeit 8–20, Winterzeit 8–17 Uhr, www.wieskirche.de

④ Seifenmanufaktur Wurm, Saulgrub

Seife, Peeling, Badeschokolade oder Körperbutter? Veronika Wurm verarbeitet das Naturmoor ihrer Heimat zu wahren Kostbarkeiten, die nicht nur hübsch anzusehen sind und nach Bergen und Ferien duften. Die erdigen, fast schwarzen Seifen und Creme-Stücke tragen die Wirkstoffe der »schwarzen Daune« in sich, die im Hochmoor der Ammergauer Alpen seit etwa 150 Jahren für Kuren und Mooranwendungen genutzt werden. Ob cremefarbige Badeherzen mit schwarzen Moorbröseln, schokoladenähnliche Tafeln für entspannte Wannenbäder oder Seifenwürfel mit Bergkiefer-Duft – alles ist Handarbeit. »Wir produzieren unsere Seife im Kaltrührverfahren. Dabei bleiben alle Inhaltsstoffe erhalten«, erklärt die leidenschaftliche Seifenmacherin, die während einer Frankreichreise auf die Idee dazu kam. Für ihre vielfältigen Produkte muss sie Moor zunächst stechen, trocknen und reiben. Soll beim Waschen ein Peeling-Effekt erzielt werden, muss es möglichst fein sein. Dann wird gemischt, gerührt und geschmolzen, und der entstandene Seifenleim wird mit ätherischen Ölen zum Reifen in Holzmodel gegossen. Sechs Wochen dauert der gesamte Prozess, der mit einer hübschen, duftenden Kostbarkeit endet.

- Bahnhofweg 3, 82442 Saulgrub,
  Tel. 088 45/70 36 98, Di–Fr 9–12, 14–18, Sa 9–14 Uhr
- Filiale Murnau, Obermarkt 35, 82418 Murnau, Di–Fr 9.30–18.30, Sa 9–16 Uhr, www.seife-wurm.de

---

Tipp: Feingliedrig sind sie, aufwendig bemalt und meist bissig-witzig – im 18. und 19. Jh. waren die »Schnürlkasperl« ein typisches Nebenprodukt der Oberammergauer Hergottsschnitzer. Dass die Figuren mehr als Kinderspielzeug waren, zeigt ein historisches Exemplar im Heimatmuseum, halb Gaukler, halb Soldat. In den 1980er-Jahren nahmen einige Künstler diesen Faden wieder auf. Vom Zahnarzt bis zu Mozart geht das Sortiment. Die echten Oberammergauer Schnürlkasperl tragen übrigens das rote Siegel am Allerwertesten. Berühmt ist der Ort außerdem für seine Lüftlmalerei, noch mehr aber für die Passionsspiele, bei denen das Dorf alle zehn Jahre zum Ensemble für die mehrstündige Darstellung der letzten Tage im Leben Jesu wird (nächste Aufführung 2020). Der in Oberammergau geborene Intendant Christian Stückl inszeniert in den übrigen Jahren Opern und Theaterstücke auf der weltgrößten Freiluftbühne mit überdachtem Zuschauerraum. Außerdem gastiert dort das »Heimatsound Festival« mit der modernen Version bayerischer Volksmusik. Weiter geht's über Ettal, wo ein Blick in die Klosterkirche lohnt.
Werkstatt für Holzspielzeug, www.schnuerlkasperl.de
Passionstheater, Othmar-Weis-Str. 1, 82487 Oberammergau, Tel. 088 22/ 94 58 89, www.passionstheater.de, Führungen hinter die Kulissen des Passionsspielhauses über das Oberammergau-Museum, Dorfstr. 8, 82487 Oberammergau, Tel. 088 22/941 36, www.oberammergaumuseum.de

VON LANDSBERG AM LECH BIS NACH MITTENWALD

- Infos und Adressen zu Mooranwendungen, MoorGastgeber Ammergauer Alpen Bad Kohlgrub/Bad Bayersoien, Tel. 088 45/742 20, www.moorsymphonie.de

5 Café Wildkaffee, Garmisch-Partenkirchen

Es duftet in der Garmischer Bahnhofstraße und die pinkfarbenen Sitzkissen ziehen die Blicke auf sich, sollte die Nase noch nicht den richtigen Weg gefunden haben. Bei Wildkaffee gibt es den besten Kaffee im Schatten der Zugspitze. Und vermutlich auch den am enthusiastischsten zubereiteten. Mit Stefanie und Leonhard Wild ist 2010 die sogenannte dritte Kaffeewelle auch ins Werdenfelser Land geschwappt. Die erste war der Bohnenkaffee in den Supermärkten, die zweite brachte italienische Kaffeekultur, amerikanische Ketten und Kapselmaschinen. In der dritten geht es nun um den reinen Geschmack. Im Zusammenspiel von Herkunftsgebiet, Röstung und Zubereitungsart wird der Deutschen liebstes Getränk zu einer geschmackvollen Spezialität wie großer Wein oder gutes Olivenöl. Dabei röstet Hardi Wild nicht nur selbst, er kennt auch die Händler, von denen er seine Bohnen kauft. Bei vielen war er schon auf der Plantage, u. a. für den würzig, schokoladigen Hausespresso mit der Karamellnote. Der ist seinem Urgroßvater Leonhard Panholzer gewidmet, der schon 1892 am Alten Bahnhof in Partenkirchen Kaffee röstete.

- Bahnhofstr. 40, 82467 Garmisch-Partenkirchen, Tel. 088 21/708 86 54, Mo–Fr 7.30–18, Sa 10–16 Uhr, www.wild-kaffee.de

Tipp: Für konditionsstarke, geübte Wanderer ist die 18 km lange, anspruchsvolle Tour durch die Partnachklamm zum Schachen ein besonderes Erlebnis. Am Olympia-Skistadion in Garmisch geht es los. Gischt sprüht durch die spektakuläre Schlucht, ganz klein fühlt man sich zwischen den engen Felswänden und staunt umso mehr, wenn sich die Klamm in ein breites Tal öffnet. Auf dem Kälbersteig geht es von hier zum Schachen, einem der Lieblingsplätze König Ludwigs II. Das 1869–72 erbaute Sommerdomizil erinnert von außen an ein Schweizerhaus. Drinnen ist es typisch märchenhaft mit türkischem Saal, goldener Decke und Springbrunnen neben Zirbenstuben. Sein Tross lebte während der zehn- bis 20-tägigen Sommerfrische im etwas tiefer gelegenen Schachenhaus, heute ein Berggasthof mit Übernachtungsmöglichkeit. Daneben liegt der Botanische Alpengarten mit mehr als 800 Hochgebirgspflanzen von Bayern bis Himalaya. Partnachklamm, Mai, Juni, Okt. 8–18, Juli–Sept. 8–19, Nov.–April 9–18 Uhr, gebührenpflichtig, www.partnachklamm.eu Königshaus am Schachen, Juni–Anfang Okt., www.schloesser.bayern.de Schachenhaus, Ende Mai–Mitte Okt., www.schachenhaus.de

6 Geigenbau, Mittenwald

Ab 1487 war der »Bozner Markt« in Mittenwald 200 Jahre lang Hauptumschlagplatz für Waren aus Italien und dem Orient. Zudem ist der Ort berühmt für Holzschnitzerei und Geigenbau, denn in

 Übernachten

Hotel Das Kranzbach
Englischer Landsitz und 4-Sterne-Superior-Wellnesshotel mit Stil und Atmosphäre. Ein besonderer Übernachtungsort ist das Baumhaus für zwei Personen, mitten im Wald und mit großer Terrasse.
Kranzbach 1, 82493 Klais bei Garmisch-Partenkirchen, Tel. 088 23/92 80 00, www.daskranzbach.de

Terrassencamping am Richterbichl
Familiäre Anlage mit Badeweiher an der Romantischen Straße. Wer's ausgefallen mag, kann eine Nacht im Fass verbringen.
Solder 1, 82401 Rottenbuch, Tel. 088 67/15 00, www.camping-rottenbuch.de

der Höhenlage wächst das begehrte Tonholz. Andreas Pahler ist einer, der mit viel Gespür, Erfahrung und Wissen die richtigen Bäume findet (www.alpentonholz.de) und von Musikern und Instrumentenbauern aus aller Welt aufgesucht wird. Wie aus dem Holz eine Geige wird, ist im Geigenbaumuseum ebenso anschaulich dargestellt wie die Historie, wie Mathias Kloz Ende des 17. Jh. den Instrumentenbau in seine Heimat brachte, seine Söhne und immer wieder Lehrlinge ausbildete.

- Geigenbaumuseum, Ballenhausgasse 3, 82481 Mittenwald, Tel. 088 23/25 11, Feb.–Mitte März, Mitte Mai–Mitte Okt., Mitte Dez.–6. Jan. Di–So 10–17, 7. Jan. bis 31. Jan., Mitte März–Mitte Mai, Mitte Okt.–6. Nov. Di–So 11–16 Uhr, www.geigenbaumuseum-mittenwald.de

34 Oberbayerische Seen

An der Amper beginnt der Ausflug durch ein von Seen geprägtes Stück Oberbayern. Die Vielfalt könnte kaum größer sein. Da ist der Ammersee mit seinen vogelreichen Auen, der Starnberger See mit wohlklingenden Orten und fast badewannenwarmem Wasser oder der Tegernsee mit seiner besonders hohen Dichte an Spitzengastronomie. Als »Warmbadesee« gilt der Staffelsee, während die Bergseen mit echter Abfrischung und oftmals besten Bedingungen für Wassersport locken. Dabei führt die vorgeschlagene Route längst nicht zu allen Gewässern der Region, die u. a. die berühmte Künstlergruppe des Blauen Reiters inspirierte.

■ Tourismus Oberbayern, Balanstr. 57, 81541 München, Tel. 089/63 89 58 79, www.oberbayern.de

Das Strandbad in Murnau am Staffelsee bietet sich hervorragend für einen Sundowner an.

Gesamtlänge: 134 km

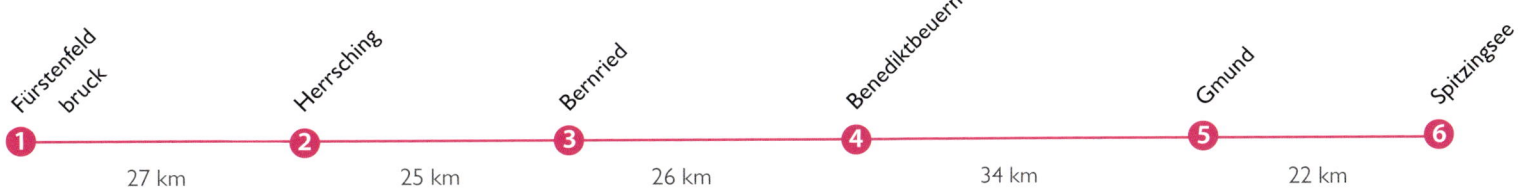

1. Klosterstüberl, Fürstenfeldbruck
2. Fischerei Schlamp, Herrsching
3. Buchheim-Museum, Bernried
4. Kloster Benediktbeuern
5. Handdruckerei Gistl, Gmund
6. Albert-Link-Hütte, Spitzingsee
- Hotel Alpenhof Murnau
 Campingplatz Aichalehof, Uffing am Staffelsee

1 Klosterstüberl, Fürstenfeldbruck

Drinnen ist das Klosterstüberl Fürstenfeldbruck ein gemütliches bayerisches Wirtshaus mit Gewölbe und viel dunklem Holz. Noch schöner ist es draußen. An einem warmen Sommertag unter Kastanien sitzen und den Amper-Klosterkanal leise plätschern hören ist allein schon ein Vergnügen. Beim Blick in die Speisekarte wird es noch größer. Wer nicht mit dem festen Vorsatz gekommen ist, es bei der Spezialität des Hauses zu belassen und sich auf die Windbeutel zu beschränken, der hat die Wahl unter bayerischen Klassikern, von denen viele in Vergessenheit geraten sind. Ein Ochsenfetzensalat ist so eine Großmutter-Delikatesse, gesottener Ochse oder das Böfflamot, das die Franzosen mit Napoleon nach Bayern brachten. Bei Birgit Bartels-Peter und Martin Peter, der als gelernter Metzger u. a. die Weißwürste selber macht, gibt es keinen Schnickschnack, stattdessen frische Küche mit heimischen Zutaten. Den kürzesten Weg dürfte dabei der Bärlauch aus dem Pfarrgarten zurückgelegt haben, der den selbst gedrehten Knödeln Farbe und Aroma gibt. Die wuchtige Kirche des ehemaligen Zisterzienserklosters verdankt ihre Existenz und Größe dem schlechten Gewissen

Übernachten

Hotel Alpenhof Murnau
Gediegenes Haus mit großem Wellnessbereich, ambitionierter Küche und dem Murnauer Moos direkt vor der Haustür.
Ramsachstr. 8, 82418 Murnau, Tel. 088 41/49 10, www.alpenhof-murnau.com

Campingplatz Aichalehof
Am Westufer des Staffelsees gelegene, 6 ha große Anlage mit Bergblick, geöffnet von Mai bis Anfang Oktober.
Aichalehof 4, 82449 Uffing am Staffelsee, Tel. 088 46/211, www.aichalehof.de

OBERBAYERISCHE SEEN VON FÜRSTENFELDBRUCK BIS SPITZINGSEE

Herzog Ludwig II. (1229–1294). Weil ein Brief an ihn in die falschen Hände geriet, hatte er Maria von Brabant (1226–1256) der Untreue verdächtigt und kurzerhand samt zweier Zofen hinrichten lassen. Als er den Fehler bemerkte, ließ er zum Zeichen seiner Sühne die in süddeutschem Spätbarock vollendete St. Maria-Kirche erbauen.

- Fürstenfeld 7c, 82256 Fürstenfeldbruck, Tel. 081 41/52 68 19, Di–Sa 9.30–23, So, Feiertage 9.30–22 Uhr, www.klosterstueberl.de

❷ Fischerei Schlamp, Herrsching

Im blauen Eckhaus an der Herrschinger Seestraße ist Frauenpower angesagt. Victoria Wesselmann und Mama Irene Schlamp holen in fünfter Generation Fische aus dem Ammersee. Heute ist das normal. Als Irene Schlamp 1973 ihre Meisterprüfung zur Fischmeisterin ablegte, war das eine kleine Revolution. Als erste Frau am Ammersee übte sie den traditionsreichen Beruf aus. So wie inzwischen ihre Tochter, die frühmorgens auf dem See die Netze einholt, in denen sich vor allem Renken finden. Eine besondere Delikatesse sind die selbst geräucherten Fische aus den Gewässern des Fünf-Seen-Landes. Je nach Jahreszeit und Schonzeiten gibt es Forellen, Saiblinge, Renken, Karpfen, Zander, Hechte oder Welse. Und wer bei der Beschaffung seines Abendessens lieber aufs eigene Anglerglück vertraut, der bekommt bei der Fischerei Schlamp gegen Vorlage seines Fischereischeins auch eine Karte zum Fischen im Ammersee.

- Seestr. 41, 82211 Herrsching, Tel. 081 52/35 54, Mi–Fr 9–18, Sa 9–13 Uhr, www.fischerei-schlamp.de

❸ Buchheim-Museum, Bernried

Treffender könnte der vom Künstler und Sammler Lothar-Günther Buchheim (1918 bis 2007) erbaute Komplex am See kaum charakterisiert werden, als mit seinem Untertitel »Museum der Fantasie«. Das beginnt mit dem Gebäude, das der für das Münchner Olympiagelände berühmte Günther Behnisch (1922–2010) nördlich von Bernried errichtete. Der lang gestreckte Bau mit eckigen Formen, begrünten Dächern und einem spannenden Kontrast von viel Holz und weißen Flächen ist teils in den Hang am Ufer gebaut und bezieht mit einem 12 m über dem Wasser schwebenden Steg den See mit ein. Das passt zu Buchheim, der als junger Mann mit dem Faltboot auf der Donau ins Schwarze Meer paddelte, als Freiwilliger in die Kriegsmarine eintrat und seine Erlebnisse als Kriegsberichterstatter auf U-Booten 1973 mit dem in 18 Sprachen übersetzten Buch »Das Boot« veröffentlichte, das Wolfgang Petersen 1981 verfilmte. Im Museum gibt es vier Sammlungen: Volkskunst aus Bayern, Afrika und Übersee und die berühmte Expressionisten-Sammlung der »Brücke-Maler« wie Ernst Ludwig Kirchner, Erich Heckel, Karl Schmidt-Rottluff und Max Beckmann, deren Aquarelle, Druckgrafiken, Gemälde und Zeichnungen mehrmals jährlich gewechselt werden.

- Am Hirschgarten 1, 82347 Bernried, Tel. 081 58/99 70 20, Di–So, Feiertage April–Okt. 10–18, Nov–März 10–17 Uhr, Mai–Sept. ab/nach Starnberg Mondscheinfahrten mit dem Museumsschiff »Phantasie« mit Sektempfang am Steg, abendlicher Führung durch die Sammlung und Rückfahrt über den mondbeschienenen See, www.buchheimmuseum.de

❹ Kloster Benediktbeuern

Von Weitem sichtbar ragen die doppelten Zwiebeltürme von Kloster Benediktbeu-

---

> **Tipp:** Wegen seines Bieres berühmt, ist das Kloster Andechs doch in erster Linie Pilgerziel. Seit dem 12. Jh. führen Marien-Wallfahrten auf den weithin sichtbaren »Heiligen Berg« mit der prachtvollen Rokokokirche. Eine der schönsten Möglichkeiten, sich Andechs zu Fuß zu nähern, beginnt in Pähl und führt vorbei am Hochschloss-Weiher auf dem Höhenweg nach Andechs. Abwechselnd geht es auf dem König-Ludwig-Weg durch den Wald oder mit freiem Blick auf den Ammersee. Etwa zwei Stunden braucht man gemütlich (8 km). Zurück kann man wahlweise den Bus nehmen, denselben Weg gehen oder über das Kiental nach Herrsching und von dort über Aidenried und Fischen am See zum Ausgangspunkt gehen (12,5 km).
> Kloster Andechs, Bergstr. 2, 82346 Andechs, Tel. 081 52/37 60, www.andechs.de

OBERBAYERISCHE SEEN VON FÜRSTENFELDBRUCK BIS SPITZINGSEE

ern in den weiß-blauen Himmel. Selbst Passanten genießen den Anblick der mehr als 1250 Jahre alten ehemaligen Benediktinerabtei am Rand des Loisach-Kochelsee-Moors. Einst als letzte Wach- und Kontrollstation vor dem Kesselberg gegründet, ist sie nach wechselvoller Geschichte bis heute ein lebendiges geistiges Zentrum der Region. Das spürt man am besten bei einem Besuch im Kloster, das heute die Salesianer Don Boscos mit Leben erfüllen. Wenn man durch den gotischen Kreuzgang schlendert, bei der Ausstellung im ehemaligen Weinkeller in die Vergangenheit eintaucht oder in der Abteikirche St. Benedikt einfach nur die Ruhe spürt, ist spirituelle Kraft mehr als nur eine schöne Formulierung. Bei 90-minütigen Führungen sind außerdem der Kurfürstensaal und der frühbarocke Festsaal mit seinen wertvollen Gemälden zugänglich. Wahlweise kann man den Besuch im Klostercafé im ehemaligen Refektorium kulinarisch abrunden, z. B. mit kesselfrischen Weißwürsten oder hausgemachtem Kloster-Kuchen unter der Holzdecke von 1493. Der weitere Weg führt am Ostufer des Kochel- und Westufer des Walchensees vorbei über Wallgau und (auf mautpflichtiger Straße) den fjordähnlichen Sylvensteinstausee bis ins Tegernseer Tal.

Bayerisches Ensemble: Zwiebeltürme, blauer Himmel, Biergarten – oder vielmehr das Café des Klosters Benediktbeuern, das schon seit 1250 Jahren ein spirituelles Zentrum bildet.

- Klostercafé im Gotischen Saal, Don-Bosco-Str. 1, 83671 Benediktbeuern, Mai–Nov. Mo–Fr 12.30–17.30, Sa, So, Feiertage 11–17.30 Uhr, www.kloster-benediktbeuern.de
- Kloster-Bräustüberl mit Biergarten mit Bergblick, Tel. 088 57/94 07, 15. März–Okt. tgl. 9–23, Nov.–14. März tgl. 10–23 Uhr, www.klosterwirt.de
- Kräuter-Erlebnis-Laden der Kräuterpädagoginnen Tölzer Land im Maierhof des Klosters, Zeilerweg 2, 83671 Benediktbeuern, Tel. 088 57/887 34, Dez. bis Ostern 10.30–16.30, Mai–Okt. 10–18, Nov. 10.30–17 Uhr, www.kraeuter-erlebnis-laden.de

⑤ Handdruckerei Gistl, Gmund

In einer alten Tenne am Hang über dem Tegernsee hat sich Martina Gistl ihren Traum erfüllt. Auf dem elterlichen Schneider-Hof erweckte sie mit einer Hand-Siebdruckerei eine alte Tradition zu neuem Leben. Das Drucken faszinierte sie schon immer, erzählt sie, während sie mit abgeplatteten Spezialnadeln sorgfältig Stoff auf dem Drucktisch befestigt. Das 6,50 m lange Ungetüm ist das Herzstück ihres kleinen Reichs und wechselweise Produktionsstätte und Präsentationsfläche. Ein Handdrucker aus der nahen Kreisstadt Miesbach hat es ihr samt Zubehör angeboten, als er sich zur Ruhe setzte. Einen halben Tag dauerte die Einführung, dann musste sie selbst zurechtkommen. Dass sie fast alles durch Ausprobieren lernen musste, sieht sie auch als große Chance. Weil sie nie gelernt hat, was zu bedrucken geht und was nicht, wagt sich Martina Gistl an manches, wovon Fachleute die Finger lassen. Seide und Samt etwa. »Geht das auch?«, habe der Vorbesitzer ihrer Gerätschaften verwundert gefragt, als er bei ihr die feinen Tücher im Regal liegen sah: »Das unterscheidet mich von den Gelernten.« Feinste Merinowolle, Schmutz abweisender Filz und hochwer-

OBERBAYERISCHE SEEN VON FÜRSTENFELDBRUCK BIS SPITZINGSEE

tiges Papier sind nur einige Spezialitäten. Weil jedes Stück per Hand gefertigt wird, sind auch Sonderwünsche kein Problem – sofern sie technisch machbar sind. Besonders gern holt Martina Gistl alte Stoffe aus dem Dornröschenschlaf: Leinen aus dem Aussteuerschrank, nie benutzte Geschirrtücher. Auf ihrem Drucktisch werden sie zu gern gebrauchten Lieblingsstücken. Besonders schön ist auch die Haptik von Handdruck auf edlem Büttenpapier der Büttenpapierfabrik Gmund, deren Papier u. a. für die Umschläge bei der Oscar-Verleihung benutzt wurde.

- Gasse 16, 83703 Gmund am Tegernsee, Tel. 080 22/748 76, Fr 9–12, 14–18, Sa 9–12 Uhr und nach Vereinbarung, www.handdruckerei-gistl.de
- Büttenpapierfabrik Gmund, Mangfallstr. 5, 83703 Gmund, Tel. 080 22/750 00, Mo–Fr 9.30–18.30, Sa 9.30–13.30 Uhr, Besichtigung der Produktion jeden 1. und 3. Do im Monat nach Anmeldung unter Tel. 080 22/706 03 50, www.gmund.com

❻ Albert-Link-Hütte, Spitzingsee

»So schmecken die Berge« ist eine Kampagne des Deutschen Alpenvereins, die besonders jene Hütten in den Mittelpunkt stellt, die in ihren Gaststuben nicht auf Convenience-Küche und Tiefkühlpommes setzen, sonders klassische Hausmannskost servieren. Die idyllisch im Valepper-Tal gelegene Albert-Link-Hütte ist so ein Haus, das mit der Plakette mit der gezeichneten Kuh auf ovalem Grund ausgezeichnet wurde. In einer Viertelstunde spaziert man gemütlich von der Wurzhütte am südlichen Ende des Spitzingsees hierher und wird an manchen Tagen schon vom Duft des frischen Brotes empfangen. Regelmäßig backen Ute Werner und Uwe Gruber im Steinofen vor dem Haus resche Bauern- und Sechskornbrote. Eine besondere Spezialität, um das Brot zu belegen, sind luftgetrocknetes Wild aus der eigenen Jagd und Bauernspeck aus dem Buchenrauch. Den selbst hergestellten Käse ergänzen Bioprodukten aus Irschenberg und dem nahen Tirol. Die Eier für den weithin bekannten Kaiserschmarren aus der gusseisernen Pfanne kommen nicht flüssig aus dem Tetrapak, sondern vom Bauern, das Mehl aus der Mühle im nahen Leitzachtal. Wer sich die Brotzeit lieber mit einer längeren Wanderung verdient, der kann den Weg vom Parkplatz der Taubenstein-Bergbahn hinauf zur Schönfeldhütte einschlagen (wahlweise mit der Gondel auf den Berg fahren und über den Lochgraben in etwa 30 Min. absteigen). Sie wird ebenfalls von Ute Werner und Uwe Gruber bewirtschaftet und serviert Gästen ebenso köstliche Gerichten von der Brotzeit bis zu kräftiger Suppe oder deftigem Gulasch. Für den Kuchen hinterher sollte man aber unbedingt noch genug Platz lassen.

- Albert-Link-Hütte, Valepperstr., 83727 Spitzingsee, Tel. 080 26/712 64, Mai bis März Di–So, www.albert-link-huette.de
- Schönfeldhütte, Schwarzenkopfweg 1, 83727 Spitzingsee/Taubenstein, Tel. 080 26/74 96, Sommer tgl., im Winter an den Wochenenden geöffnet, www.davplus.de/schoenfeldhuette

Feste und Events

Mai
- Dießen am Ammersee, Töpfermarkt mit Verleihung des Dießener Keramikpreises, www.diessen.de

August
- Schliersee, Alt-Schlierseer Kirchtag mit Bootsprozession über den See, www.alt-schlierseer-tracht.de

Oktober
- Schlierseer Kulturherbst, www.kulturherbst-schliersee.de

November
- Dießen, Benediktbeuern, Kreuth, Schliersee, um den 6.11., Leonhardifahrt

Nach einer ordentlichen Brotzeit in der Albert-Link-Hütte ist man für eine Wanderung am Spitzingsee gerüstet.

Acht Meter rauscht der Wasserfall in die Tiefe, an dem das extravagant gestaltete Dorfbad Tannermühl liegt.

35 Von Wasserburg bis nach Glonn

Es ist ein kulturträchtiger Landstrich – barocke Lebensart, bayerische Lebenskunst, abwechslungsreiche Landschaft und historische Gebäude zeichnen die Strecke von der Innstadt Wasserburg bis ins ländliche Herrmannsdorf aus. Letzteres thront aussichtsreich auf einem Hügel über dem Glonntal. In einem weiten Bogen geht es um den mächtigen Wendelstein. Wer weniger bergaffin ist, kann die Runde auf der Höhe von Bad Feilnbach abkürzen und die sanftere Variante ins Leitzachtal wählen, das er in Hundham erreicht.

▪ Tourist-Info: Marienplatz 2, 83512 Wasserburg am Inn, Tel. 080 71 / 105 22, www.wasserburg.de/de/touristik

Gesamtlänge: 136 km

Wasserburg ① — 32 km — Maxlrain ② — 30 km — Brannenburg ③ — 19 km — Bayrischzell ④ — 25 km — Irschenberg ⑤ — 11 km — Holzolling ⑥ — 19 km — Glonn ⑦

1. Bierkatakomben, Wasserburg am Inn
2. Schloss Maxlrain
3. Wendelstein, Brannenburg
4. Dorfbad Tannermühl, Bayrischzell
5. Obermoser Biokäse, Irschenberg
6. Gasthaus Kreuzmair, Holzolling
7. Herrmannsdorfer Landwerkstätten, Glonn

🛏 Hotel Tannerhof, Naturhotel & Gesundheitsresort, Bayrischzell

⛺ Campingplatz Wolfsee, Fischbachau

① Bierkatakomben, Wasserburg am Inn

Es sind spannende Geschichten, die man in den Tiefen Wasserburgs erfährt. Geschichten aus Zeiten, in denen Gastronomen nicht einfach am Regler drehen konnten, um ihre Vorräte zu kühlen. Damals entstand am Südufer des Inns eine Reihe von Sommerbierkellern. Per kurfürstlichem Verbot durfte zwischen Georgi (23. April) und Michaeli (29. Sept.) kein Bier gebraut werden. So musste man sich schon im Winter um das Sommerbier kümmern, das doppelt gehopft und deshalb länger haltbar war. Dennoch sei es oft zu Engpässen gekommen, erzählen die von Witgar Neumaier initiierten »Kellerfreunde«, die mit Führungen durch die alten Anlagen Bau- und Braukunst der Ahnen im Gedächtnis halten wollen. Von 1785 bis Mitte des 19. Jh. wurden die Bierkatakomben gebaut und ausgebaut. Bis ins 20. Jh. kamen die Durstigen, um hier frisches Kellerbier zu trinken. Ein Teil der sieben unterirdischen Räume, die wie ein Labyrinth miteinander verbunden sind, dient heute musealen Zwecken. Oberirdisch gefällt die Innstadt mit ihren mittelalterlichen Häusern samt Türmchen, Zinnkronen und Treppengiebeln. Seinen Beinamen »Bayerisches Venedig« verdankt Wasserburg dem Fluss, der sich in einer weiten Schleife um die Stadt legt.

■ Marienplatz 2, 83512 Wasserburg/Inn, Tel. 080 71/105 22 (Info und Anmeldung zu Führungen), www.wasserburg.de/de/bierkatakomben

② Schloss Maxlrain

Die vier von Zwiebeldächern gekrönten Ecktürme von Schloss Maxlrain lassen an die Burg denken, die das eigenwillige Gebäude ursprünglich war. Heute lockt vor allem das Ensemble aus Brauerei, Schlosswirtschaft und Bräustüberl mit dem größten Biergarten im weiten Umkreis. Mächtig stolz ist man hier, im Jubiläumsjahr des Bayerischen Reinheitsgebotes als »Deutschlands Brauerei des Jahres 2016« ausgezeichnet worden zu sein. Vom Biergarten schaut man

Seit 1636 wird in Maxlrain Bier gebraut – bis etwa 1900 direkt im Schloss, seitdem in der angebauten Brauerei. 15 Sorten sind es.

VON WASSERBURG BIS NACH GLONN

Tipp: Egal ob die Sonne scheint, der Nebel über die Wiesen wabert oder Schnee liegt, die Sterntaler Filze bei Bad Feilnbach haben immer etwas Magisches, Geheimnisvolles. Auch wenn sich heute niemand mehr vor umherirrenden Seelen und schaurigen Moorleichen fürchtet. Dafür kann man in der bayernweit einzigartigen Moorerlebnisstation Libellen beobachten, einen Blick auf den Eisvogel mit seinem strahlend blauen Gefieder erhaschen und mit den ziehenden Wolken die Gedanken schweifen lassen. Vom Torfstadel aus geht es auf einem 650 m langen, barrierefreien Bohlenweg zu gut beschilderten Stationen, an denen man viel Wissenswertes von der Entstehung des Torfs bis zum lange üblichen Torfstechen erfährt und warum es wichtig ist, dass man das Moor schützt. Zwischen Totholzbaum und Vogelbeobachtungshütte mit dem Blick auf Frästorffelder und Bergpanorama gibt es viel zu entdecken. Ausgangspunkt ist am Ortsrand von Bad Feilnbach, Flyer mit allen Daten zum Bad Feilnbacher Moorerlebnis gibt es bei der Kur- und Gästeinformation.
Bahnhofstr. 5, 83075 Bad Feilnbach, Tel. 080 66/887 11, www.bad-feilnbach.de

über Glasrand und Teller direkt auf den Wendelstein. Besondere Konzentration ist bei Golfern gefragt, die sich nicht vom Bergpanorama hinter dem alten Baumbestand ablenken lassen dürfen.

- Aiblinger Str. 1, 83104 Maxlrain/Tuntenhausen, Tel. 080 61/907 90, www.maxlrain.de

❸ Wendelstein, Brannenburg

Markant überragt der Aussichtsberg Wendelstein (1838 m) das Mangfallgebirge. Da er vor Jahrmillionen aus einem afrikanischen Korallenriff aufgeworfen wurde, findet man auf dem Geo-Park-Lehrpfad unterm Gipfel noch allerlei Fossilien. Unterirdisch wird in Deutschlands höchstgelegener Schauhöhle Erdgeschichte greifbar. Man kann am Wendelstein in den Himmel gucken, wie es Wissenschaftler in einem der weltweit führenden Observatorien tun (Juni–Sept., Fr 14 und 15 Uhr nach Anmeldung, www.wendelstein-observatorium.de/fuehrungen.html) oder einfach das Panorama genießen: Inn, Chiemsee, Watzmann, Großglockner, Zugspitze. Man kann den Berg mit Deutschlands höchstgelegener Kirche (Mai–Okt. So 11 Uhr Messe) mit ausreichend Zeit und guter Kondition zu Fuß erklimmen, von Osterhofen aus die Gondel nehmen oder von Brannenburg mit der denkmalgeschützten Zahnradbahn von 1912 fahren. Sogar heiraten ist auf dem Wendelstein möglich. Und wer hinunter nicht denselben Weg nehmen möchte wie hinauf, den bringen die Busse der Wendelstein-Ringlinie wieder zum Ausgangspunkt zurück. Landschaftlich reizvoll ist die Fahrt über die Mautstraße am Tatzelwurm, die von Brannenburg aus am Sudelfeld vorbeiführt.

- Zahnradbahn-Talbahnhof, Sudelfeldstr. 106, 83098 Brannenburg, www.wendelsteinbahn.de
- Seilbahn-Talstation, Osterhofen 90, 83735 Bayrischzell, Tel. 080 34/30 80, www.wendelsteinbahn.de

Übernachten

Hotel Tannerhof, Naturhotel & Gesundheitsresort

Das ist ein besonderer Ort direkt am Hang, eigentlich ein ganzes Dorf: Völlig kitschfreie traditionsreiche Gebäude wurden mit moderner Architektur kombiniert – darunter vier Türme. Allein die Anlage ist eine Schau, doch auch das Biorestaurant kocht ausgezeichnet und die umliegende Bergwelt lädt sowieso zum Austoben ein.
Tannerhofstr. 32, 83735 Bayrischzell, Tel. 080 23/810, www.tannerhof.de

Campingplatz Wolfsee

Der kleine Platz im Leitzachtal ist von Dauergästen geprägt, doch die Touristenplätze liegen direkt am Wasser – für Kinder eine Riesengaudi.
Wolfsee, 83730 Fischbachau, Tel. 080 28/868, April–Okt., www.wolfsee-camping.de

❹ Dorfbad Tannermühl, Bayrischzell

Im wohlig-warmen Wannenbad sitzen, während einem die kalte Gischt vom Wasserfall ins Gesicht sprüht, ist ein besonderes Erlebnis. Aus acht Metern Höhe stürzt das Wasser vom Fels. Rundherum ist nichts. In der einstigen Leinmühle des Tannerbauern hat sich der Bayrischzeller Peter Kirchberger einen Traum erfüllt und die absolut kitschfreie bayerische Version eines Day Spas eröffnet. Wer hierher kommt, taucht für ein paar Stun-

VON WASSERBURG BIS NACH GLONN

Tipp: Die Wallfahrtskapelle Birkenstein sowie das kleine Kloster, der Freialtar und die monumentale Kreuzigungsgruppe bilden einen besonderen Ort, weit weg von der alltäglichen Welt. Eine erste, kleinere Kapelle wurde im Jahr 1673 gebaut, als der Fischbachauer Pfarrer Mayer beim Beten eingenickt und ihm im Traum die Mutter Gottes erschienen war. »Hier an diesem Ort will ich verehrt werden, und denen, die mich hier anrufen, meine Gnade mitteilen«, ist die überlieferte Botschaft. Die heutige Kapelle stammt aus dem Jahr 1710. Tausende Wallfahrer kommen jedes Jahr hierher, um der Gottesmutter ihre Sorgen anzuvertrauen oder einfach nur, um die Kraft des Ortes im Wald über dem Leitzachtal zu spüren.
Wer mehr darüber erfahren möchte, schließt sich einer Führung von Schwester Eresta an, die Birkenstein mit ihren Kolleginnen von den Armen Schulschwestern betreut.
Kapellenweg 11, 83730 Fischbachau, Tel. 080 28/830,
www.maria-birkenstein.de

❺ Obermooser Biokäse, Irschenberg

So stellt man sich Landidylle vor: Ein Bauernhof mit dunklem Holz und üppig blühenden Geranien am Balkon, mit Obstbäumen im Garten und Kühen auf der Weide. Die geben die Milch für die Käseköstlichkeiten, für die der Obermoser Hof bekannt ist. Vor zehn Jahren entschieden sich die Grundbachers, ihren eigenen Weg zu gehen und sich gegen das in der modernen Lebensmittelindustrie vorherrschende »Wachsen oder Weichen« zu stemmen. Seitdem verarbeiten sie ihre in Bioqualität erzeugte Milch zu »Heublumenkäse«, »würzigem Oberlandler«, »Camembär« und anderen Käsespezialitäten. Doch auf dem Obermooserhof gibt es noch weit mehr als Käse und Kräuter und Heilpflanzen aus Bäuerin Josefas Garten. Die Grundbachers sind außerdem leidenschaftliche Theaterspieler und Musikanten. Das geht so weit, dass der Hof immer wieder zur Bühne für hochkarätiges Volkstheater wird. Keine Schenkelklopfer, sondern Theater um ernste Themen, bei denen man auch mal nachdenken muss. Zuletzt wurde mit der Deutschlandpremiere von Felix Mitterers »Märzengrund« ein großes Stück vor großartiger Kulisse aufgeführt.

■ Obermoos 1, 83737 Irschenberg, Tel. 080 25/79 62, Fr 9–18 Uhr und nach Vereinbarung,
www.obermooser-biokaese.de,
www.irschenberger-theater.de

den in eine andere Welt ein. Der Alltag bleibt draußen. Nicht einmal Uhren gibt es, stattdessen knisterndes Kaminfeuer, eine Sauna mit Blick auf den Bach und wohltuende Anwendungen auf der in einer 150 Jahre alten Hobelbank versteckten Massageliege.

■ Tannermühlstr. 23, 83735 Bayrischzell, Tel. 01 72/568 56 98,
www.almbad.de/tannermuehl

Der Freialtar der Wallfahrtskapelle Birkenstein im Leitzachtal: Auf den ovalen Tafeln stehen Bitten wie »Du Königin aller Heiligen, bitt für uns!«.

VON WASSERBURG BIS NACH GLONN

Feste und Events

April
- Palmwochenende: Kunst & Garten auf Gut Herrmannsdorf, www.herrmannsdorfer.de

Juni
- Fronleichnam: Maxlrain, Auftakt zur dreitägigen ADAC Bavaria Historic mit großem Oldtimer Festival »Oldie Feeling«, www.bavaria-historic.de

August
- 1000-Lichter-Fest in Bayrischzell, www.bayrischzell.de

Oktober
- Apfelmarkt in Bad Feilnbach

November
- 1. Sa: Leonhardifahrt in Hundham, www.trachtenverein-fischbachau.org

6 Gasthaus Kreuzmair, Holzolling

Wegen der hausgemachten Spätzle kommen manche Gäste von weit her. Andere genießen den lauschigen Gastgarten. Und manch einer kehrt vielleicht nur deshalb ein, um sich als Wegzehrung noch ein paar hausgemachte Pralinen zu kaufen. Es gibt viele Gründe, bei Elisabeth und Herrmann Buschak, die den Gasthof in fünfter Generation betreiben, bayerische Küche »mit weitschweifendem Blick über freistaatliche und kontinentale Grenzen hinaus« zu genießen. Vom hausgemachten Nusszopf und Striezln zum Kaffee über Kräuterküche aus dem Garten bis zur »Karibischen Nacht« unter bayerischem Sternenhimmel reicht das Angebot. Eine besondere Attraktion gibt es in kalten Wintern. Bei »Eiszapfenwetter« lädt Herrmann Buschak zur Eisskulpturenausstellung. Dann schnitzt der Hausherr mit dem Faible für das kalte Hobby wochenlang, bis sein Kühlhaus voll mit Kunstwerken ist, die dann stimmungsvoll beleuchtet im Gastgarten inszeniert werden.

■ Westerhamer Str. 12, 83629 Holzolling, Tel. 080 63/324, Mi/Do ab 17.30, Fr–So und Feiertage ab 11.30 Uhr, www.gasthaus-kreuzmair.de

7 Herrmannsdorfer Landwerkstätten, Glonn

Jeder kennt die Bedeutung von WWW. Wirklich? Das muss nicht zwangsläufig »World Wide Web« heißen. Wenn in Herrmannsdorf davon die Rede ist, geht es um Weide, wühlen und Würmer. Das nämlich dürfen die hiesigen Schweine genießen: Sie haben Auslauf, Beschäftigung beim Futter suchen und nach einem schönen Schweineleben nebenbei auch noch ein äußerst wohlschmeckendes Fleisch. Das kann man direkt vor Ort kosten. Wer mag, sucht sich im »Schweinsbräu« das beste Stück aus dem Fleisch-Reifeschrank. Oder lieber doch eine Kostprobe aus der ersten bayerischen Wurstbar? Hier ist das Tier nicht Industrieprodukt, sondern Lebewesen, für das der Mensch Verantwortung trägt. Das wird sehr plastisch bei Tier- und Hofführungen vermittelt. Die von Karl Ludwig Schweisfurth vor mehr als 30 Jahren gegründeten Herrmannsdorfer Landwerkstätten sind aber noch viel mehr: eine Bäckerei, Käserei und Brauerei; es wird Kaffee geröstet und Schnaps gebrannt. In der Handwerkstatt lernt man selber, wie es geht: von der sachgerechten Zerteilung von Schaf und Schwein übers Zubereiten von Brat- und Weißwürsten, das Brezndrehen und Brotbacken bis zum Brauseminar. Schön sind die Hofmärkte, wenn sich allerlei Künstler einfinden und ihre Kreationen verkaufen.

■ Herrmannsdorfer Landwerkstätten, Herrmannsdorf 7, 85625 Glonn, Tel. 080 93/909 40
■ Hofmarkt, Tel. 080 93/90 94 34, Mo–Fr 9–18, Sa 8.30–14 Uhr, bei schönem Wetter Gartencafé
■ Schweinsbräu, Tel. 080 93/90 94 45, Mi–Fr 12–14.30 und 17.30–21.30, Sa 12–21.30, So 12–17 Uhr, www.herrmannsdorfer.de

Lauschiger Platz, beste Ökoqualität: das Wirtshaus zum Schweinsbräu in den Herrmannsdorfer Landwerkstätten.

36 Von Burghausen bis nach Bad Reichenhall

Als es noch keine Kühlschränke gab und Lebensmittel vornehmlich durch Salz haltbar gemacht wurden, war das »Weiße Gold« kostbar. Salz bedeutete Wirtschaftskraft und politischen Einfluss. Salzzentren hatten große Macht, und die Städte entlang der Handelswege blühten und zeigten dies mit besonderer Architektur. So führt dieser Weg vom weiten Voralpenland bis hinein in die Berge zu Orten, die vom »Erdöl des Mittelalters« geprägt wurden – vom Handel, von ehemaligen Transportwegen, aber auch von den Wohltaten, die das Salz bringt. Ziel ist Bad Reichenhall in der Nähe des mächtigen Watzmannmassivs, in dessen Bergwerk man 1517 begann, das »Weiße Gold« abzubauen. Ihre Machtstellung verlor die Stadt mit der Auflösung der Fürstpropstei im Jahr 1803, doch bis heute fördern die Bergleute unter Tage das Salz. Wie reizvoll die Landschaft ist, zeigt ein Blick in die Kunstgeschichte: So gehörten Chiemsee und Ramsau zu den beliebtesten Motiven der Landschaftsmaler.

■ Berchtesgadener Land Tourismus, Maximilianstr. 9, 83471 Berchtesgaden, Tel. 086 52/65 65 00, www.berchtesgadener-land.com

Mit diesen 13 m hohen Wasserrädern in der Alten Saline in Bad Reichenhall wurde einst die Sole gefördert.

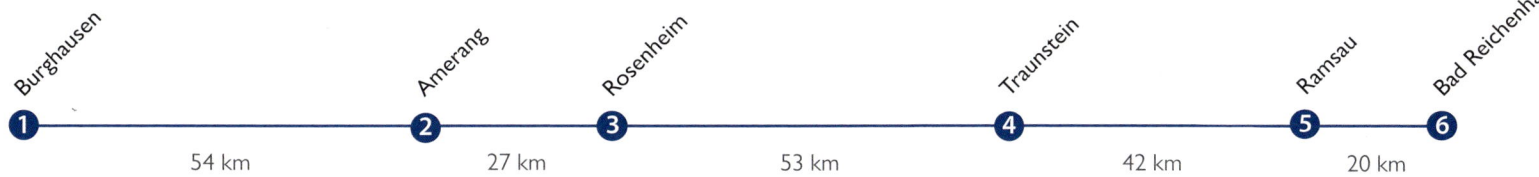

Gesamtlänge: 196 km

Burghausen	Amerang	Rosenheim	Traunstein	Ramsau	Bad Reichenhall
①	②	③	④	⑤	⑥
54 km	27 km	53 km	42 km	20 km	

① Burghausen
② EFA Automobilmuseum, Amerang
③ Rosenheim
④ Salinenweg, Traunstein
⑤ Gradierwerk, Ramsau
⑥ Salin, Bad Reichenhall
🛏① Schloss Amerang
🛏② Klosterhof, Bayerisch Gmain
▲ Strandcampingplatz in Waging am See

① Burghausen

Es war die Verordnung Kaiser Ludwigs des Bayern, die Burghausen zum Hauptumschlagsplatz für Salz und damit zu einer wohlhabenden Stadt machte. Das »Weiße Gold« dürfe nicht auf dem Landweg eingeführt werden, verfügte er anno 1345 – um den Import kontrollieren und es hier verzollen zu können. So kam es auf der Salzach von Hallein bei Salzburg, um dann auf Straßen und Wegen bis nach Böhmen transportiert zu werden. So lange, bis mit dem herzoglichen Salzhandelsmonopol von 1594 die Haupteinnahmequelle der Stadt versiegte. Burghausen erlebte eine wechselvolle Geschichte, war Residenz- und Garnisonsstadt, wurde nach einem Stadtbrand mit prachtvollen Häusern wieder aufgebaut und fiel in einen Dornröschenschlaf, aus dem es im 20. Jh. wieder geweckt wurde. Mit 1051 m von einem Ende zum anderen besitzt Burghausen die weltweit längste Burganlage. Sechs Burg-

> **Tipp:** Besonders stimmungsvoll ist es, Burghausen wie im Mittelalter anzusteuern: auf dem Wasser. Von Mai bis Oktober legen (So, Aug., Sept. weitere Termine) die flachen, »Plätten« genannten Salzkähne in Tittmoning oder Raitenhaslach ab. Vorbei an Wäldern, Auen und Mühlen nähern sie sich auf der Salzach der Stadt. So sieht man die Dimensionen der Burg, die über der Altstadt thront, besonders deutlich. Mit dem Zubringerbus geht es zunächst aus der Stadt heraus, dann wahlweise mit Jazz, Harfen- oder Danzlmusi auf Fahrt. Auf einigen Schiffen gibt es theatralisch inszenierte Geschichten der Treidler, Salzfertiger und Bootsbauer, auf anderen einfach spannende Informationen zu Stadt und Geschichte.
> Tourist Info, Stadtplatz 99,
> 84489 Burghausen, Tel. 086 77/88 71 40,
> www.burghausen.de

VON BURGHAUSEN BIS NACH BAD REICHENHALL

höfe, Kapellen, Mauern, Zinnen und der Dürnitzstock bilden eine imposante Anlage, die wie auf einer Halbinsel zwischen Salzach und Wöhrsee liegt. In der schönen Altstadt gibt es mit der Heilig-Geist-Kirche eines der wenigen gotischen Gotteshäuser in Bayern. In der Straße »In den Grüben« lohnt sich ein Blick auf den Boden. In der »Street of Fame« sind alle Jazz-Größen verewigt, die bei der Burghauser Jazzwoche schon ein Gastspiel gaben.

■ Burg 48, 84489 Burghausen, Tel. 086 77/46 59, www.burg-burghausen.de

❷ EFA Automobilmuseum, Amerang

Ein Automuseum, das auch jene beeindruckt, die kein Benzin im Blut haben. Auf 6000 qm stehen in Amerang 220 deutsche Oldtimer von 48 verschiedenen Herstellern. Bei den ersten Kraftfahrzeugen, die mit großen Speichenrädern und offenem Verdeck noch mehr an Kutschen erinnern, beginnt die Zeitreise, auf die Ernst Freiberger sen. (1927–1997) Besucher mitnahm. In seinem Heimatort trug der Eiscremefabrikant Oldtimer zu einem Museum zusammen. Vom kleinen Kabinenroller bis zum Maybach gibt es hier vieles zu entdecken und dazu die Möglichkeit, selbst eine Ausfahrt zu unternehmen; wahlweise selbst am Steuer oder mit Chauffeur.

■ EFA Automobilmuseum, Wasserburger Str. 38, 83123 Amerang, Tel. 080 75/81 41, Di–So 10–18, Führung Di 11 Uhr, www.efa-automuseum.de

Knutschkugeln und Chromjuwelen: Das EFA Automobilmuseum in Amerang zeigt zahlreiche automobile Schätze.

❸ Rosenheim

Im Park der Landesgartenschau von 2010 lässt es sich an die Mündung der Mangfall in den Inn spazieren. Sogar über dem Wasser, das die Stadt zum Handelsplatz für Salz, aber auch Getreide und Seide machte, kann man stehen. Das Inn-Museum stellt die Bedeutung des Flusses anschaulich dar, von archäologischen Sammlungen bis zum Leben der Flößer und Brückenbauer. Auf dem einstigen Salinengelände steht heute das Kultur- und Kongresszentrum. Südliches Flair strahlt v. a. der Max-Joseph-Platz mit dem Mittertor (14. Jh.) aus.

■ Inn-Museum Rosenheim, Innstr. 74, 83022 Rosenheim, Tel. 080 31/305 01, April–Okt. Sa, So 10–16 Uhr, www.wwa-ro.bayern.de > Wasser erleben > Technik und Kultur

> **Tipp:** Der Chiemsee liegt eingebettet in eine von Kirchen, Klöstern, Schlössern und Bergen geprägten Landschaft. Das lockte den bayerischen Märchenkönig Ludwig II. (1845–1886) ebenso wie den Landschaftsmaler Maximilian Haushofer (1811–1866), der auf der Fraueninsel eine Künstlerkolonie gründete und dort u. a. Christian Maximilian Baer (1853–1911) und Wilhelm Leibl (1844–1900) zu Gast hatte. Dabei ließen sie sich nicht nur zu detailgetreuen Ansichten inspirieren. Sie gelten auch als Begründer des Segelsports auf dem »Bayerischen Meer«. Ihren Reiz hat die Fraueninsel bis heute bewahrt. In 20 Min. kann man sie bequem zu Fuß umrunden und sieht dabei u. a. Frauenwörth, das älteste Nonnenkloster Deutschlands, und die Inseltöpferei Klampfleuthner (www.inseltoepferei.de), die mit den Nonnen auf die Insel kam. Weitläufige Parkanlagen und ein prunkvolles Schloss bilden das Kontrastprogramm auf Herrenchiemsee. Es sollte eine Kopie von Versailles werden, blieb aber wegen König Ludwigs Tod unvollendet.

❹ Salinenweg, Traunstein

Auch in Traunstein war Salzhandel seit dem Mittelalter ein bedeutender Wirtschaftsfaktor. Das verstärkte sich, als in der Au noch eine Saline mit Harthäusern zum Trocknen des Salzes gegründet wurde. Vom Oswaldtag 1619 bis 1912 wurde hier Salz gesiedet. Das flüssige Salz kam dabei – sensationell für damalige Zeiten – mit der von Hofbaumeister Hans Reiffenstuel und seinem Sohn Simon konstruierten, weltweit einzigartigen Pipeline

VON BURGHAUSEN BIS NACH BAD REICHENHALL

Tipp: Ein schöner, 10 km langer Rundweg verbindet Orte, die von Künstlern im 19. Jh. festgehalten wurden. Vom Parkplatz Neuhausenbrücke geht es entlang der Ramsauer Ache vorbei an St. Sebastian in den »Zauberwald« und von hier zum Hintersee, der eine Künstlerkolonie um Carl Rottmann inspirierte. Die berühmtesten waren Ferdinand Georg Waldmüller, Wilhelm Busch, Hubert von Herkomer, Carl Spitzweg, Ludwig Richter und Adalbert Stifter.

von Bad Reichenhall nach Traunstein. Solche Geschichten erzählt Sepp Knott, der regelmäßig in das historische Gewand des »Salzmaiers« schlüpft und bei Tageslicht oder im Fackelschein über den Salinenweg führt: Zu dem nach seinem Auftraggeber, Kurfürst Karl Theodor (1724–1799), benannten, kreuzförmigen Sudhaus, zu Brunnhaus und Magazingebäuden, Rupertusbrunnen, Salinen- und Nepomukkapelle und dem Hößenstöckl, der im Original erhaltenen Herberge für die Triftknechte aus dem 16. Jh. Und Knott erzählt über die Aufgaben des Salzmaiers als Leiter der Saline und dessen hohe gesellschaftliche Position; er kam weit vor dem Bürgermeister. Ein Salzkrustenbraten rundet die Stadtführung ab. 2019 soll zum 400-jährigen Jubiläum des ersten Suds ein Salinenpark eröffnet werden. Weiter geht es auf der Deutschen Alpenstraße via Siegsdorf und Inzell.

■ Stadtführung: Stadtplatz 39, 83278 Traunstein, Tel. 08 61/655 00, www.traunstein.de

❺ Gradierwerk, Ramsau

Landschaftsmaler machten den Kurort westlich des Watzmann-Massivs berühmt. Wer hier in tiefen Zügen einatmet, inhaliert nicht nur klare Berg-, sondern auch salzhaltige Luft. Inmitten des liebevoll gestalteten Bergkurgartens mit mehr als 80 Kräutern, Wildblumen und Heilpflanzen steht ein Solegradierwerk. Über Weißdornbüschel tropft Sole herab.

■ Bergkurgarten Ramsau, Riesenbichl, 83486 Ramsau, www.berchtesgadener-land.com

❻ Salin, Bad Reichenhall

Im eleganten Lokal Salin ist das Salz nicht nur in der Suppe. Im einstigen Sudhaus der Saline wurde in vier großen Pfannen Salz gesiedet, wo heute unter offenen Balken helle Holztische stehen. Man sieht die rohen Bruchsteinmauern der historischen Außenwände und den massiven Tuff um die Sprossenfenster – das unter König Ludwig I. erbaute Gebäude ist ein besonderer Rahmen für den sonnigen Gastgarten.

■ Alte Saline 2, 83435 Bad Reichenhall, Tel. 086 51/717 49 07, Mo–Fr 9–24, Sa 10–1, So 10–24 Uhr, www.salin-reichenhall.com

Feste und Events

März
- Burghausen, Internationale Jazzwoche, www.visit-burghausen.com

Juli
- Burghausen, Historisches Burgfest, www.herzogstadt-burghausen.de
- Amerang, Schlosskonzerte, www.schlossamerang.de

Letzter Samstag im August
- Rosenheim, Auftakt zum Herbstfest

1. und 2. Adventswochenende
- Christkindlmarkt auf der Fraueninsel, www.christkindlmarkt-fraueninsel.de

🛏 Übernachten

Schloss Amerang
Stilvolle, individuell eingerichtete Zimmer im ehrwürdigen Gemäuer.
Schloss 1, 83123 Amerang, Tel. 080 75/919 20, www.schlossamerang.de

Klosterhof
Wo einst Augustinermönche arbeiteten, entspannt man in hellen, eleganten Zimmern mit Aussicht auf die Berge. Der 1500 qm große Spa-Bereich bietet u. a. Panorama-Außenbecken und Hamam.
Steilhofweg 19, 83457 Bayerisch Gmain, Tel. 086 51/982 50, www.klosterhof.de

Strandcamping Waging am See
Der riesige Platz ist beinahe ein Urlaubsziel für sich. Im Wasser gibt es einen Nichtschwimmerbereich, an Land Spiel- und Sportplätze, Surfschule, Segelclub und topmoderne Sanitäranlagen.
Am See 1, 83329 Waging, Tel. 086 81/552, www.strandcamp.de

REGISTER

19-Lachter-Stollen, Wildemann 68

A
Ahlbeck 23
Ahrensburg: Gut Wulfsdorf 15
Ahrenshoop: Alte Boote 20
Aischgrund, Karpfen 109
Aischgründer Bierstraße 110
Aischgründer Karpfenmuseum, Neustadt 109
Albbüffel, Hohenstein 119
Albert-Link-Hütte, Spitzingsee 162
Albmetzgerei Failenschmid, St. Johann 119
AlbThermen, Bad Urach 115
Aldersbach: Brauerei Aldersbach 130
Allensbach: Camping am See 143
Allgäu 150
Alpaka-Trekking, Castrop-Rauxel 59
Alt Duvenstedt: Seehotel Töpferhaus 11
Alte Boote, Ahrenshoop 20
Alte Schule, Ribbeck 54
»Alter Provisor«, Celle 50
Althütte: Muttertrommel 119
Amerang: EFA Automobilmuseum 170
Andechs: Kloster 160
Annas Landpartie, Landau 101
Api-Therapie, Zandt 129
Arnsberg:
– Hotel Menge 65
– Kunsttour-App 64
Augsburg: Respekt 121
Aulendorf:
– Carthago 147
– Ritterkeller 146
– Vogel Herrenmühle 146
Aussichtsturm Kahler Asten, Winterberg 63

B
Baabe: Zum Fischer 22
Bad Birnbach 128
Bad Dürkheim: Campingpark 100
Bad Dürrheim: Museum Narrenschopf 139
Bad Feilnbach: Sterntaler Filze 165
Bad Füssing 128
Bad Griesbach 128
Bad Tölz:
– Binderbräu 124
– Tölzer Brau- und Volkskunsthaus 124
– Tölzer Kasladen 124
– Tölzer Mühlfeldbräu 124
Bad Urach:
– AlbThermen 115
– Maisentalstüble 114
– Wasserfallsteig 113
Bad Waldshut: Erwin-Hymer-Museum 147
Bad Wildungen: Besucherbergwerk Bertsch 83
Bad Wimpfen 105
Bad Wörishofen: Kneipp-Museum 152
Badenweiler: Cassiopeia Therme 137
Badenweiler-Therme: Hotel zur Sonne 137
Bagband: Ostfriesen-Bräu 27
Balsamessig-Brennerei, Ribbeck 53
Bamberg:
– Brauerei Schlenkerla 111
– Brauerei Spezial 111
– Hotel Tandem 111
– Rauchbier/Schlenkerla 110
Bansin 23

Barockmünster, Zwiefalten 119
Bauer Budde, Essen 65
Bauerncafé, Schleiden 87
Bauhaus, Dessau 74
Baumwipfelpfad Saarschleife, Mettlach/Orscholz 97
Baumwipfelpfad, Neuschönau 129
Bayerisch Gmain: Klosterhof 171
Bayerischer Wald 126
Bayreuth 111
– Richard Wagner Museum 111
Bayrischzell:
– Dorfbad Tannermühl 165
– Hotel Tannerhof 165
Beelitz:
– Landlust Körzin 56
– Spargelmuseum 56
Befreiungshalle, Kelheim 133
Benediktbeuern:
– Kloster 160
– Kräuter-Erlebnis-Laden 161
Bergbauwanderweg, Witten 64
Bergfreiheit: Edelsteinschleiferei Lange 82
Berkheim: Lederwarenmanufaktur Göppel 119
Bernkastel-Kues 91
Bernried: Buchheim-Museum 160
Besucherbergwerk Bertsch, Bad Wildungen OT Bergfreiheit 83
Besucherzentrum Welterbe Regensburg 133
Bethaus der Bergleute, Witten 65
Biberach an der Riß 118
– Wieland-Museum 119
– Conditorei Café Confiserie Kolesch 119
Bierkatakomben, Wasserburg am Inn 164
Binderbräu, Bad Tölz 124
Biohotel-Restaurant Rose, Hayingen/Ehestetten 115
Biosphärenreservat Bliesgau 95
Bismarckturm, Fröndenberg 65
Bispingen: Porzellanmanufaktur Calluna 51
Bistorant Uppu, Winterberg 63
Blankenburg:
– Kloster Michaelstein 70
– Klosterfischer 70
Blaubeuren:
– Blautopf 120
– Hammerschmiede 120
Blaudruck, Neustadt in Holstein 13
Blautopf, Blaubeuren 120
Bliesgau 95
Bliesgau Ölmühle, Bliesransbach 95
Bliesransbach/Kleinblittersdorf:
– Ma Li's Delices 96
– Manufaktur für Holz aus naturnahem Waldbau 96
Bliesransbach: Bliesgau Ölmühle 95
Blunk: Landhaus Schulze-Hamann 15
Bodensee 140
Boitzenburger Land: Uckermärker Picknickkorb 40
Bolsterlang: Holzschuhmanufaktur 153
Boltenhagen:
– Fischereihof Kamerun 18
– Fischräucherei Fischerstuw 18
Born: Walfischhaus 20
Bößeln 28
Brandenburg an der Havel 55

Brannenburg: Wendelstein 165
Brauerei Aldersbach, Aldersbach 130
Brauerei Schlenkerla, Bamberg 111
Brauerei Spezial, Bamberg 111
Brauereigasthof Hotel Engel, Isny im Allgäu 147
Brauhaus Rütershoff, Castrop-Rauxel 60
Brauhaus, Goslar 69
Brau-Manufaktur Allgäu, Nesselwang 152
Braunsbach: Naturcamping 115
Breisgau 135
Bremm: Weingut Markus Dreis 91
Brockscheid: Eifeler Glockengießerei 88
BuchenHaus und Wildtierpark, Edertal-Hemfurth 82
Buchheim-Museum, Bernried 160
Burg Vischering, Lüdinghausen 58
Burghausen 169
Burgruine Weißenstein, Regen 129
Büsum:
– Krabben vom Kutter 7
– Museum am Meer 7
– Museumshafen 7
Büttenpapierfabrik Gmund, Gmund 162

C
Café in der Grünen Mühle, Greetsiel 26
Café Wildkaffee, Garmisch-Partenkirchen 157
Caffee-Rösterei Wilhelm Maassen, Monschau 86
Camp Solaris, Prenzlau 41
Camping am See, Allensbach 143
Camping Haide, Neckargemünd 105
Camping Hopfensee, Füssen 153
Camping Schafbachmühle, Schleiden 87
Camping- und Bungalowpark Ottermeer, Wiesmoor 28
Camping- und Wohnmobilpark Kamerun, Waren 35
Camping Waterkant, Westerdeichstrich 7
Campingpark Bad Dürkheim 100
Campingpark Baldeneysee, Essen 61
Campingplatz Aichalehof, Uffing am Staffelsee 159
Campingplatz Bauernhoferlebnis, Fröndenberg 65
Campingplatz Blütengrund, Naumburg 73
Campingplatz Felbermühle, Neustadt an der Donau 133
Campingplatz Hammehafen, Worpswede 31
Campingplatz Königsdorf am Bibisee 123
Campingplatz Wetzlar 83
Campingplatz Wolfsee, Fischbachau 165
Campingplatz Zur schönen Aussicht, Römnitz 17
Caputh: Einsteins Sommerhaus 56
Carthago, Aulendorf 147
Cassiopeia Therme, Badenweiler 137
Castrop-Rauxel: Alpaka-Trekking 59
Castrop-Rauxel: Brauhaus Rütershoff 60
Celle:
– »Alter Provisor« 50
– Schlosstheater 50
– Schubotz-Mühle 49
Cham: Rhaner Bräustüberl 128
Chiemsee 170
Chocolat Manufaktur & Laden, Landshut 125

Clausthal-Zellerfeld: Oberharzer Bergwerksmuseum 68
Conditorei Café Confiserie Kolesch, Biberach an der Riß 119
Cuxhaven 30
Cuxhaven: Wattenmeer-Besucherzentrum 30

D
Dachsbräu, Weilheim 155
Dangast: Strandcampingplatz 27
Das Bootshaus, Neubrandenburg 36
Das Kaffee, Radebeul 77
Deggendorf 125
– Isarmündung 125
Der Kartoffelladen, Tübingen 113
Dessau: Bauhaus 74
Dessau-Roßlau: Meisterhäuser 74
Destillerie & Brennerei Habbel, Sprockhövel 60
Dethleffs, Isny 147
Deutsches Salzmuseum, Lüneburg 45
Dietramszell: Hotel Moarwirt 123
Dominikanerkloster, Prenzlau 41
Domschatz u. Diözesanmuseum, Limburg 84
Domsühl: Museumshof Pingelhof 35
Donaudurchbruch bei Kelheim 133
Donaustauf: Walhalla 134
Dorfbad Tannermühl, Bayrischzell 165
Draisinenfahrt Erlebnisbahn, Templin 41
Duppach: Erlebnisschmiede Knauf 87
Düppenweiler: Historisches Kupferbergwerk 96

E
Eberbach: Hotel Altes Badhaus 105
Eckernförde:
– Meergold 11
– Wohnmobilstellplatz Windebyer Noor 11
Edelsteinschleiferei Lange, Bergfreiheit 82
Edersee 81
Edertal-Hemfurth: BuchenHaus und Wildtierpark 82
EFA Automobilmuseum, Amerang 170
Eifel 85
Eifeler Glockengießerei, Brockscheid 88
Eifelsteig 88
Eifler Lavakerzen, Manderscheid 88
Einsteins Sommerhaus, Caputh 56
Elbschifffahrtsmuseum, Lauenburg 44
Elmstein: Wappenschmiede 101
Emden: Grachtenrundfahrt 25
Emil Noldes Erbe, Seebüll 5
Emscher Landschaftspark, Oberhausen 61
Erlanger Bergkirchweih 109
Erlebnisausstellung der Gablonzer Industrie, Kaufbeuren 152
Erlebnisschmiede Knauf, Duppach 87
Ernst-Barlach-Museum, Ratzeburg 17
Erste Salzwedeler Baumkuchenfabrik, Salzwedel 46
Erwin-Hymer-Museum, Bad Waldshut 147
Essen:
– Bauer Budde 65
– Campingpark Baldeneysee 61
– Ruhrcamping 61
Europäisches Spargelmuseum, Schrobenhausen 133

REGISTER

Europäisches Zentrum für Kunst und Industriekultur, Völklingen 95

F
Feldberg 138
– Haus der Natur 138
Ferienhausvermittlung Liane Zemlin, Stechow-Ferchesar 55
Festung Hohentwiel, Singen 141
Festung Königstein 78
Fischbachau:
– Campingplatz Wolfsee 165
– Wallfahrtskapelle Birkenstein 166
Fischerei Schlamp, Herrsching 160
Fischereihof Kamerun, Boltenhagen 18
Fischerhude: Heimathaus Irmintraud 30
Fischhalle Unteruhldingen, Uhldingen-Mühlhofen 144
Fischhaus und Bistro Löwenzunft, Überlingen 144
Fischräucherei Fischerstuw, Boltenhagen 18
Fleischerei Kluss, Goslar 69
Flensburg 10
– Johannsen Rum und Hökerei 11
– Rum-Museum im Flensburger Schifffahrtsmuseum 11
– Wein- und Rumhaus Braasch 11
Flieth-Stegelitz: Hotel Gut Suckow 41
Fontanestadt Neuruppin 39
Frank & Frei, Winzervereinigung 109
Franken 107
Frankenberg: Hotel Die Sonne 83
Fraueninsel, Chiemsee 170
– Inseltöpferei Klampfleuthner 170
– Kloster Frauenwörth 170
Friesische Schafskäserei, Tetenbüll 6
Fröndenberg:
– Bismarckturm 65
– Campingplatz Bauernhoferlebnis 65
– Kunst- und Kettenschmiede 64
Fürstenfeldbruck: Klosterstüberl 159
Fürstenhäusle, Meersburg 144
Fürth im Saarland: Hotel Wern's Mühle - Landhaus im Ostertal 95
Furth im Wald: Wildgarten 127
Füssen 152
– Camping Hopfensee 153

G
Garmisch-Partenkirchen: Café Wildkaffee 157
Gästehaus Villa Hochdörffer, Landau 100
Gasthaus Blume, Opfingen 136
Gasthaus Kreuzmair, Holzolling 167
Gasthaus Roter Ochsen, Wackershofen 116
Gäubodenmuseum, Straubing 134
Geigenbaummuseum, Mittenwald 157
Gengenbach: Narrenmuseum 139
Genießerregion Hohenlohe 113
Genussregion Saarland 96
Gifhorn:
– Hofladen Kuhls 49
– Wind- und Wassermühlen-Museum 49
Gimmeldingen, Mandelblüte 102
Gläserner Wald Weißenstein, Regen 129
Glasmanufaktur Michaelis, Schmidsfelden 147
Glonn:
– Herrmannsdorfer Landwerkstätten 167
– Schweinsbräu 167

Gmund:
– Büttenpapierfabrik Gmund 162
– Handdruckerei Gistl 161
Goas-Alm, Krün 123
Goslar:
– Brauhaus 69
– Fleischerei Kluss 69
– Goslaer Gose 68
Göttingen: Luisenhaller Badehaus 67
Grachtenrundfahrt, Emden 25
Gradierwerk, Ramsau 171
Greetsiel 25
– Café in der Grünen Mühle 26
– Poppinga's Alte Bäckerei 27
– Schoof's Mühle 26
Grenzhus, Schlagsdorf 17
Grimm-Dich-Pfad, Marburg 82
Groß Mohrdorf: Kranich-Infozentrum 20
Groß Schönebeck: Wildpark Schorfheide 42
Groß-Glienicke: Hotel Landleben Potsdam 55
Günzburg: Stadtturm 121
Gut Wulfsdorf, Ahrensburg 15
Gutes vom See, Konstanz 142
Gutsausschank Petri, Herxheim am Berg 102

H
Hallingers Genuss-Manufaktur, Landsberg 155
Hammerschmiede, Blaubeuren 120
Handdruckerei Gistl, Gmund 161
Hans-Eisenmann-Haus, Neuschönau 130
Harzer Hexenstieg, Osterrode 67
Haubarge 6
Haus der Nachhaltigkeit, Johanniskreuz 100
Haus der Natur, Feldberg 138
Hausboot Heidensee, Schwerin 17
Hayingen: Biohotel-Restaurant Rose 115
Hegau 140
Heichelheim: Kulinarische Zeitreisen 72
Heide 7
– Wasserturm 8
Heide-Erlebnis-Zentrum, Undeloh 50
Heidelberg: Philosophenweg 105
Heidschnuckenhof, Niederohe 50
Heilbronn: Seifen Reinhardt 104
Heimathaus Irmintraud, Fischerhude 30
Henn House, Radolfzell 142
Herborn 83
Heringsdorf 23
– Usedomer Literaturtage 23
Heroldsberg: Sosein 108
Herrmannsdorfer Landwerkstätten, Glonn 167
Herrsching: Fischerei Schlamp 160
Herxheim am Berg 102
– Gutsausschank Petri 102
– Winzergenossenschaft 102
Herzberg am Harz 70
Hessen 80
Hillesheim: Hotel Augustiner Kloster 87
Himmelreich Camping, Schwielowsee 55
Historisches Kupferbergwerk, Düppenweiler 96
Historisches Museum der Pfalz, Speyer 102
Historisches Rathaus, Lüneburg 45
Hochdorfer Garten, Tating 6
Hofbäckerei G. F. Bauer, Langenburg 116
Hoffmann-von-Fallersleben-Museum, Wolfsburg 49

Hofladen Kuhls, Gifhorn 49
Hofladen Müller, Isenbüttel 49
Hohenloher Schaumweine, Langenburg-Unterregenbach 116
Hohenschwangau 152
Hohenstein:
– Albbüffel 119
– Hohensteiner Hofkäserei 119
Hohnsteiner Kaspar 77
Holzolling: Gasthaus Kreuzmair 167
Holzschuhmanufaktur, Bolsterlang 153
Hopfenmuseum, Wolnzach 132
Hotel Alpenhof, Murnau 159
Hotel Altes Badhaus, Eberbach 105
Hotel Augustiner Kloster, Hillesheim 87
Hotel Buchenhof, Worpswede 31
Hotel Das Kranzbach, Klais 157
Hotel Der Seehof, Ratzeburg 17
Hotel Die Sonne, Frankenberg 83
Hotel Einzigartig, Lüneburg 45
Hotel Zur Henne, Naumburg-Henne 73
Hotel Goliath, Regensburg 133
Hotel Gut Suckow, Flieth-Stegelitz 41
Hotel Haferland, Wieck/Darß 22
Hotel Irseer Klosterbräu, Irsee/Allgäu 153
Hotel Landleben Potsdam, Groß-Glienicke 55
Hotel Menge, Arnsberg 65
Hotel Moarwirt, Dietramszell 123
Hotel Obertor, Ravensburg 149
Hotel Pirn'scher Hof Garni, Pirna-Altstadt 78
Hotel Reber's Pflug, Schwäbisch Hall 115
Hotel Reblaus, Ulm 121
Hotel Restaurant Fährhaus, Neßmersiel 28
Hotel Riva, Konstanz 143
Hotel Schäferhof, Schneverdingen 49
Hotel Sonn'IdylI, Rathenow 55
Hotel Tandem, Bamberg 111
Hotel Tannerhof, Bayrischzell 165
Hotel und Campingplatz Adventure Camp Schnitzmühle, Viechtach 129
Hotel Wern's Mühle - Landhaus im Ostertal, Fürth im Saarland 95
Hotel Zweite Heimat, St. Peter-Ording 7
Hundertwasserbahnhof, Uelzen 45
Husum 5

I
Ihringen: Naturzentrum Kaiserstuhl 136
Ilsenburg: Landhaus zu den Rothen Forellen 69
Imker Weiss, Zandt 128
Infohaus Isarmündung, Moos 125
Inseltöpferei Klampfleuthner, Fraueninsel 170
Irsee/Allgäu: Hotel Irseer Klosterbräu 153
Isarflößerei 124
Isarmündung, Deggendorf 125
Isenbüttel: Hofladen Müller 49
Isenhagen: Kloster 46
Isny im Allgäu:
– Brauereigasthof Hotel Engel 147
– Dethleffs 147
– Käsküche Isny 147
– Wohnmobilstellplatz Untere Mühle 149

J
J. H. Koch-Werkstätten, Neustadt in Holstein 13
Jerusalemhaus, Wetzlar 84

Johanniskreuz: Haus der Nachhaltigkeit 100
Johannsen Rum und Hökerei, Flensburg 11

K
Kaiserbäder, Usedom 23
Kaiserstuhl 136
Kanufahrt auf der Wümme, Lauenbrück 51
Käse Linde, Meschede 64
Käseladen Heimat, Kempten 153
Käsküche Isny, Isny im Allgäu 147
Kaufbeuren 151
– Erlebnisausstellung der Gablonzer Industrie 152
– Stadtmuseum 152
Kelheim:
– Befreiungshalle 133
– Donaudurchbruch 133
Kempten: Käseladen Heimat 153
Keramikhaus, Rheinsberg 37
Klais: Hotel Das Kranzbach 157
Kleines Meer, Waren 35
Kleinhettstedt: Senfmühle 72
Kleinröhrsdorf: LuxOase Camping & Freizeitpark 78
Klein-Rönnau: Wassermühle 16
Kloster Andechs 160
Kloster Benediktbeuern 160
Kloster Frauenwörth, Fraueninsel 170
Kloster Isenhagen 46
Kloster Maulbronn 105
Kloster Michaelstein, Blankenburg 70
Klosterbräu, Zwiefalten 120
Klosterfischer, Blankenburg 70
Klosterhof, Bayerisch Gmain 171
Klosterstüberl, Fürstenfeldbruck 159
Klütz: Literaturhaus Uwe Johnson 18
Knaus Campingpark, Walkenried 69
Kneipp-Museum, Bad Wörishofen 152
Koblenz 92
– Soulfood 92
Konditorei & Café Erasmie, Verden 32
Königsdorf: Campingplatz am Bibisee 123
Königshaus am Schachen 157
Konstanz:
– Gutes vom See 142
– Hotel Riva 143
Kotzenbüll: Mars-Skipper-Hof 6
Krabben vom Kutter, Büsum 7
Kranich-Infozentrum, Groß Mohrdorf 20
Kräuter-Erlebnis-Laden, Benediktbeuern 161
Kreidemuseum, Rügen 21
Krün: Goas-Alm 123
Kulinarische Stadtführung auf Goethes Spuren, Wetzlar 83
Kulinarische Zeitreisen, Heichelheim 72
Kunst- und Kettenschmiede, Fröndenberg 64
Kunstforum Ostdeutsche Galerie, Regensburg 133
Kunsttour-App, Arnsberg 64

L
Landau:
– Annas Landpartie 101
– Gästehaus Villa Hochdörffer 100
Landgasthaus Zur Mühle, Waldbrunn 105
Landhaus Schulze-Hamann, Blunk 15
Landhaus zu den Rothen Forellen, Ilsenburg 69
Landhotel Voshövel, Schermbeck 61

173

REGISTER

Landlust Körzin, Beelitz 56
Landsberg: Hallingers Genuss-Manufaktur 155
Landshut 125
– Chocolat Manufaktur & Laden 125
– Männerladen am Dom 125
Langenburg: Hofbäckerei G. F. Bauer 116
Langenburg-Unterregenbach: Hohenloher Schaumweine 116
Lauenbrück: Kanufahrt auf der Wümme 51
Lauenburg 44
– Elbschifffahrtsmuseum 44
Lederwarenmanufaktur Göppel, Berkheim 119
Leer: Tatort Taraxacum 27
Leutkirch: Rössle Haselburg 148
Lewitz 35
Limburg an der Lahn 84
– Domschatz und Diözesanmuseum 84
– Schokoladenhaus 84
Literaturhaus Uwe Johnson, Klütz 18
Lollar-Salzböden: Schmelz-Mühle 83
Lottehaus, Wetzlar 84
Lüdinghausen:
– Burg Vischering 58
– Renaissanceburg 58
Ludorf: Romantik Hotel Gutshaus 35
Luisenhaller Badehaus, Göttingen 67
Lüneburg 45
– Deutsches Salzmuseum 45
– Historisches Rathaus 45
– Hotel Einzigartig 45
Lüneburger Heide 47
Lüneburger Heidekartoffel 45
Lütjenburg: Pur 12
LuxOase Camping & Freizeitpark, Kleinröhrsdorf 78

M
Ma Li's Delices, Bliesransbach/Kleinblittersdorf 96
Mainau 142
Maisentalstüble, Bad Urach 114
Malente: Stand-up-Paddeln 12
Mandelblüte, Gimmeldingen 102
Manderscheid: Eifler Lavakerzen 88
Männerladen am Dom, Landshut 125
Manufaktur für Holz aus naturnahem Waldbau, Bliesransbach/Kleinblittersdorf 96
Marbach 106
Marburg: Grimm-Dich-Pfad 82
Marmelo Marmeladen-Manufaktur, Rheinsberg 37
Mars-Skipper-Hof, Kotzenbüll 6
Maulbronn: Kloster 105
Mecklenburgische Seenplatte 33
Meergold, Eckernförde 11
Meersburg: Fürstenhäusle 144
Mehlsack, Ravensburg 146
Meißen: Porzellan-Manufaktur 76
Meisterhäuser, Dessau-Roßlau 74
Memmingen 151
Meschede: Käse Linde 64
Mettlach/Orscholz: Baumwipfelpfad Saarschleife 97
Mettnauturm und Naturschutzgebiet, Radolfzell 141
Metzgerei-Gasthaus Lind, Zellertal 99

Meyerwerft, Papenburg 28
Milbenkäsemanufaktur, Würchwitz 74
Mittenwald: Geigenbaumuseum 157
Monschau: Caffee-Rösterei Wilhelm Maassen 86
Moos: Infohaus Isarmündung 125
Mosbach 104
– Stadtmuseum 104
Mosel 89
– Straußwirtschaften 91
Mosel Camping Rissbach, Traben-Trarbach 91
Moselwein 92
Münchsteinach: Steigerwald Camping 111
Munzingen: Wein- und Spargelgut Vorgrimmler 137
Müritzeum, Waren 35
Müritz-Nationalpark 35
Müritz-Wild, Waren 35
Murnau: Hotel Alpenhof 159
Museum am Meer, Büsum 7
Museum Narrenschopf, Bad Dürrheim 139
Museum Neuruppin, Neuruppin 39
Museumshafen Büsum 7
Museumshof Pingelhof, Domsühl 35
Muttertrommel, Althütte 119

N
Narrenmuseum, Gengenbach 139
Nationalpark Harz 66
Nationalpark Kellerwald-Edersee 82
Nationalpark-Zentrum Eifel, Schleiden 88
Naturcamp Pruchten, Pruchten 22
Naturcamping, Braunsbach 115
Naturfreundehaus Rohrauer Hütte, St. Johann/Bleichstetten 114
Naturpark Hohes Venn-Eifel 86
Naturpark Lüneburger Heide 50
Naturpark Südschwarzwald 138
Naturparkzentrum Milower Land 55
Naturschutzzentrum Wollmatinger Ried, Reichenau 142
Naturzentrum Kaiserstuhl, Ihringen 136
Nauen: Schloss Ribbeck 54
Naumburg (Saale) 73
– Campingplatz Blütengrund 73
– Hotel Gasthaus Zur Henne 73
Neckargemünd: Camping Haide 105
Nehren: Römische Grabkammern 92
Nesselwang: Brau-Manufaktur Allgäu 152
Neßmersiel: Hotel Restaurant Fährhaus 28
Neubrandenburg: Das Bootshaus 36
Neuruppin 39
– Museum Neuruppin 39
Neuschönau:
– Baumwipfelpfad 129
– Hans-Eisenmann-Haus 130
Neuschwanstein 152
Neustadt an der Donau: Campingplatz Felbermühle 133
Neustadt in Holstein:
– Blaudruck 13
– J. H. Koch-Werkstätten 13
Neustadt: Aischgründer Karpfenmuseum 109
Nibelungenmuseum, Worms 99
Niederbayerisches Bäderdreieck 128
Niederohe: Heidschnuckenhof 50
Niederwürzbach: Wohnmobilstellplatz Würzbacher Weiher 95

Nienburg 32
Norden: Ostfriesisches Teemuseum 26
Nordseeküste 4

O
Oberammergau 156
– Passionstheater 156
– Schnürlkasperl 156
Oberbayerische Seen 158
Oberharzer Bergwerksmuseum, Clausthal-Zellerfeld 68
Oberhausen: Emscher Landschaftspark 61
Obermooser Biokäse, Irschenberg 166
Oberschwaben 145
Öchsle Schmalspurbahn, Ochsenhausen 148
Opfingen: Gasthaus Blume 136
Oranienburg: Schloss und Schlossgarten 53
Osterrode: Harzer Hexenstieg 67
Ostfriesen-Bräu, Bagband 27
Ostfriesisches Teemuseum, Norden 26
Ostfriesland 24
Ostseeküste 9
Ott-Pausersche Fabrik, Schwäbisch Gmünd 115

P
Pahres: Privatbrauerei Hofmann 109
Papenburg: Meyerwerft 28
Partnachklamm 157
Passau 130
Passionstheater, Oberammergau 156
Peerboos, Vollerwiek 6
Pfahlbauten, Unteruhldingen 143
Philosophenweg, Heidelberg 105
Pirna: Hotel Pirn'scher Hof Garni 78
Pirna-Unikat, Pirna 77
Poppinga's Alte Bäckerei, Greetsiel 27
Porzellanmanufaktur Calluna, Bispingen 51
Porzellan-Manufaktur, Meißen 76
Prenzlau:
– Camp Solaris 41
– Dominikanerkloster 41
– Seebad 41
– Seerestaurant Am Kap 41
Privatbrauerei Hofmann, Pahres 109
Pruchten: Naturcamp Pruchten 22
Pur, Lütjenburg 12

R
Radebeul: Das Kaffee 77
Radolfzell:
– Henn House 142
– Mettnauturm und Naturschutzgebiet 141
Rathaus, Wildemann 68
Rathenow:
– Hotel Sonn'Idyll 55
– Sternenpark Westhavelland 54
Ratzeburg 16
– Ernst-Barlach-Museum 17
– Hotel Der Seehof 17
Rauchbier, Bamberg 110
Ravensburg 146
– Hotel Obertor 149
– Mehlsack 146
Reepsholt 28
Regen:
– Burgruine Weißenstein 129
– Gläserner Wald Weißenstein 129
– Schneider Events, Kanuverleih 129

Regensburg 133
– Besucherzentrum Welterbe Regensburg 133
– Hotel Goliath 133
– Kunstforum Ostdeutsche Galerie 133
Rehlingen-Siersburg: Restaurant Niedmühle 94
Reichenau 142
– Naturschutzzentrum Wollmatinger Ried 142
Reisemobilstellplatz Am Donaustadion, Ulm 121
Renaissanceburg Lüdinghausen 58
Respekt, Augsburg 121
Restaurant Baake, Tating 6
Restaurant Kiste, Trier 90
Restaurant Moritz im Seehotel Ecktannen, Waren 35
Restaurant Niedmühle, Rehlingen-Siersburg 94
Rhaner Bräustüberl, Cham 128
Rheinsberg:
– Keramikhaus 37
– Marmelo Marmeladen-Manufaktur 37
Ribbeck:
– Alte Schule 54
– Balsamessig-Brennerei 53
Richard Wagner Museum, Bayreuth 111
Ritterkeller, Aulendorf 146
Roetgen: Transparenz und Dichte 86
Röder's Park Premium Camping, Soltau 49
Romantik Hotel Gutshaus, Ludorf 35
Romantik Hotel zur Sonne, Badenweiler-Therme 137
Romantik Jugendstilhotel Bellevue, Traben-Trarbach 91
Römische Grabkammern, Nehren 92
Römnitz: Campingplatz Zur schönen Aussicht 17
Rosenheim 170
Rössle Haselburg, Leutkirch 148
Roter Haubarg, Witzwort 6
Rottenbuch: Terrassencamping am Richterbichl 157
Rottweil 139
Rügen: Kreidemuseum 21
Ruhrcamping, Essen 61
Ruhrgebiet 61
Ruhrtalradweg 65
Rum-Museum im Flensburger Schifffahrtsmuseum, Flensburg 11
Ruppiner Schweiz 38

S
Saarland 93
Saarschleife, Mettlach/Orscholz 97
Sächsische Schweiz 78
Sächsische Weinstraße 76
Salin, Bad Reichenhall 171
Saline Luisenhall, Göttingen 67
Salinenweg, Traunstein 170
Salzwedel: 1. Salzwedeler Baumkuchenfabrik 46
Saulgrub: Seifenmanufaktur Wurm 156
Schachenhaus 157
Schäferei Bährs, Neufelderkoog 8
Schaubergwerke und Bergwerksmuseum, Wildemann/Clausthal-Zellerfeld 68
Schaufelraddampfer »Kaiser Wilhelm«, Lauenburg 44

REGISTER

Schermbeck: Landhotel Voshövel 61
Schiffshebewerk Henrichenburg, Waltrop 58
Schiffshebewerk Niederfinow, Eberswalde 41
Schiller-Nationalmuseum und Literaturmuseum der Moderne, Marbach 106
Schillers Geburtshaus, Marbach 106
Schlagsdorf: Grenzhus 17
Schleiden:
– Bauerncafé 87
– Camping Schafbachmühle 87
– Nationalpark-Zentrum Eifel 88
Schlenkerla, Bamberg 111
Schleswig-Holstein 4, 9
Schleswig-holsteinisches Wattenmeer 7
Schloss Ahrensburg 15
Schloss Amerang 171
Schloss Caputh 56
Schloss Glücksburg 11
Schloss Herzberg 70
Schloss Hohenschwangau 152
Schloss Ludwigslust 34
Schloss Maxlrain 164
Schloss Moritzburg 77
Schloss Neuschwanstein 152
Schloss Ribbeck 54
Schloss und Schlossgarten, Oranienburg 53
Schlossberghöhlen, Homburg 96
Schlosstheater Celle 50
Schmelz-Mühle, Lollar-Salzböden 83
Schmidsfelden: Glasmanufaktur Michaelis 147
Schneider Events, Kanuverleih, Regen 129
Schneverdingen: Hotel Schäferhof 49
Schnürlkasperl, Oberammergau 156
Schokoladenhaus, Limburg 84
Schönfeldhütte, Spitzingsee 162
Schoof's Mühle, Greetsiel 26
Schrobenhausen 133
– Europäisches Spargelmuseum 133
– Spargel 133
Schubotz-Mühle, Celle 49
Schwaben 117
Schwäbisch Gmünd: Ott-Pausersche Fabrik 115
Schwäbisch Hall 115
– Hotel Reber's Pflug 115
Schwäbische Alb 112
Schwarzer Regen, Kajakfahrt 129
Schwarz-Wald-Gut (Vereinigung) 137
Schweinsbräu, Glonn 167
Schwerin: Hausboot Heidensee 17
Schweriner Seenland 17
Schwielowsee: Himmelreich Camping 55
Science Center Phaeno, Wolfsburg 49
Seebad Prenzlau 41
Seebüll: Emil Noldes Erbe 5
Seehotel Töpferhaus, Alt Duvenstedt 11
Seerestaurant Am Kap, Prenzlau 41
Seifen Reinhardt, Heilbronn 104
Seifenmanufaktur Wurm, Saulgrub 156
Senfmühle, Kleinhettstedt 72
s'handwerk, Sonthofen 153
Singen: Festung Hohentwiel 141
(S)lower bavaria – Slow Food in Niederbayern 134
Soltau: Röder's Park Premium Camping 49
Sonthofen: s'handwerk 153
Sosein, Heroldsberg 108
Soulfood, Koblenz 92

Spargel, Schrobenhausen 133
Spargelmuseum, Beelitz 56
Speyer:
– Historisches Museum der Pfalz 102
– Zum Alten Engel und Dom 101
Spitzingsee:
– Albert-Link-Hütte 162
– Schönfeldhütte 162
Sprockhövel: Destillerie & Brennerei Habbel 60
St. Georg, Weener 27
St. Johann/Bleichstetten: Naturfreundehaus Rohrauer Hütte 114
St. Johann: Albmetzgerei Failenschmid 119
St. Peter-Ording: Hotel Zweite Heimat 7
Stadtmuseum, Kaufbeuren 152
Stadtmuseum, Mosbach 104
Stadtmuseum, Weilheim 155
Stadtturm, Günzburg 121
Stand-up-Paddeln, Malente 12
Stechow-Ferchesar: Ferienhausvermittlung Liane Zemlin 55
Steigerwald Camping, Münchsteinach 111
Steingaden: Wieskirche 156
Steinhausen: Wallfahrtskirche Unserer Lieben Frau 149
Sternenpark Westhavelland, Rathenow 54
Sterntaler Filze, Bad Feilnbach 165
Stralsund 20
Strandcamping Waging am See 171
Strandcampingplatz Dangast 27
Straubing 134
– Gäubodenmuseum 134
Straußwirtschaften, Mosel 91

T

Tating:
– Hochdorfer Garten 6
– Restaurant Baake 6
Tatort Taraxacum, Leer 27
Templin: Draisinenfahrt Erlebnisbahn 41
Terrassencamping am Richterbichl, Rottenbuch 157
Terrassencamping Sandbank, Titisee-Neustadt 137
Tetenbüll: Friesische Schafskäserei 6
Teufelsmoor 31
Titisee-Neustadt: Terrassencamping Sandbank 137
Tölzer Brau- und Volkskunsthaus, Bad Tölz 124
Tölzer Kasladen, Bad Tölz 124
Tölzer Mühlfeldbräu, Bad Tölz 124
Tölzer Schießstätte, Wackersberg 123
Traben-Trarbach:
– Mosel Campingplatz Rissbach 91
– Romantik Jugendstilhotel Bellevue 91
Transparenz und Dichte, Roetgen 86
Trier 90
– Restaurant Kiste 90
Tübingen: Der Kartoffelladen 113

U

Überlingen: Fischhaus und Bistro Löwenzunft 144
Uckermark 38
Uckermärker Picknickkorb, Boitzenburger Land 40
Uehlfeld: Wirtshaus am Dorfbrunnen 109

Uelzen:
– Hundertwasserbahnhof 45
– Wohnmobilstellplatz am Yachthafen 45
Uffing/Staffelsee: Campingpl. Aichalehof 159
Uhldingen-Mühlhofen: Fischhalle Unteruhldingen 144
Ulm 120
– Hotel Reblaus 121
– Reisemobilstellplatz Am Donaustadion 121
Undeloh: Heide-Erlebnis-Zentrum 50
Unteruhldingen: Pfahlbauten 143
Usedom 23
– Kaiserbäder 23
Usedomer Literaturtage, Heringsdorf 23

V

Venningen: Weinessiggut Doktorenhof 101
Verden: Konditorei & Café Erasmie 32
Viechtach: Hotel und Campingplatz Adventure Camp Schnitzmühle 129
Vogel Herrenmühle, Aulendorf 146
Völklingen: Europäisches Zentrum für Kunst und Industriekultur 95
Völklinger Hütte, Völklingen 94
Vollerwiek: Peerboos 6

W

Wackersberg: Tölzer Schießstätte 123
Wackershofen: Gasthaus Roter Ochsen 116
Waging am See: Strandcamping 171
Waldbrunn: Landgasthaus Zur Mühle 105
Walfischhaus, Born 20
Walhalla, Donaustauf 134
Walkenried: Knaus Campingpark 69
Wallfahrtskapelle Birkenstein, Fischbachau 166
Wallfahrtskirche Unserer Lieben Frau, Steinhausen 149
Wappenschmiede, Elmstein 101
Waren:
– Camping- und Wohnmobilpark Kamerun 35
– Kleines Meer 35
– Müritzeum 35
– Müritz-Wild 35
– Restaurant Moritz im Seehotel Ecktannen 35
Wasserbüffelhof, Warpe 32
Wasserburg am Inn: Bierkatakomben 164
Wasserfallsteig, Bad Urach 113
Wassermühle, Klein-Rönnau 16
Wasserturm, Heide 8
Wattenmeer-Besucherzentrum, Cuxhaven 30
Weener: St. Georg 27
Weilheim in Oberbayern 155
– Dachsbräu 155
– Stadtmuseum 155
Weimar 72
Wein- und Rumhaus Braasch, Flensburg 11
Wein- u. Spargelgut Vorgrimmler, Munzingen 137
Weinessiggut Doktorenhof, Venningen 101
Weingut am Stein, Würzburg 110
Weingut Markus Dreis, Bremm 91
Wendelstein, Brannenburg 165
Westerdeichstrich: Camping Waterkant 7
Wetzlar 83
– Campingplatz 83

– Jerusalemhaus 84
– Kulinarische Stadtführung auf Goethes Spuren 83
– Lottehaus 84
Wieck/Darß: Hotel Haferland 22
Wieland-Museum, Biberach an der Riß 119
Wieskirche, Steingaden 156
Wiesmoor: Camping- und Bungalowpark Ottermeer 28
Wildemann:
– 19-Lachter-Stollen 68
– Rathaus 68
Wildgarten, Furth im Wald 127
Wildpark Schorfheide, Groß Schönebeck 42
Wind- und Wassermühlen-Museum, Gifhorn 49
Winterberg 63
– Aussichtsturm am Kahlen Asten 63
– Bistorant Uppu 63
Winzergenossenschaft Herxheim am Berg 102
Winzervereinigung Frank & Frei 109
Wirtshaus am Dorfbrunnen, Uehlfeld 109
Wismar 17
Witten:
– Bergbauwanderweg 64
– Bethaus der Bergleute 65
– Zeche Nachtigall 65
– Zechenhaus Herberholz 65
Witzwort: Roter Haubarg 6
Wohnmobilstellplatz am Windebyer Noor, Eckernförde 11
Wohnmobilstellplatz am Yachthafen, Uelzen 45
Wohnmobilstellplatz Untere Mühle, Isny 149
Wohnmobilstellplatz Würzbacher Weiher, Niederwürzbach 95
Wolfsburg 48
– Hoffmann-von-Fallersleben-Museum 49
– Science Center Phaeno 49
Wolnzach: Hopfenmuseum 132
Worms 99
– Nibelungenmuseum 99
Worpswede 31
– Campingplatz Hammehafen 31
– Hotel Buchenhof 31
Würchwitz: Milbenkäsemanufaktur 74
Wurster Nordseeküste: Zur Börse 30
Würzburg: Weingut am Stein 110

Z

Zandt: Api-Therapie 129
– Imker Weiss 128
Zeche Nachtigall, Witten 65
Zechenhaus Herberholz, Witten 65
Zellertal: Metzgerei-Gasthaus Lind 99
Ziegeleipark, Zehdenick 40
Zum Alten Engel und Dom, Speyer 101
Zum Fischer, Baabe 22
Zur Börse, Wurster Nordseeküste 30
Zwiefalten: Barockmünster 119
– Klosterbräu 120

175

IMPRESSUM

Alle Angaben in diesem Reiseführer sind gewissenhaft geprüft. Preise, Öffnungszeiten usw. können sich aber schnell ändern. Für eventuelle Fehler übernimmt der Verlag keine Haftung.

© 2018 GRÄFE UND UNZER VERLAG GmbH, München

HOLIDAY ist eine eingetragene Marke der GANSKE VERLAGSGRUPPE.

2. Auflage
ISBN: 978-3-8342-5139-8

Alle Rechte vorbehalten. Nachdruck, auch auszugsweise, sowie die Verbreitung durch Film, Funk, Fernsehen und Internet, durch fotomechanische Wiedergabe, Tonträger und Datenverarbeitungssysteme jeglicher Art nur mit schriftlicher Genehmigung des Verlages.

B2B-Editionen schneidern wir maß nach Ihren Wünschen. Bei Interesse:
veronica.reisenegger@graefe-und-unzer.de

Bei Interesse an Anzeigenschaltung:
KV Kommunalverlag GmbH & Co. KG
Tel. +49 89/92 80 96 0
info@kommunal-verlag.de

GRÄFE UND UNZER VERLAG
Postfach 86 03 66
81630 München
Tel. +49 89/41 98 19 00
holiday@graefe-und-unzer.de
www.holiday-reisebuecher.de

Wir bedanken uns ganz herzlich bei Margit Miller und Kai-Axel Hehr für ihre wertvollen Tipps und Ideen!

Reihenidee/-konzept
Verónica Reisenegger

Idee/Konzept dieses Buchs
Martina Krammer, Eva Stadler

Redaktion
Martina Krammer, Eva Stadler, Viktoria Paschke

Layout
Natalia Gospodarek, Incognito Design

Bildredaktion
Tobias Schärtl, Dr. Nafsika Mylona

Schlussredaktion
Dr. Anita Meschendörfer

Die Autorin
In den oberbayerischen Bergen fest verwurzelt, reist Heidi Siefert durch die ganze Welt und empfindet den Kontakt mit fremden Menschen und Kulturen stets als Bereicherung. Für das vorliegende Buch ging die Journalistin mit Begeisterung auf Entdeckungstour durch Deutschland.

Kartographie
Kunth Verlag GmbH & Co. KG

Produkt- und Projektmanagement
Martina Krammer, Eva Stadler

Produktion
Anna Bäumner

Repro
Repro Ludwig, Zell am See

Druck und Bindung
Printer Trento, Italien

Bildnachweis:
Coverfoto: Anzenberger/Mario Weigt
S. 4 mauritius images: U. Siebig; S. 6 laif: Eva Haeberle; S. 8 stock.adobe.com: rosensterne; S. 9 stock.adobe.com: Thomas Kranenberg; S. 10 laif: Dirk Eisermann; S. 12 dpa Picture-Alliance: S. Lubenow; S. 13 Rafael Cordero; S. 14 Getty Images: imageBROKER; S. 16 Lookphotos: A. Haug; S. 18 Shutterstock.com: LaMiaFotografia; S. 19 mauritius images: M. Graben/imageBROKER; S. 22 Bildagentur Huber/H.-P. Merten; S. 24 stock.adobe.com: fotografci; S. 26 Tourismusservice Norddeich: C. Lippe; S. 28 laif: T. Ernsting; S. 29 mauritius images: S. Kuttig/imageBROKER; S. 33 Bildagentur Huber: R. Schmid; S. 36 Glow Images; S. 37 marmelo manufaktur brandenburg; S. 38 imago: R. Schober; S. 40 dpa Picture-Alliance: P. Pleul; S. 42 dpa Picture-Alliance: P. Pleul; S. 43 Shutterstock.com: LaMiaFotografia; S. 47 Alamy Stock Photo: ALLTRAVEL; S. 49 seasons.agency: H & D Zielske; S. 51 Bildagentur Huber: Gräfenhain; S. 52 Alamy Stock Photo: Julie g Woodhouse; S. 54 dpa Picture-Alliance: P. Pleul; S. 57 imago: H. Blossey; S. 59 www.danielskleinefarm.de; S. 61 Glow Images; S. 62 imago stock&people; S. 64 Alamy Stock Photo: J. Tack; S. 66 stock.adobe.com: mojolo; S. 68 stock.adobe.com: J. Sabel; S. 69 picture alliance: J. Strate; S. 71 Bildagentur Huber: R. Schmid; S. 75 Jalag: G. Lengler; S. 77 Chic-Clicks: Anni Kreißel; S. 80 Glow Images; S. 82 mauritius images: M. Siebert/ imageBROKER; S. 84 Bildagentur Huber: R. Schmid; S. 85 Seasons Agency: K. Bossemeyer/Jalag; S. 88 laif/D. Eisermann; S. 89 Bildagentur Huber/R. Spila; S. 93 Seasons Agency: A. F. Selbach/Jalag; S. 96 laif: G. Knoll; S. 97 Fotolia: wolfgangstaudt; S. 98 Bildagentur Huber: Gräfenhain; S. 100 Getty Images: J. Eisenreich; S. 103 Bildagentur Huber: L. Vaccarella; S. 106 stock.adobe.com: pure-life-pictures; S. 107 Lookphotos: H. Leue; S. 111 Bildagentur Huber: Gräfenhain; S. 112 mauritius images: J. Tack/ imageBROKER; S. 113 stock.adobe.com: Manuel Schönfeld; S. 116 mauritius images: O. Protze/blickwinkel; S. 117 Shutterstock.com: BAALOX; S. 119 mauritius images: M. Lange/robertharding; S. 120 stock.adobe.com: XtravaganT; S. 122 mauritius images: A. Cupak; S. 125 Chocolat Manufaktur&Laden: Harry Zdera; S. 126 Bildagentur Huber: R. Schmid; S. 128 picture alliance: dpa; S. 131 Bildagentur Huber: R. Schmid; S. 135 Bildagentur Huber: von Dachsberg; S. 138 Jalag: Georg Knoll; S. 140 stock.adobe.com: pure-life-pictures; S. 143 Glow Images; S. 144 Jalag: A. F. Selbach; S. 145 stock.adobe.com: Manuel Schönfeld; S. 148 laif: M. Lange/robertharding; S. 149 Michaelis; S. 150 stock.adobe.com: JFL Photography; S. 153 Shutterstock.com: Michael Thaler; S. 154 stock.adobe.com: Wolfilser; S. 156 Lookphotos: K. Wothe; S. 158 Bildagentur Huber: R. Schmid; S. 161 Bildagentur Huber: R. Schmid; S. 162 stock.adobe.com: Wolfgang Zwanzger; S. 163 Dorfbad Tannermühl/Dietmar Denger; S. 164 Annette Hempfling/Schlossbrauerei Maxlrain; S. 166 Bildagentur Huber: R. Schmid; S. 167 Herrmannsdorfer Landwerkstätten Glonn GmbH & Co. KG; S. 168 mauritius images: W. Bibikow/age fotostock; S. 170 EFA Automobilmuseum

Liebe Leserinnen und Leser,

hat Ihnen unser Buch gefallen? Falls ja, freuen wir uns, wenn Sie es weiterempfehlen – Ihren Freunden, Verwandten, Kollegen, Nachbarn, dem Buchhändler Ihres Vertrauens und allen, die auf der Suche nach einem Reisebuch-Tipp sind, z. B. bei Online-Händlern.

Wenn Sie Kritik oder Korrekturen haben, schreiben Sie uns gerne an holiday@graefe-und-unzer.de – und natürlich auch, wenn Sie uns Ihr Lob auf direktem Weg zukommen lassen möchten. Sie erreichen uns auch telefonisch unter Tel. 0 800 / 72 37 33 33 (gebührenfrei in D, A, CH), Mo–Do 9–17 Uhr, Fr 9–16 Uhr.

Ihre HOLIDAY-Redaktion